抱朴子
不死的探求

李丰楙 ——— 编撰

九州出版社
JIUZHOUPRESS

图书在版编目（CIP）数据

抱朴子：不死的探求 / 李丰楙编著. -- 北京 ：九州出版社，2018.11

　ISBN 978-7-5108-7548-9

Ⅰ．①抱… Ⅱ．①李… Ⅲ．①古典哲学－中国－东晋时代②《抱朴子》－研究 Ⅳ．①B235.75

中国版本图书馆CIP数据核字(2018)第251159号

抱朴子：不死的探求

作　者	李丰楙
责任编辑	张艳玲
出版发行	九州出版社
地　址	北京市西城区阜外大街甲 35 号（100037）
发行电话	(010)68992190/3/5/6
网　址	www.jiuzhoupress.com
电子信箱	jiuzhou@jiuzhoupress.com
印　刷	三河市兴博印务有限公司
开　本	787 毫米×1092 毫米　32 开
印　张	12.5
字　数	260 千字
版　次	2019 年 3 月第 1 版
印　次	2019 年 3 月第 1 次印刷
书　号	ISBN 978-7-5108-7548-9
定　价	68.00 元

用经典滋养灵魂

龚鹏程

每个民族都有它自己的经典。经，指其所载之内容足以做为后世的纲维；典，谓其可为典范。因此它常被视为一切知识、价值观、世界观的依据或来源。早期只典守在神巫和大僚手上，后来则成为该民族累世传习、讽诵不辍的基本典籍。或称核心典籍，甚至是"圣书"。

佛经、圣经、古兰经等都是如此，中国也不例外。文化总体上的经典是六经：《诗》、《书》、《礼》、《乐》、《易》、《春秋》。依此而发展出来的各个学门或学派，另有其专业上的经典，如墨家有其《墨经》。老子后学也将其书视为经，战国时便开始有人替它作传、作解。兵家则有其《武经七书》。算家亦有《周髀算经》等所谓《算经十书》。流衍所及，竟至喝酒有《酒经》，饮茶有《茶经》，下棋有《弈经》，相鹤相马相牛亦皆有经。此类支流稗末，固然不能与六经相比肩，但它各自代表了在它那一个领域中的核心知识地位，却是很显然的。

我国历代教育和社会文化，就是以六经为基础来发展的。直到清末废科举、立学堂以后才产生剧变。但当时新设的学堂虽仿洋制，却仍保留了读经课程，以示根本未隳。辛亥革命后，蔡元培担任教育总长才开始废除读经。接着，他主持北京大学时出现的"新文化运动"更进一步发起对传统文化的攻击。趋势竟由废弃文言，提倡白话文学，一直走到深入的反传统中去。论调越来越激烈，行动越来越鲁莽。

台湾的教育、政治发展和社会文化意识，其实也一直以延续五四精神自居，以自由、民主、科学为号召。故其反传统气氛，及其体现于教育结构中者，与当时大陆不过程度略异而已，仅是社会中还遗存着若干传统社会的礼俗及观念罢了。后来，台湾朝野才惕然惊醒，开始提倡"文化复兴运动"，在学校课程中增加了经典的内容。但不叫读经，乃是摘选《四书》为《中国文化基本教材》，以为补充。另成立文化复兴委员会，开始做经典的白话注释，向社会推广。

文化复兴运动之功过，诚乎难言，此处也不必细说，总之是虽调整了西化的方向及反传统的势能，但对社会普遍民众的文化意识，还没能起到警醒的作用；了解传统、阅读经典，也还没成为风气或行动。

二十世纪七十年代后期，高信疆、柯元馨夫妇接掌了当时台湾第一大报中国时报的副刊与出版社编务，针对这个现象，遂策划了《中国历代经典宝库》这一大套书。精选影响国人最为深远的典籍，包括了六经及诸子、文艺各领域的经典，遍邀名家为之疏解，并附录原文以供参照，一时朝野震动，风气丕变。

其所以震动社会，原因一是典籍选得精切。不蔓不枝，能体现传统文化的基本匡廓。二是体例确实。经典篇幅广狭不一、深浅悬隔，如《资治通鉴》那么庞大，《尚书》那么深奥，它们跟小说戏曲是截然不同的。如何在一套书里，用类似的体例来处理，很可以看出编辑人的功力。三是作者群涵盖了几乎全台湾的学术菁英，群策群力，全面动员。这也是过去所没有的。四，编审严格。大部丛书，作者庞杂，集稿统稿就十分重要，否则便会出现良莠不齐之现象。这套书虽广征名家撰作，但在审定正讹、统一文字风格方面，确乎花了极大气力。再加上撰稿人都把这套书当成是写给自己子弟看的传家宝，写得特别矜慎，成绩当然非其他的书所能比。五，当时高信疆夫妇利用报社传播之便，将出版与报纸媒体做了最好、最彻底的结合，使得这套书成了家喻户晓、众所翘盼的文化甘霖，人人都想一沾法雨。六，当时出版采用豪华的小牛皮烫金装帧，精美大方，辅以雕花木柜。虽所费不赀，却是经济刚刚腾飞时一个中产家庭最好的文化陈设，书香家庭的想象，由此开始落实。许多家庭乃因买进这套书，而仿佛种下了诗礼传家的根。

高先生综理编务，辅佐实际的是周安托兄。两君都是诗人，且侠情肝胆照人。中华文化复起、国魂再振、民气方舒，则是他们的理想，因此编这套书，似乎就是一场织梦之旅，号称传承经典，实则意拟宏开未来。

我很幸运，也曾参与到这一场歌唱青春的行列中，去贡献微末。先是与林明峪共同参与黄庆萱老师改写《西游记》的工作，继而再协助安托统稿，推敲是非、斟酌文辞。对整套书说不上有什么助益，自己倒是收获良多。

书成之后，好评如潮，数十年来一再改版翻印，直到现在。经典常读常新，当时对经典的现代解读目前也仍未过时，依旧在散光发热，滋养民族新一代的灵魂。只不过光阴毕竟可畏，安托与信疆俱已逝去，来不及看到他们播下的种子继续发芽生长了。

当年参与这套书的人很多，我仅是其中一员小将。聊述战场，回思天宝，所见不过如此，其实说不清楚它的实况。但这个小侧写，或许有助于今日阅读这套书的大陆青年理解该书的价值与出版经纬，是为序。

生命的启示录

李丰楙

古代中国人曾有长生不死与神仙乐园的神话传统，表达了民族心灵深处的两大愿望：个人的长寿永生与社会的和谐安乐，从先秦，经两汉，到魏晋时期，因为神仙道教的形成，对于不死的探求，就产生了自成体系的学说，葛洪的《抱朴子》正是一本关键性的代表作，将东晋以前的神仙养生说集其大成，也开启了以后道教对于养生成仙的理论与方法。

《抱朴子》有《内篇》、《外篇》，《外篇》原有五十卷，论述人间得失、世事臧否，阐明他的社会政治观点，是政论性的著作。《内篇》为葛洪一生最得意的神仙家理论，原本二十卷中论述神仙、方药、鬼怪、变化、养生、延年、却祸之事，在道教思想史上占有重要的地位。它继承了魏伯阳的炼丹理论，集成东晋以前炼丹术的图籍，是研究我国古代化学技术的重要文献。因此本书主要的是介绍《内篇》，了解葛洪所整理出来的神仙理论与方法。因为原先缥缈的神仙乐园的神话传说，以及封禅祭天的宗教仪式，逐渐落实为中国本土的名山仙境，而求仙的方法也进步为具体可行的方法：一方面是服气炼气的养生学说，后来发展为宋元新道教的内丹派；另一方面则为炼金炼丹的黄白术,到了唐、宋成为炼丹服食的风尚,葛洪的《抱朴子》就是将这些整理条贯为一套理论的道教著作。

葛洪表现的神仙思想,在《抱朴子·内篇》中是以论难体的形式写成,反映出当时社会养生论的论辩风尚,他自设问题,解答当时人的疑难,也解答了自己求仙的疑难。他从晋惠帝太安二年开始下决心撰述一部书,当时二十一岁,写成《抱朴子》时只有三十五岁。其后十余年间,他徘徊于仕与隐、儒与道的冲突与调停之间,逐渐结构为"外儒内道"的调和论,因而有《内篇》、《外篇》的本末之分;而在《内篇》中,他一再说服自己:养生成仙的可能性,因此具有玄、道的本体论,气化的宇宙构成论,以及咒术性思考方式的巫术论,而最重要的是有关养生的养气、炼丹的理论与方法。《抱朴子》成书之后,他再历经一段寻访名师的过程,终于在四十九岁时舍弃俗事,前往交趾,被挽留于广州罗浮山,实际从事炼丹的操作,直到六十一岁,据说尸解成仙去了。

葛洪之死,道教中人说是尸解,而世俗之人的说法,是终难逃其大限。希望突越时、空的大限,几乎是亘古以来中国人对于不死成仙的理想与愿望,隐藏于民族集体意识的深处。这些有关长生不死的神话传说是古人的梦,对于长生之梦的探求,固然成为文学中充满幻想的美丽传说;但在探求不死的过程中,丹房的烧炼与洞穴的修炼,却发现了炼制金丹与气功健身的具体成果。其实,以人类渺小的生命对抗死亡,是一场剧力万钧的悲剧,或许历史中无人敢说他已成功了,但这种探求,在现代科学实验室中何尝不继续在进行中。不死之探求,从古到今,都是一场梦、一场重复出现的梦。了解及此,葛洪的《抱朴子》对于现代的中国人,将是一部启示录。

目　录

第一章 绪 说

　　不死的探求，是中国道教的神话，也是人类亘古以来的一场梦境，它表达了每一民族隐蔽在心灵深处的理想与愿望，同时它本身也在某种程度上满足了这一理想与愿望。葛洪所撰写的《抱朴子·内篇》，就是一部探求不死之书。在中国道教史上，它总结了前道教时期对于不死成仙说的理论与方法，更重要的是启示了其后不同道派的方向与风格。所以《抱朴子》是出现在道教史的关键时期，承前启后，成为一部集大成之作。

　　在葛洪之前，中国人为了探求不死、永生，先是制造了长生不死与神仙乐园的神话传说，透过这些与梦相似的象征符号，表达了集体意识中存在着两项重要的意愿：个人的长寿永生与社会的安乐和谐。《山海经》有昆仑、蓬瀛，《庄子》有神人、真人，以及燕齐、秦汉帝王的封禅、求仙。凡此不死成仙的神话传说与宗教信仰，总是利用象征的方式借以表达希求永生的心理或社会的需要。两汉社会随着物质技术的不断进步，素朴的化学、医学较诸先秦又迈进了一步。因此一些身怀神秘技术的方技之士开始搜集整理，甚或实际操作；而有关不死之药的传说也就逐渐弥漫于整个社会：上层的帝王贵族挟其优势的地位资助方士制作方药，中下层社会也依其机缘希冀成仙。这些卷数繁多的秘方，不管是收藏于金匮石室，或是流传于方士之手，都已形成前道教时期蓬勃的求仙气氛。

葛洪活动的时间，从西晋末到东晋初，正是道教开教时代的阶段，不同的道派各自发展其独特的道法。葛洪以其淹博的学养、博参的态度，广罗众多道法的优点，从而建立了自己独特的金丹大道的道门风格。在魏晋清谈的风尚中，"养生成仙"也是首要论题之一，葛洪虽不愿涉足于北朝士族所热衷的谈座，但面对渡江以来谢安高揭"养生"为三大名理的热潮，更促使他采用较为博辩的思辨方式辩道。《抱朴子》的写作风格与论道方向，正是两晋之际社会的产物，同时也是汉晋道教初创时期的集大成。他结合神仙说的理论与方法，将两汉的宇宙构成论、气化学说等，援引作为神仙养生学的形上依据，这是神仙道教理论的奠基者。其次在养生成仙的修炼方法上，他采取博参、自力的观点，广泛容纳当时所见的道法，深信自力的修炼，可以获致神仙之境。《抱朴子》完成于信道渐笃的中年，等到晚年，隐居罗浮山，从事实际炼丹的实验，始将原先的神仙理论亲加体验，葛洪可说是相当富于实证精神的炼丹士。

从冀望学道到史传传说中的尸解，葛洪的一生具现了中国道士之梦——他的梦，也是当时道士共有的梦。《抱朴子·内篇》完成于东西晋之际，其最主要的意义，就是一种积极而有力的役物精神。他们不只遐想缥缈云海间的仙山、仙真，也不相信他力的封禅、祈祷，而是落实下来，依据当时的科学水平，运用在中古世纪算是相当卓越的医药、炼丹知识，实际操作、冀想成真。《抱朴子·内篇》就是与死亡搏斗，希望超越死亡的实录。综观这部奇特的道门奇书，其中错综、交织着对于不死、永生的复杂情绪：疑虑与自信，否定与肯定。类此疑信交作，正显示出魏晋人士既已体会到其中的症结：人类的内心深处毋宁是宁愿相信"养生成仙"是真实的，但冷酷的现实和清明的理智却一再宣示，神仙不死只是一场梦，是道士制造的神话。《抱朴子》中真切而翔实地记录下这种矛盾情境。

　　或许物化是一种不必雄辩的事实，死亡是独霸于一切之上的。或许不死是一种无法实证的奇想，永生只是神话而已。但搜集在《抱朴子》一书中，具体表现多少道士的热切愿望：在长远的时间与辽阔的空间里，这群生命的探索者，企图以人类渺小的生命去对抗死亡，关在丹房中郑重其事地烧炼，或在僻静的山林体验内在神秘的世界，这一份执着实在透露出浓厚的悲剧精神。因此《抱朴子》不只是葛洪个人的神话，而是当时道士意识深处共有的理想与愿望。从社会、文化史的观点，这部书自是反映这一时空状态的历史文献；但它的意义不应仅止于此，对于更多关在现代化炼丹房中的现代丹士，其不倦的探索精神，希望延长人类的生命，甚而至于永远延续的境地，何尝不是役物役天的丹道精神。如果是这样，葛洪的《抱朴子》何尝不是一部深具意义的启示录。

第二章　东晋前后句容的道教

从汉末到东晋，是道教史的开创时代，最常被史家相提并论的创教人物，就是三张与二葛，或张道陵与葛玄①。三张是张道陵及其子衡、孙鲁，在蜀汉创立五斗米道，并建立教权、政权合一的宗教王国，雄踞四川达三十年之久。二葛就是葛玄、葛洪，主要的活动区域在丹阳郡句容，属于早期道派流行的滨海地域②。与三张作一对照，二葛并未正式揭橥（zhū）一种道派的名称，当时史家也未明显冠以道名；葛玄之所以能与张道陵并列，在于他能巧获机缘，传授左慈从北方带来的道法，再经其徒郑思远传授给葛洪，从而建立一种以金丹道法为主的道派，成为南方道流的代表。

句容葛家的显扬道法，在当时既已颇著名望，当地人士尊称葛玄为"葛仙公"，后来葛洪则被称作"小仙翁"。东晋末叶，葛洪的孙辈葛巢甫造构《灵宝经》，风教大行。因而《灵宝经》中常有依托葛仙公之处，成为"仙公系"《灵宝经》③。葛洪的成就，并非在道经中造成一神化的葛洪，而是在道教学术上承先启后，既是集大成，也对东晋以后的道教发展具有深远的影响力。《晋书》本传称赞其人"博闻深洽，江左绝伦"，这种博学多闻的形象主要得自他的道教学术，其成就是多方面的，无论是道教理论，抑或丹药修炼，在道教史上都具有关键性的地位。所以葛家，从葛玄以下，葛洪最大力弘扬的是金丹道法，到葛巢甫时，因应日渐兴盛的上清经派，转而传布灵宝经法。这一传授的谱系，道教学界曾以"葛氏道"的名称，概称葛氏道法的独特门风及其在道教史上的特殊地位④。

葛洪一生的道教成就，得力于两大因素：因缘特佳的师承，与句容地区浓厚的奉道环境，两者又多与句容有关。因为道教在传授道法时，讲究寻访明师、道传有缘，葛洪由于家族的关系，较常人易于得到明师的传授；在六朝的门第社会中，葛洪本人所缔结的婚姻，及其家族所与交往的江南世家，都能提供最佳的条件，使他博参多闻，见识淹博。所以道教史上的句容，是葛洪一生活动的主要舞台，同时也是早期许多重要的道教人物纷纷登场的地方，值得作进一步的考察。

一、葛洪的家学与师承

句容在东晋的行政区划上，属于丹阳郡，从汉武帝元朔元年设县以来，直到陈朝，都划归丹阳，隋代才改属扬州。中国在南方的开拓史，远较中原地区为迟，太湖流域原是满布森林和沼泽的区域，经历长久的开发，至东汉初，日渐繁荣。因此北方人口较密的郡县，逐渐向南迁徙，葛洪的先祖就是随着移民风潮，从江北迁居句容。六朝以来大力开发，水利交通，物产殷富，本区已逐渐成为政治、文化的要区。句容在地理位置上，西北接建康，东南达吴会，也是丹阳郡内的重要城池之一。

太湖流域内，多山陵、湖泊，古来被称为卑湿之地。句容为典型的南方县城，山陵起伏，河川密布，南方箕踞的是三茅、绛岭，北方襟带着长江、秦淮。三茅山原名"句曲山"，因山形如已字，句曲而有所容，故称句曲或句容，为县治得名的由来。因为山川灵秀，人物繁盛，葛氏先祖因而卜居其地。陶弘景所作葛仙公的碑文，就衷心赞美句容的盛况——"东视则连峰入海，南眺则重嶂切云，西临江浒，北接驹骊"。

葛氏是句容的旧族，东汉初九世祖浦庐及文相率移居来此。陶弘景《吴太极左仙公葛公之碑》与葛洪《抱朴子·自叙》只提及"曩祖"为荆州刺史，王莽篡位，故起义兵助翟义抗莽，事败后被迫迁徙于琅邪（今山东诸城市东），琅邪为葛家所知的本籍。其所以南迁，因九世先祖中，浦庐与文曾辅佐光武兴汉有功。分功论爵时，浦庐为车骑，又迁骠骑大将军，封下邳僮县侯。但他不忍独受爵赏，因此上书请让于文，然后南游江南，逍遥丘壑，到丹阳句容，一见其地"山水秀丽，风俗淳厚"[5]，就有卜居之意。偶会仲弟孙来为别驾，因此定居句容，"子弟躬耕，以典籍自娱"（《自叙》），世代不再迁移。汉晋之际，葛氏在句容地区安家落户，而且祖先之博得功名也渐见于记载。

东汉末，三世祖矩曾任安平（今江西安福县）太守、黄门侍郎；三世从祖弥历任豫章等五郡太守，后来隐居括仓山——葛玄十八九岁时曾前往省侍。二世祖焉曾为儒州主簿、山阴（今浙江绍兴）令、散骑常侍、大鸿胪、大尚书。葛氏虽是江南旧族，但在汉朝九品中正法中，大概也只能算属于中级的官僚世家。

句容葛氏之逐渐建立其声望，在于孙吴一朝：葛洪的祖父奚见重于朝廷，从祖玄也因道术而受孙权的敬重，所以在《抱朴子》中常对失吴一事有所遗憾，这是当时南人常有的乡土意识。《自叙》以敬慕的笔调叙述父、祖的升官事迹，固然是夸示祖考、彰显门风，也相对地表达出葛洪自己对本身的微末虚衔，有种沉郁卑职的情绪，这是论葛家在改朝换代之际，不能不了解的政治、社会及其身份的转变。从孙吴到西晋，从西晋到东晋，句容葛氏的身份地位，确实随政治情势迭有升降的。

葛奚在葛洪的心目中，学养与经世才能兼备，是"学无不涉，究测精微；文艺之高，一时莫伦，有经国之才"。葛奚仕吴，历宰海盐、临安、山阴三县，又入为吏部侍郎、御史中丞、庐陵太守、吏部尚书、太子少傅、中书、大鸿胪、侍中、光禄勋，辅吴将军，封吴寿县侯。类似的繁细的官衔，不只是一张升官履历表，而是《自叙》中的诚敬语气，这一点在叙述其父悌的生平时，尤为显豁。悌凤承家门儒风，以孝友闻，仕吴，历任五官郎、中正、建城、南昌二县令，中书郎、廷尉平、中护军等。当晋军入吴时，悌因众望所归乃以五郡赴警，总统五千亲兵，远赴疆场，但"天之所坏，人不能支"，孙吴终是覆亡，葛洪对于吴的灭亡深有慨叹，与南人的乡土意识有颇深的渊源。入晋后，悌仍续任郎中、太中大夫等，而以邵陵太守卒于官，时为晋惠帝元康五年（295），葛洪年仅十三。本来悌所任官职，只是九品官人法中的五品官，属于中级的地方官僚，加以他为人清廉，"秋毫之赠，不入于门；纸笔之用，皆出私财"，因此一旦去世，家道也就中落，《晋书》

说葛洪"家贫"，就是当时葛洪的真实写照。在时代更迭中，句容葛氏已是没落的江南旧族，不过在年幼的葛洪的印象中，葛悌确是循吏的形象，无论是担任肥乡令，或是邵陵太守，都能以德化为治，"恩洽刑清，野有颂声，路无奸迹，不佃公田，越界如市"。所以《抱朴子》中所强调的儒、法思想，自有其历史传统；但是他一再自豪的家学中，夙承儒学，为先祖世代相传，《外篇》的部分思想即植根于此。

葛家与道教的深厚渊源，自是从葛玄（164-244）开始的。玄字孝先，早年既有志于道，曾入天台赤城上虞山修道，粗有成就。后来得遇左慈，师事之，受《九丹金液仙经》、炼炁（qi）保形之术、治病劾鬼秘法、《三元真一妙经》。学成后，遨游名山，周旋于括仓、南岳诸山，希望求得一修炼金丹之地。又以奇术名闻于公卿之间，孙权父子夙好神仙之术，甚为敬重玄的奇能异术。在冶炼工矿史上，丹阳郡为六朝一处重要的冶炼中心，郡内铜矿分布最多，铁矿也以郡内句容县的赤山、永世县的铁山最为重要。炼丹自然需要以冶炼技术为基础，左慈南下，因在天柱山感得神人授予金丹仙经，汉末大乱，无法炼制，南游寻找适宜炼丹之所。六朝道士对于拥有丹经一事，视为禁秘，不易轻授。而炼丹资财又是一桩难事，需要多方搜集，始能奏功。左慈将丹经授予葛玄，玄到晚年老之将至时，也倍感"功用虽积，金丹未炼，不可徒费岁月"。据说出京之后，前往皂山（今江西清江县东），建卧云庵，筑坛立灶，修炼九转金丹。左慈、葛玄最后是否如愿地丹成仙去，自是炼丹史上的一件传说。但他们传授的丹法确是江南道教的重要道法，在道教史上，葛玄被尊称为"仙公"，常与张陵并举。《神仙传》中张陵也有炼丹的传说，但主要的仍以符箓建立其天师道的特色。葛玄则在丹道的传承中，上承左慈，下启郑思远、葛洪，"二葛"遂为金丹道派的标帜。

　　葛洪从葛玄身上承继的道法，可谓家学，不过是经过郑思远的传授。思远又名隐，为玄五百余弟子中入室者之一。本为儒生，能明五经，善律历、候纬，晚而好道，始师事葛玄，后来又曾拜左慈为师，跟随到庐江、铜山等地炼丹。郑思远也因家贫，无力买药。洪投拜其门下，经过一段时间，才在马迹山中，立坛盟受金丹要诀等。他所得见的《金丹经》及《三皇内文》、《枕中五行记》等，在五十余弟子中，只有他有缘传受，这自然与葛玄有关系，金丹道法因而传承下来。两人的师弟情分，大概只有五六年，因为在晋惠帝太安元年（302），思远预知将有乱事，就率入室弟子东投霍山，葛洪并未跟随前往。在《抱朴子》一书中一再提起"郑君"、"明师郑君"，对他有特别照顾的情谊；同时也惋惜、慨叹"弟子不慧，不足以钻至坚"，"年尚少壮，意思不专，俗情未尽，不能大有所得，以为巨恨耳。"（《遐览篇》）郑思远对于葛洪一生的道法，具有决定性的影响。洪晚年之遁隐于罗浮山，就是为了印证丹道秘法，继续完成其合成丹药的愿望。

　　句容地区为当时道流聚集之所，还有另一证明，就是葛洪也曾师事的鲍靓，曾在句容度过他的晚年。鲍靓，字太玄，列名于《晋书·艺术传》中，为六朝初期《三皇经》的传授者。其本籍凡有六说，唯可确信是在琅邪一带⑥。葛洪之结识鲍靓，并娶其女鲍姑，有两种说法：一是鲍靓任南海太守时，洪刚好搜书，流离道路，而到广州，故有机缘相识，常相往来，论说道法。二是靓辞官后，隐居江南，句容为其居停甚久之地，而葛洪搜书既归，安居句容达二十年之久，在这段时间相识，乃得传道法。第二种说法颇为可信，因为三十五岁完成的《抱朴子》不提鲍靓。以靓的道法论，早年在嵩山刘君石室清斋，既已感得《三皇文》，时为惠帝元康二年（292）；至隐居江南时，又在元帝大兴元年（318）于蒋山北道得遇阴长生，受诸道诀及刀解之术。他隐居句容时，许迈探知其道法隐秘，前往拜求，受诸经法。靓之为人，禀性清慧，学通经史，修身养性，蠕动不犯，故常有人从受道法。陶弘景为句容人，多年以后撰集《真诰》，就记录了一条采录所得的传闻在注语中——"句容人悉呼作鲍公"。鲍靓晚归丹阳，卒后葬于石子冈，都可表明他与句容是别有一种因缘存在。至于他所感得的《三皇经》及其他道法，其传授的情形，除文献上有记载的葛洪、许迈等人外，应曾流传于句容地区。鲍靓及其三皇经法，被道教学者视为道教教理史上早期重要的三大经派之一[⑦]。

二、葛、许的奉道与姻亲

东晋前后，与葛洪生存的年代约略同时的，还有一系上清经派，也是以句容为中心发展形成的重要道法。《上清经》的首传者魏华存，将上清经法从北方传入江南，其时间正在东、西晋之际。据传魏夫人在世时，曾为女官祭酒。《上清经目》所列的古《上清经》中，多属降真笔录，凡有三十一卷之多；其中《黄庭内景经》所讲究的存思、冥想的修行法门，极有特色。魏夫人在晋成帝咸和九年（334）托化，其道法经其子刘璞传于杨羲等，至于魏夫人升为天官后，屡降于茅山，虽是教内的说法，但由此可知魏夫人所传的经法与茅山具有密切的关系。

《上清经》传授史的一杨（羲）、二许［谧、翙（huì）］，俱是居于句容。杨羲（330-386）本似吴人，来居句容，而二许则属句容旧族，世居句容县都乡吉杨里，恰与葛氏为同一里居⑧。杨、许诸人所传授的真经，大多采用扶乩（jī）、降笔的方式笔录，而降授的众真，除魏夫人外，多为上清经派所传述的仙真。杨羲幼即通灵，工于书画，除就刘璞受《灵宝五符》，又在兴宁二年魏夫人降授时，以隶字写出诰语，传授二许。在《上清经》的降授过程中，精于书法称为"能书"，专用于录出真诰，称为真迹，他们所传述的真迹，是早期上清经派中极为禁秘的真经，后经顾欢辑为《真迹经》、《道迹经》，陶弘景重辑为《真诰》、《登真隐诀》等，为道教史的珍贵文献。

许谧（305-376）其人，儒雅清素，博学有文章，颇受简文帝与时贤的敬重，虽曾担任余姚令（李渤"真系"称为许令）、护军长史（《真诰·叙录》称为许长史）等；但旨趣所在，则是"内修真学，密授教记，遵行上道"（《真诰》），曾在小茅山后雷平山西北建立静室。翙为其第三男，自幼就不喜世务，居雷平山下修业精勤。许氏为奉道世家，与葛氏同里第，又有姻亲关系。葛洪有一姊，嫁许朝——朝为谧的叔父；翙子黄民，其妻即西阳令葛万安之女——万安为洪第二兄之孙，据《句容县志》所载：许黄民娶妻后曾结庵居于"抱朴山庵"——在茅山抱朴峰。葛、许同为句容旧族，同一里居，又同为奉道世家，因而二家的姻盟，除具有六朝士族社会的门第联姻的关系外，由于宗教信仰的相近，奉道者的社交关系也是一项重要因素，值得治六朝史的学者注意。因为类似的现象还不止葛、许二家，其他奉道世家也常有通婚的情形。

东晋出世的三大经派，还有一《灵宝经》，其结构、流传的关键人物就是葛巢甫。陶弘景所撰《真诰·叙录》详述其访经的心得：他说葛巢甫"造构《灵宝》，风教大行"，因而激起王灵期诣许黄民处求经，再窃加损益，盛其藻丽，造成流传甚广的上清伪经。这段六朝道经造构的高潮，约在东晋太元末、隆安年间，刚好是江南地区洪水频发期间。葛巢甫造构《灵宝经》有何依据，是道教史的一大疑案：葛洪《抱朴子》有《灵宝经》之《正机》、《平衡》、《飞龟授袟》三篇，并说明三篇仙术的神秘来源，乃出于夏禹，赤雀衔至吴王殿上，这是《河图绛象》的纬书说，古《灵宝经》，也就是《灵宝五符序》。葛巢甫所造的《灵宝赤书五篇真文》，是一种护符，救济众生，避免水难。其构成是基于五行思想，祈请五方神君，发扬咒力，解脱洪水的劫难；其中劫灾的观念、救济一切众生的思想，已受大乘佛教的影响。《五篇真文》显然是巢甫依仿《灵宝五符》，间受佛教大乘思想，为解除当时洪水连年肆虐的惨状，因而制作一种具有咒力的图文，其所以"风教大行"，实与社会需要、道教勃兴等因素有关⑨。

巢甫在东晋末叶造构道经，所承用的是葛玄、葛洪等家传的《灵宝五符》？还是利用当时盛传的仙公神迹，将《五篇真文》依托于仙公，而形成所谓的"仙公系""灵宝经"？依据陶弘景访求心得《真诰·叙录》的记载，葛家之拥有《灵宝五符》，有一部分取自许家，他说许黄民十七岁时，立志搜集先人的经箓，"收集所写经符秘箓历岁，于时亦有数卷散出在诸亲通间"，其中有些经陶弘景在句容搜得。句容葛家所藏的记载有两条，可以看出葛、许在通家之好的情谊下，流通道经的情形：

> 杨书《灵宝五符》一卷，本在句容葛粲间。泰始某年，葛以示陆（修静）先生。陆既敷述《真文赤书》、《人鸟五符》等，教授施行已广，不欲复显出奇迹，因以绢物与葛请取，甚为隐闭，顾公（欢）闻而苦求一看，遂不令见，惟以传东阳孙游岳及女弟子梅令文。

《灵宝五符》在当时道流的心目中，极为秘重，所以请取时需依明科，备置绢物；既取之后，不轻外泄，需依传授的规禁，传给有缘的弟子。葛粲即与陆修静相接，其生存年代约略晚于巢甫；但所保有的《灵宝古经》自是许家所存的杨羲旧物。葛巢甫造构《灵宝新经》，也应有机会获睹杨书《灵宝五符》。

葛、许二家既是姻亲，因而在道经、修行等，自常有流通之处。《叙录》还载有另一条弥足珍贵的资料："杨书《王君传》（清虚王君）一卷，本在句容葛永真间，中在王文清家，后属茅山道士葛景仙。"葛永真也拥有杨氏真迹，杨羲为书画能手，抄写图绘的符文秘箓，见重于道教中人。《灵宝五符》是穆帝永和六年（350）受诸刘璞的，大概又亲加书写；《王君传》为王褒的仙传，《云笈七签》卷一百六有《清虚真人王君内传》，题"弟子南岳夫人魏华存撰"，杨羲当是抄写此部仙传以行于世。葛粲、葛永真均以许氏亲通，保有杨氏真迹；葛景仙且入茅山为道士，接受茅山道法。

句容葛、许二家处于东晋诸道派流行的时期，其奉道的契机正是北方道派因避乱南迁之际：葛玄是在汉末遇左慈，杨、许等则在西晋末始得魏华存授道。东晋时期的句容，道教诸派的冲突与调停，均对葛、许二奉道世家有所影响，这是早期道教史上正统与异端之间相互对立与融摄的现象。葛洪在其一生中所抱持的宗教态度，其批评与容受实与当时道派的勃兴有密切的关系。葛玄的老师左慈，据说是在天柱山（今安徽潜山）精思，神人授以金丹仙经，因汉末之乱，不遑合作丹药，才避地江东。汉末北方的道法，并没有天师道的传播⑩；而太平道在风行江北诸郡后，遭官方的镇压，已不能流传，葛洪在《抱朴子·道意篇》批评张角之徒，"招集奸党，称合逆乱"，左慈自非属这种纠合群众的道派。葛洪从郑思远受《三皇内文》，而《三皇内文》是帛和所感得的，因此有学者怀疑郑君、葛洪皆奉帛家道⑪。葛洪在《抱朴子·祛惑篇》称帛和是前世有名之道士，对于洛中道士的疑难，均能寻声为论释，皆无疑碍，故赞为"远识人"，又赞《三皇内文》为道书之重者。这种态度是颇为尊重的，但说葛洪是帛家道的奉道者，则有疑问。基本上葛洪是博参主义者，而以金丹术为主，只是兼取帛和及其《三皇文》之长而已。

葛洪在句容或搜寻异书的行程中，是否接触过天师道，因无确证，不能下一定论。在《道意篇》评论诸道，虽未明白提及天师道，却论述了"李家道"：它起于蜀中李阿，号称"李八百"，使用这种名称在孙吴地区传道的有一李宽，"宽弟子转相教授，布满江表，动有千许"。葛洪认为在诸妖道百余种，皆熬生血食的情形下，独有李家道无为，是比较合理的。他们的制度有近于天师道之处：所奉道室，名之为庐，近于静室；每供福食，设有厨会，近于五斗米道的厨会。另一称李脱的，以鬼道疗病，又署人官位（《晋书》卷五八《周札传》），也近于张鲁以鬼道教民、署人官职的教法。所以流传于江东的李家道似曾兼取天师道的教法，葛洪虽不尽满意李宽之法，但并未列入"妖道"之列。

许家则与天师道有较密切的关系。天师道的势力本在蜀汉，张鲁归降曹操之后，汉中百姓被徙入关中，因而道治也渐传布于中原地区。曹魏时期，天师道的首治（阳平、鹿堂、鹤鸣）及其他配治，已渐在北方署职行道，虽因政权中断，教势已较不统一，但一些祭酒仍各自传道，行使道法。魏华存曾为女官祭酒，似曾奉天师道法，预知中原将乱，自洛邑抵达江南后，始将道法传于南方。由于天师道的道法为适应北方，其教理当有调整，至少魏华存是逐渐从降真方式中发展出另一种教法。许家又与另一天师道治的祭酒李东有关。《真诰》说他是"许家常所使祭酒，先生（许迈）亦师之"（卷二十）。李东家在曲阿东，晋元帝时受天师吉阳治左领神祭酒——吉阳治原为张鲁所立的八品配治之一，此时当已南迁。又曾受鲍南海（靓）法[12]。许家既然常与之往来，由此可知天师道治在东晋前后，已渐设置于江南，且其宗教势力已渐入士族社会。

句容地区的道教流派中，帛家道的势力仍盛。许迈"本属事帛家之道，血食生民，通愆宿责，列在三官，而越幸网脱，奉隶真气"（《真诰》卷四），即本为帛家道，其后改信。另许家姻亲的华氏，"华侨者，晋陵冠族，世事俗祷"。华家所奉俗神、俗祷——有认为即帛家道，导致华侨常梦见群鬼神与他游行饮食，并课责他举才用人之事，不得已背俗入道，诣祭酒丹阳许治受奉道之法，才得以解脱诸鬼的牵缠，类似的例证尚见于其他资料。葛洪的批判、许迈的改宗，都可发现正统道教与俗神信仰之间是有差异的，诸如禁止俗神、血食的牺牲以及耗费过巨等，道教在当时朝向清约、纯化的方向发展，已具有清整运动的净化作用。天师道的教团活动常使信奉俗神者改宗，其宗教势力仍有不可忽视的力量；而进一步发展出来的道派，不管是葛家的金丹道法、灵宝经法，或是许家的上清经法，大概朝向精致化、清约化之路进展，等到陆修静一倡清整，与北方寇谦之的重整为新天师道，就在道教的体质上获得更彻底的改变。所以葛、许二家在句容的宗教活动，是一种批判性的奠基过程。

三、句容的二葛遗迹

葛、许两家在句容县的里第，梁时陶弘景考察所得，都是"句容都乡吉阳里"[13]，葛玄所居的宅第与葛洪一支，当相去不远。有关二葛的遗迹，不仅为当时的句容人所盛传，直到后世仍流传不已，且见载于方志中。现在所存明、清两朝的《句容县志》，其中有关二葛及许家的古迹大体相近，故仍可依稀想见千年前的句容县风光。

葛玄的遗迹凡有三处：一是葛仙公旧宅，在县北门外八里许，曾建有小庵，供奉仙翁；另一说是在县治西南隅，建有青元观，原系葛仙翁故宅，旁有炼丹的丹井。青元观建立的年代相当古老，陶弘景撰有《青元观碑记》——一般均作《吴太极左仙公葛公之碑》。二是葛仙公墓，在县西南一里许，墓前也建有葛仙庵——另有一说，葛仙公庵在县治西，青元观侧仙公瘗剑之处。三是葛仙翁炼丹井：一在青元观侧，一在抱朴峰。

葛洪的遗迹也有两处：一是抱朴峰，在大茅峰北相连一高峰，有葛洪炼丹处。此峰有抱朴山庵，相传为许黄民娶稚川孙女结庵所居之处。二是李真人井，在郁冈方隅洞之东，《抱朴子》载："此水与太华玉井泉味无异。"葛洪有铭："混混井泉，源通渤海。色逾玄圭，甘如沆瀣。注炼金液，保养太和。昔人遐举，饮此余波。"因为在葛洪的养生思想中，服丹、服药均需有佳泉配合，所以说"注炼金液，保养太和"。此外，葛洪晚年隐居罗浮山，所居留炼丹之地也成为当地的重要遗迹。

葛氏自葛洪九世祖迁居句容以后，木枝百代，世居不迁，葛家的后裔繁衍虽多，大多聚居于句容县治西及西南一带，今依明、清时所修的《句容县志》所列乡里的名目，仍可据以推知葛氏族人分布散居的情形：清乾隆时，句容十六乡中，县治西南凡有四乡出现一些与葛家有关的里名、村名：首为通德乡，在县西二十里，有抱朴里；次为福祚乡，在县西南二十里，有葛泽村；次为临泉乡，在县西南五十里，其地卑湿，人皆依冈陇临泉水筑室居焉，有葛桥村；再次为上容乡，在县治南四十里，左有大茅峰，右有上容水：凡有葛亭里，注云："葛玄炼丹于此"。升仙里，注云："据葛玄成仙言"。又有葛村。这些地名虽已是东晋之后近千年时所袭用，但名号的取用多与当地的民间传说或聚居的族姓有关，因而它沿用的时间常常极为久远，多富于历史传统的意义。

《句容县志》所叙述的二葛遗迹，与以葛为号的里名、村名，大多在句容县治的西、南一带。千年以前的都乡吉阳里，乡、里旧名固已不存，代替的是新里、新村，而二葛的传奇事迹流传在当地，后来也成为历史：有里名村名作为纪念，也有古迹供人瞻仰。而二葛的事迹早就见载于碑记或史册，后人也将其列于方志——葛洪列于隐逸类，葛玄列于仙释类，两人都是句容地区肇开风尚之人。因为葛玄之前所列古展上公、汉三茅君都是道教初兴时的传说人物，至于葛洪则列名于首位，其后的陶弘景，是年少时读他所撰《神仙传》而兴起神仙之思的，所以二葛之与三张相提并论，不仅是句容地区首开风气之人，也是南方道流的代表性人物。

《句容县志》中县治南及东南诸乡，有承仙、望仙及茅山、句容等乡，都与三茅山的传说有关。而许氏族人之修仙学道，也同样有遗迹存在，有逸事流传，都是方志中的乡里重要先贤，是《句容县志》中的人物，更是道教史上的创教人物。

葛洪之所以能成为早期道教史中承先启后的人物，固然是他一生中精勤所致，多方搜集，故能成就为一博闻深洽的学者。但作为集大成的人物是需要多方面的因缘际会，他有肇开风气的从祖、有开创经教的明师，又有里第相同、通家之好的姻亲，因而在道经的传授、整理上，都远优于当时的凡俗道流。但葛洪不仅是道书资料的搜集者，更是批判道教，具有独特见解的人物，这就不能不归功于时势之所趋。因为初期道教发展至于东晋，道派纷起，各以其教义解决社会、人生的疑难，借以救济汉晋之际的纷扰乱世，这是富于创发的生命力的开教时代。教团道教与民间俗信的相互批判，始能激起道教初创阶段的一大高潮；而这些纷起的道派就在"句容"地区激荡、进展，因而有道教史上的三大经派，为后世茅山宗、合皂宗的源头。了解了东晋前后句容地区的道教，则活跃于这一舞台上的葛洪，显然是扮演一生动而成就非凡的角色——一位道教理论家、炼丹家、医药家，以及见解锐利的社会批判者。

【附注】

① 北齐高祖诏敕，称述陆修静的业绩："祖述三张，弘衍二葛。"二葛就是葛玄、葛洪；又《南齐书》：明僧绍撰《正二教论》："张葛之徒"，单用一葛字，指葛玄；又梁刘勰撰《灭惑论》，也以张陵与葛玄并举，由此可见葛玄在早期道教史上的地位。

② 陈寅恪，《天师道与滨海地域之关系》，收于《金明馆丛稿》初编，1-4 页。

③ 小林正美，《灵宝赤书五篇真文的思想和成立》，刊《东方宗教》六十号（1982）。

④ 福井康顺，《葛氏道的研究》，刊于《东洋思想研究》五（1954）。

⑤ 有关山水、风俗的说法，见《历世真仙体道通鉴》卷二十三，葛仙公传。

⑥ 大渊忍尔，《鲍靓传》，收于《道教史的研究》（日本冈

山大学共济会，1964），117-135 页。

⑦　陈国符，《道藏源流考》(台北，古亭书屋，1975 年)，71-77 页。

⑧　许氏里居见陶弘景，《真诰》卷二十《真胄世谱》；葛氏则见于陶弘景《吴太极左仙公葛公之碑》。

⑨　小林正美前引文。

⑩　唐长孺，《魏晋期间北方天师道的传播》，收于《魏晋南北朝史论拾遗》。

⑪　陈国符，前引书，276 页《帛和与帛家道》一条

⑫　参《无上秘要》卷八十三、《真诰》卷十三。

⑬　同⑧。

第三章　葛洪评传

葛洪其人为道教史上的关键人物，唯有关他的传记资料并不多，最重要的约有三种：《抱朴子》篇末所附的《自叙》，不著撰人的《葛洪别传》，以及《晋书》本传等相关史料。其中撰成于东晋末的别传，本应是表现传主性情的杂传体文字，可惜只存残文，其中且多取材于《自叙》。葛洪自撰的《自叙》，记事止于三十五岁前后，为前半生的自叙传。《晋书》则提供其后半生的事迹，应是史官搜集当时所存的晋史资料写成。以这两种为经，再纬以汉晋时期的社会、文化背景，葛洪一人兼具道教理论家、炼丹家、医药家及社会批判者，其鲜明的形象自能凸显出来。

葛洪之写《自叙》，乃模仿王充《论衡》的《自纪篇》，是一篇深刻内省的文字。篇中自设问难：为何"以始立之盛，值乎有道之运"——在三十五岁的盛壮之年，东晋创业的振兴时机之中，"何憾芬芳之不扬，而务老生之彼务？"他有一段自我说解：表面自谦自抑，其实隐含有浓厚的不合时宜的慨叹："余以庸陋，沉抑婆娑。用不合时，行舛于世。"因而自觉："循途虽坦，而足无骐骥；六虚虽旷，而翼非大鹏。上不能鹰扬匡国，下无以显亲垂名，美不寄于良史，声不附乎钟鼎。"《自叙》虽是说明写作当时的情境，其实，他的一生都有类似的不遇情绪，促使他由徘徊于儒、道之途，逐渐转向神仙道教的永生之路，因此需要从东晋前后的社会、文化背景解说葛洪的心路历程。

以三十五岁撰成《抱朴子》之年为分界，葛洪一生可分四个阶段，适为成长、成熟与退隐的历程：即读书求道期，在二十岁以前；二十岁至三十五岁则为子书撰述期；此后至五十岁，属于俗情俗缘纠结下的仕隐冲突期；最后才进入归隐炼丹的晚年岁月[①]。

一、读书求道时期

从晋武帝太康四年（283）到惠帝太安元年（302），刚好二十岁。葛洪在家，排行老三，《自叙》说他"生晚，为二亲所娇饶，不早见督以书史"。出生在地方官之家，虽不富裕，但温馨而美好。自幼就性情内向，"体钝性笨，寡所玩好"，在追忆童年往事时，特别提到儿童所擅长的童玩，如"掷瓦、手搏"之类，都少参加。十三岁时，葛家有了变化，因他的父亲以邵陵太守卒于官，本就不甚富裕的中等官家就此逐渐感到生活的压力。《自叙》追忆这段艰困的岁月，"饥寒困瘁，躬执耕穑，承星履草，密勿畴袭"，这就是《晋书》所说的"家贫"情况。两晋官僚家庭，除凭借特权始能封山占田，守法的官员，其俸禄并非富裕。葛洪特别记一件小事，说明他的父亲是清廉的地方官，"秋毫之赠，不入于门；纸笔之用，皆出私财"。在他年幼的心中，治理

34

两万户的小县（肥乡），能达到"恩洽刑清，野有颂声，路无奸迹，不佃公田，越界如市"，可信是清官，所以过世之后，家世经济就沦落到饥困之境。

少年时期的葛洪既已颇知好学，葛家儒学传家，让他有成为"文儒"之志。而求学的过程，《自叙》描述生动，其家"累遭兵火，先人典籍荡尽，农隙之暇无所读。乃负笈徒步行借，又卒于一家，少得全部之书。益破功，日伐薪卖之，以给纸笔，就营田园处，以柴火写书。坐此之故，不得早涉艺文。常乏纸，每所写，反覆有字，人鲜能读也"。后来《葛洪别传》、《晋书》本传都据此段文字描述他在困境中苦学的情景。在战乱中，典籍所遭的厄运，为中国图书的大厄。有一点值得注意的，这种抄书的习惯成为他做学问的方法，一生之中，"抄五经史汉百家之言兵事方伎杂事三百一十卷"，其卷帙大为可观，而懂得抄书却早在十四岁之时。稍后二三年，开始读"《孝经》、《论语》、《诗》、《易》"等儒家典籍，发愤读书，虽无师友，但贪广览，所暗诵、披涉的书籍，"自正经、诸史、百家之言，下至短杂文章，近万卷"。他对自己的记忆力颇为自豪，直到后来"著述时犹得有所引用"，这种读书方法与他所敬仰的王充，有异曲同工之妙。汉代独尊儒术，但至东汉末叶既已渐僵化，诸子百氏之学才又渐受重视。葛洪后来虽以道教学者自居，但这段时间，对于《河》、《洛》、图纬、星书、算术、九宫、三棋、太一、飞符之属，却因其"苦人而少气味"，未能好好学习。这些方术是否为郑思远所授，与他另一种学术的展开有关，就是神仙道教之学。

葛洪从郑思远学神仙导养之法，在"束发"之时，大概是在十五六岁。学道的动机有多方面：句容地区的神仙风尚，葛家本身的道教传统等，在《抱朴子·内篇》一再提起"少有入山之志"（《登涉篇》），"少好方术，负步请问，不惮险远。每有异闻，则以为喜；虽见毁笑，不以为戚"（《金丹篇》）。在郑君门人中，他是入道较晚的。由于"郑君者，则余从祖仙公之弟子"（《金丹篇》），具有特殊的情谊。葛洪当时年纪较轻，禀性"尪羸（wāng léi），不堪他劳"，因此其他弟子皆亲仆使之役，采薪耕田，只有他亲事洒扫，拂拭床几，磨墨执烛及与郑君缮写故事而已。多年后回忆初学道的情景，他仍念念不忘这位年出八十的恩师，《抱朴子·遐览篇》所录的道书有不少是郑师所授，尤其是一些珍贵的丹经，而弟子五十余人中，"乃有不得一观此书之首题者"。他所受的特别照顾，是其后一生中倍觉温情之处。担任洒扫的弟子之职有多久，才在马迹山中设坛受诀，并无明确的记事，但总在晋惠帝太安元年以前。因为太安元年以后郑君"知季世之乱，江南将鼎沸，乃负笈持仙药之朴，将入室弟子，东入霍山，莫知所之"。从此师徒未再见面，郑思远已是八十五岁以上的老道，而张昌、石冰之乱确实在稍后发生，郑君确有预知前见的能力。

二十岁以前的葛洪，徘徊于儒、道之间，对于郑君所传的神仙导养之法，后来省思之余，承认当时"年尚少壮，意思不专，俗情未尽，不知大有所得"，因此未随从入霍山，专心向道。所谓"俗情"当指写诗作赋，撰述杂文，以成文士。《自叙》说他十五六岁时"所作诗赋、杂文，当时自谓可行于代"。所写的分量，三十五岁时，经弃十不存一，尚余百余卷，确极可观。葛洪所作诗，现存极少，而文笔的运用，论理的深刻，《晋书》赞为

"精辩玄赜，析理入微"，应该是奠基于这段时间。当时士族社会对于文士的品鉴，有其公认的标准，诸如诗赋、杂文的写作，名理、辩术的应用等。寒素之士多自励苦学，突越身份的局限，以跻身于贵游社会，这是两汉以下文士常见的求遇的做法。曹魏、西晋的帝王贵族多文学侍从，君臣唱游，以博风雅，葛洪幼贫，身份已经没落，自不免形成一些"俗情"。直到二十余岁时，立志创作子书，才领悟自以为可行于代的文学作业，只是"细碎小文，妨弃功日"（《自叙》），因而寻览之下，"殊不称意，一时毁之"（佚文）。

二十岁以前可谓为求学、习作的阶段，所涉猎之书较广，所喜好之科亦多。虽则如此，其日后的学问与方向大多奠基于此。

二、撰述子书时期

从西晋惠帝太安二年（303）到东晋元帝建武元年（317）——时年三十五岁，这段岁月，葛洪初入社会，经历一段流离颠沛的生活，终能撰成子书。他二十一岁时，郑师所逆知的"季辰之乱"终于应验：惠帝时，入蜀的关中流民相率自立，为讨伐巴西的氐人李氏兄弟，乃出壬午诏书，征壬午兵赴蜀，因催逼急迫，五月，义阳（今河南省桐柏县）蛮张昌作乱；七月，张昌的别将石冰攻击扬州，屯于建业，江南之地为之震动。因而激起江南世家大族的自卫行动，凡有吴兴太守顾秘、扬州秀才周玘等，顾秘以义军都督，檄洪为将兵都尉，在这场战役中，葛洪记下两三件事：一为献计："宋侯（道衡）不用吾计，数败。吾令宋侯从月建住华盖下，遂收合余烬，从吾计破石冰。"[2]二为实战："昔在军旅，曾手射追骑，应弦而倒，杀二贼一马，遂以得免死。"（《自叙》）这是他学习射箭之后，实际应用的经验。三为率军：葛洪募合数百人从军，对于部属"约令所领，不得妄离行阵"。破贼之日，他军多放兵收拾财物，继毂（gǔ）连担，结果为伏贼所攻，惊乱不整，死伤狼藉，只有洪军，"整齐毂张，无所损伤，以救诸军之大崩"，又"斩贼小帅，多获甲首，而献捷幕府"。因为战功，顾秘加洪为伏波将军。关于葛洪参与平乱之事，他自己有所解释：被动的原因是义军大都督累见敦迫，他也畏军法，不敢任志。主动的原因则基于保护乡土之念，"桑梓恐虏，祸深忧大。"南方旧族的募军平乱，近来有另一种解说：张昌反于荆州，奉刘尼为汉主，也就是以汉室之主及旗印为号召，在六朝是常见的起兵口号之一。也由于惠帝的昏庸，故激起民变，所以有些学者论定为"农民暴动"；而葛洪则因为江南旧族的身份，被认为是地主、官僚，为了维护地主阶级的利益，故镇压起义军[3]。其实，以葛洪当时的贫困状况，又在逼不得已的情势下，他的募军大体以句容本地人为主，基本上可视为是维护乡里秩序，保卫桑梓的自卫行动。因为当时江南士族对政治，尤其对惠帝的统治并不特别关心，他们所关怀的是生于斯、长于斯的乡里。类此乡土自卫的团聚力，为中国农民社会的一种稳定力量，至少是诸大世族能设法激发这股潜力并善用之。葛洪曾表白自己的参战并非为己，所以在例给布百匹时，诸将多据为己有，他却分赐将士、分飨将吏。在这分寸之际，确需区以别之。以一二十一岁青年，石冰之战为其入世的一次奇特经历。唯这次战功，却要到十五年以后，才封侯食邑，其时已逐渐转向出世之途了。

葛洪有志创立子书，以成一家之言，是在悟及细碎小文之无用后，乃有所觉醒。而促成撰子书之志，则是当时子书热的学术潮流。汉代崇尚经学，子书较未受重视；但经学的流弊至东汉中叶以后日趋严重，成为烦琐之学，汉末新学乃代之而兴。早在东汉，就有学者对于经生、腐儒有所批评，王充《论衡》有《程材》、《量知》、《超奇》等篇，程量贤才，而分出等级：文吏、儒生（世儒）、文儒（通人）、文人、鸿儒。在他的程量下，"著作者为文儒，说经者为世儒"，文儒之力超过世儒，因为能博览而贯通古今，然后又能吐文而有大力，所以是通人。文人、鸿儒更能抒其义旨，结连篇章，兼有前者之长。葛洪所仰慕的前代贤人中，以王充为最，《论衡》尤其是他模仿的对象，自易于接受其说法，而且当时以《论衡》为枕中秘籍的，还不只蔡邕等人。到魏晋竞以子书为传世之业，可以曹丕所说的文章是"经国之大业，不朽之盛事"为代表，同为文儒、文人的地位提高的明证。又如陆机在临卒前，以子书不成为憾。葛洪在《自叙》中，一则说要立一家之言，"乃草创子书"；再则说"少有定志，决不出身"，曾仰慕一些前贤的为人，因而"念精治五经，著一部子书，令后世知其为文儒而已"。这是二十余岁所立的大志，也是三十五岁撰成《抱朴子》的一大心愿。

撰述子书既然是葛洪的一大心愿，因此石冰事件平定之后，就投戈释甲，径往洛阳。京洛之旅是一趟"广寻异书"的旅程，他在句容一带，到处借阁、抄录，自觉虽已披涉万卷，而遗漏尚多。因江表的书籍较少，南方终究是开发中的新文化区，中原才是文物声华鼎盛的区域。儒学固然是北方旧族渊源久远的家学，就是魏晋新学也是由荆州转入京洛，蔚为一代学风。至于到南方传授金丹道的左慈，以及天师道治由蜀汉而传布于关中一带，凡此儒家、百氏与新兴道教，几乎都以京都为核心，向幅员宽广的大江南北传播。"洛阳"在年轻的葛洪心中，象征着文化的丰饶与美好，因而做此一趟充满向往之情的搜书之旅。当时江南的士族都曾纷纷北上，一睹"上国"的胜概，陆机、陆云兄弟的入洛在前，葛洪的入洛在后。洛阳在他们前往时，固然各具有不同的动机，而文化向往之情几乎是共有的。葛洪后来在《抱朴子·外篇·讥惑篇》，虽因保守桑梓之法，讥刺了京洛的礼俗，但基本上承认"上国众事，所以胜江表者多"。所以对青年葛洪而言，京洛之行是他一生中的重大决定，也确因这一决定，让他的生活，从句容迈向另一段"流离播越，有所亡失"的兵乱岁月。

僻居于南方，实在不易体会京洛的紧张气氛。所以葛洪甫一北上，就发现"上国大乱，北道不通"，这是影响西晋政局深远的乱事，史上称为"八王之乱"，战乱既起，路途阻隔，入洛的心愿既已不能实现，却待回转家乡，又因陈敏据江东作乱，有家归不得。陈敏举兵，从永兴元年三月直乱到二年十二月，江扬等地为之震荡。前往京师索求奇异，结果半道而还，已是他一生中，"每自叹恨"的一大憾事，现在又因归途隔塞，只得随遇而安。此后数年，他的行踪，大概就"周旋徐、豫、荆、襄、江、广数州之间"，经历了一些特殊的事件。

首先是在襄阳时，巧遇故人嵇含。嵇含就是《抱朴子·外篇》佚文中至少五次提及的嵇君道（263-306），为嵇康族人，好学，能属文，也喜好仙术④，所撰《南方草木状》为一部有关植物、医药的博物书籍，至今仍为科学史家所重视。他先后任职于齐王司马冏、长沙王司马乂、惠帝及范阳王司马虓幕下，虓为豫州刺史刘乔所破后，才奔往襄阳，刘弘待以上宾之礼。刚好广州刺史王毅病卒，弘就表含为平越中郎将、广州刺史，而含就表请洪为参军。对于故人的盛情，葛洪自觉"虽非所乐，然利可避地于南，故黾勉就焉，见遣先行催兵"。含既是故人，应早有交往，同好仙术，又知洪有募合乡军的卓越表现，所以请他参加军事。嵇含假节未发，刘弘卒。与含素有嫌隙的司马郭劢，疑虑含将害己，就趁夜掩杀之。嵇含之为人，早慧气盛，葛洪曾因友人滕永叔之问，称美含是"一代伟器也，豪摘英观，难与并驱"，因为含性通敏，好荐达贤才，没想到死于非命，让葛洪颇多感触，深觉乱世之中，出世任官之不易，因而在广州，虽频为节将见邀用，皆不就任。他说："永惟富贵可以渐得，而不可顿合，其间屑屑亦足以劳人。且荣位势利，譬如寄客，既非常物，又其去不可得留也。"这是魏晋名士在乱世少有全者的时代危机中，常有的幻灭感。

在兵乱流离之中，葛洪并未一改初衷，反而加深他访道的决心，曾"阅见流移俗道士数百人"。虽则有数百之多，但由于他是经名师指点，又兼自己勤学，故以二十余岁的年龄，在道法的认识上已自不凡，因而在《金丹篇》中尖锐批评当时的流俗道士："或有素闻其名，乃在云日之表者，然率相似如一：其所知见，深浅有无，不足以相倾也。虽各有数十卷书，亦未能悉解之

41

也，为写蓄之耳。"他们时有知行气及断谷、服诸草药法等方书，对于高深的道法却了无知者，如不知《道机经》是魏人王图所撰，而矜为主秘，更遑论通知神丹金液之事，及《三皇内文》召天神地祇之法，至于言语虚夸、自欺欺人的散诞道士，尤为蠹道坏法。从这段文字可以推知当时道流的实态，为早期道教史的一段珍贵的史料。

羁留南土多年，葛洪凡"征镇檄命，一无所就"，则多年到底有多久？又为何会"停南土多年"？这是葛洪传记中的一件疑案——就是葛洪师事鲍靓，并娶其女鲍姑，是否在广州的羁留岁月中？有些学者致疑于三十五岁撰成的《抱朴子》，对于郑隐的教导多有怀念之情，却未提及鲍靓，这是不合情理，也不符葛洪的性情之事，所以不应在此期间与鲍靓结缘⑤。而传统的说法却指明洪在广州，乃憩于罗浮山，源于袁宏的《罗浮记》，后来《云笈七签》卷一百五十、《仙鉴》卷二十一都据此推演：葛洪居罗浮时，靓为南海太守，两人相善，常往来山中，或语论达旦。因鲍靓在永嘉六年前后任南海太守，《罗浮山记》、《南越志》均有鲍靓在罗浮山的神异传说。葛洪在广州"多年"，从永嘉元年起，如停留六年以上，就有机会师事鲍靓，且娶其女。但这样重大的事，《自叙》无一语道及，显非情理。当是《罗浮图志》一类山志根据传说，而传说的中心，又因二人多与罗浮山有缘，所以撮合原不相涉的两件事为一。由于《自叙》不明，葛洪从广州归乡的年份，约在永嘉四年（310）前后。广州岁月虽未必有缘拜见鲍靓，但葛洪可能已住罗浮山，而且知悉南方交趾一带产丹之事，埋下日后再度赴广州的契机。

葛洪在广州时，一切征召都未接受，显示他已有绝意仕进之志。回转家乡，大概即专力于子书的写作，借以弥补流离中所虚耗的岁月，他说"连在道路，不复投笔十余年"，从二十二岁离开句容，经十余年后，又归句容，已是而立之年，岁月飘忽，自有深慨。虽则亡失的时间甚多，但十余年来的阅历，眼界大开，他阅见的凡俗道士越多，就越坚定金丹大道以及相关的要道，才是正统，才是大道；也由于博访名道，参考各种道法，发现其优缺点，因而建立其兼容并蓄的博参主义。葛洪好学，广义上的道教之学还应包括许多实际的修炼。金丹的修炼在离乱之世，确已非易事，所以直到整理《金丹篇》，他并未亲自炼丹，丹经口诀经郑师口授，"已二十余年矣，资无担石，无以为之，但有长叹耳"。至于气功方面的守一服气，他是有观察的心得，也应有实际的实践工夫。对于社会风尚，经他的观察，在道路所见以及回乡所闻，则有些令他忧心之处，就是急遽变化的风俗。大部分集中于《外篇》："丧乱以来，事物屡变，冠履衣服，袖袂财制，日月改易，无复一定，乍长乍短，一广一狭，忽高忽卑，或粗或细。所饰无常，以同为快。其好事者，朝夕放效。所谓：京辇贵大眉，远方皆半额也。"（《讥惑篇》）类似的流行风尚，是"丧乱以来"既已如此，大概西晋将孙吴收入版图始，直到东晋初，一切以京洛为模仿的对象：上焉者流行一些思想、观念；下焉者则在服饰、饮食等生活习惯，模仿者的口实就是"此乃京城上国，公子王孙贵人所共为也"（《疾谬篇》）。葛洪的批评固可说是基于抱朴性格与乡土意识，更是基于修道之士善体天变的洞烛能力，所谓"衰乱之所兴，非治世之旧风也"，《疾谬篇》这一句话不只是葛洪的愤世嫉俗，而是道家之徒的史观。就如《晋书·五行志》有服妖一项，归为妖异，借此预见天地之变，世代之变。所以在道路的十余年，葛洪增广阅历、加深观察，才能结晶为一部子书。

从归乡到子书撰成，约有四五年时间，沉潜精进，尤有进境，这时期既已累积丰富的人生经验，培养深刻的社会观念，而三十出头的生命中，仍具有一种热情与愤怒，因而出之以讽刺、批评的笔法。但同一时期，潜藏在内心深处的归隐之念也勃然兴起。所以《抱朴子》内外篇一旦用功完成，就有遂本志，委桑梓，适嵩岳，以寻高隐的志向。只是俗情已尽，俗缘未了，直到十四年后，他已四十九岁，才以半百之年归隐罗浮。

三、任官封爵时期

从晋元帝建武元年（317）到成帝咸和六年（331），葛洪时年四十九。他一生的任官受爵，其因缘都系于参与平定石冰一役。在这以前，他一无表现，以后则流离颠沛于道路中。他的受封，表示在东晋归抚南土的政治策略下，句容的葛家仍具有旧族的社会地位，尤其葛洪在募合军力上有其号召力——他的两位哥哥则史无明载，显然是与功名无关；其次在积学著述上有其成绩——现在所知的葛洪著述，几乎在三十五岁既已完成大部分，分量惊人，《晋书》甚至赞为"江左绝伦"。如此才具自为新朝笼络、罗致的对象，因而他所受爵赏，均与此武功、文才有关，唯官阶不高，实权不大，只是滥授作风下的一些名目而已。因此葛洪出世任官的兴趣也不甚热衷，这是了解他的十余年俗情、俗缘的基本认识。

其实，现存史料中的封赏记录需从"百六掾"开始。葛洪初衷即绝意仕途，因而返乡之后，一仍本志，"州郡及车骑大将军辟，皆不就"。但稍后就有"荐名琅邪王丞相府"之事，因为愍帝建兴元年五月，琅邪王司马睿为左丞相，三年二月，进位丞相、大都督。这期间为稳定江南，确立政权，故大事招揽人才，多辟掾属，当时称为"百六掾"，葛洪列名于百余人中，只是名誉，并非有实权之官。建兴四年，刘曜攻陷长安，愍帝出降，中原又陷于丧乱的局面。西晋政权既已名存实亡，群臣拥立司马睿，即晋王位于建康，改元建武，史称东晋。为博南方物望，元帝采王导的建议，封赏江南士族。葛洪由于平定石冰有功，庚寅诏书赐爵关中侯，依《自叙》所述，洪自觉"讨贼以救桑梓，劳不足录，金紫之命，非其始愿"。本想效法先贤，高蹈以明志，但又想到当时是"丑虏未夷，天下多事"之秋，国家正要明赏必罚，以彰宪典，他不好违背美意，因而息意而恭奉诏命。关中侯是晋朝封爵的最下位，葛洪受封，食句容之邑二百户而已。王导之佐元帝，顾及中原仕族纷纷南下，托身江南，不得不援引南土之秀，与北人共执国政；而南方士人也同感时代的巨变，共体时艰。

元帝太兴初，王导就一再上疏，推荐干宝、王隐及郭璞诸人，以为中兴草创，典章稍备；而诸人才兼国史，可修晋史。咸和初（326），也召请葛洪补州主簿，转司徒掾，迁咨议参军。他以四十四岁之年再度任官，应因生活困难，不能不出任此一顾问性质的小官。根据《洞神八帝妙精经·抱朴密言》所载一段逸事，可补晋史之阙：咸和元年四月，洪"于所居西，养特牛近二十头。时既有荒饥，家道迍否。又县多虎灾，不可防遏，虎来侵损群牛，前后百日，已六七头矣"。《抱朴密言》虽非必葛洪所撰，但记载养牛，并明言年岁荒饥，家道迍否，则可想见其生活濒临困境。任官之后，与有史才之称的干宝深相亲友，干宝主持国史的撰述，既认识葛洪的博闻深洽，著述繁富，因而推荐他"才堪国史，选为散骑常侍，领大著作"。但洪因辞不就，这大概是咸和五、六年的事，因为他归隐炼丹之志已决定了。

在这期间，有关葛洪的事迹，虽则不多，但仍有数件事可以了解其思想行事：首为与鲍靓的师生之缘，鲍靓任南海太守之后，就解官栖隐。大兴元年（318）暂往江东，曾于蒋山（今钟山）北道得遇仙人阴长生，得受尸解法，此即《云笈七藏》所录有名的"阴君传鲍靓尸解法"。他在句容地区所传授的弟子，有许迈等。葛洪如非在广州与他交往，就是在句容时，才有机会师事，并娶鲍姑为妻。洪所师承的三皇文、尸解经，都是重要的道法，为当时的三大经派之一。

其次是作《富民塘颂》之事。元帝践阼，张闿出补晋陵内史，在郡甚有威惠。晋陵郡原为地广人稀之地，陂渠甚少。据地理学者研究，太湖成为浅海型的湖泊，地势低下，积水无法排出长江及东海，在中央区常积水为患；而较高亢之处，却又无江、湖的灌溉，易成旱灾。晋陵（今江苏武进）就是一则"以旱失田"，一则"田多恶秽"的地区，东晋初大批北方侨人涌入，为使他们从事农业垦殖，得以自立谋生，张闿就开立曲阿新丰塘（也称新丰湖，在丹阳东北三十里，一说是丹徒东南三十五里），大兴四年塘成，可以灌溉田地八百顷，每岁丰稔。起初，以劳役免官——计用二十一万一千四百二十功；后来追纪其功，才又超升为大司农⑥。葛洪则基于爱乡爱民之念，新塘完成后，就写作《富民塘颂》予以赞颂。类似富民塘的开立，大概属于东西走向的横塘，借以连接南北向的天然水道，形成密集的水利网，以资灌溉，六朝时代是太湖流域水利设施的草创时期，所以新丰塘的开创是有其高度的经济价值的——六朝时，有记载可考的水利工程只有六处，新丰塘为其中之一，所以葛洪认识新塘的重要性，为文以颂。

这一时期具体表现他的隐逸思想的凡有二事：一为赞美郭文的高隐，一为自己尝试隐居山林。河南郭文（文举）少爱山水，崇尚嘉遁。洛阳陷落后，步担入吴兴余杭大辟山中，穷谷无人之地，他依山结庐，临清涧植谷种麻，以供衣食。常着葛巾，披鹿皮。山中多虎豹，文所居之处独无藩篱格障，而虎豹并不侵扰。建兴二年，葛洪就曾偕余杭令顾扬造访，因为余杭与句容相距不远，而文举的高隐又有特殊之处。在余杭山中，又曾见何幼道，但只是"目击而已，各无所言"。元帝大兴三年（320）前后，王导仰慕郭文，迎住于西园，园中果木成林，又有鸟兽麋鹿。文居七年，未尝出入。一旦辞归不得，终逃归临安山中，临安令万宠迎置县中。及咸和二年，苏峻造反，破余杭而临安独全，大家都以为文能知先机，避危难。未久，不食而卒。葛洪、庾阐俱曾为之作传，传文不存，大概是记述其行，高尚其义，以作为嘉遁的典型。

葛洪素有隐居、高蹈之志，在句容时期虽未明载有隐栖之事，唯方志中确有相关的传说：一是《句容县志》卷三有一抱朴峰，在大茅峰北，相连一高峰，有葛洪炼丹处，又有炼丹井。类似的传闻是否表示葛洪尝试炼丹？一是《水经注》卷四十《浙江水》：上虞县南有兰风山，山少木多石，琅邪王方平，性好山水，曾宅居于此。王方平正是葛洪所要寻觅其迹的前辈，所以也曾遁世居之，还留有基井等古迹。孔灵符《会稽记》则说："上虞有龙头山，上有兰峰，峰顶盘石广丈余，葛洪学坐其上。"（《御览》四七）兰峰、兰风为同一山，陶弘景所撰《吴太极左仙葛公之碑》，说葛玄尝隐于此。葛洪或曾到此山隐居，以寻仙公之轨。由隐居传说的流传，可知中年以后的葛洪，俗情已尽，而多方尝试隐居山林的素志。

四、罗浮炼丹时期

从咸和七年（332），到建元元年（343）葛洪卒于罗浮山，享年六十有一。咸和七年葛洪因辞大著作之职，是以自己年老，欲炼丹以祈遐寿为由。他早就听说交趾郡出产丹砂，就请求担任句漏令。句漏令是小地方官，而葛洪年资已高，所以成帝不许，他说明"非欲为荣，以有丹耳"。成帝才准许其要求。丹砂是炼丹的主要原料，交趾出丹，应是他停留广州时早已听说的消息，对于有关炼丹的事，葛洪一向在意，《论仙篇》曾提到外国做水精碗，实是合五种灰以做之："今交、广多有得其法而铸之者"，交趾、广州的事并不陌生，所以交、广之行是较有把握的。

葛洪率同子侄前往，一到广州，刺史邓岳以为丹砂可以罗致而得，就请求留下，洪因而入罗浮山炼丹。岳又上表补洪做东官太守——成帝时，分南海郡另立东官郡，辞不肯就，只得以葛洪兄子望为记室参军。在罗浮山的最后十余年，过的是优游闲养、著述不辍的晚年生涯。现在所知的葛洪著述目录，分量极多，应有一部分是晚年完成的，只是不易分辨而已。他的学养至于晚年臻于成熟，从天文成就上可见一斑。《晋书·王文志》曾记载一件事，说咸康中（335-342）会稽虞喜因宣夜之说作《安天论》——宣夜与周髀、浑天同为古代的三种天体说，宣夜绝无师说，虞喜不知据何师说，葛洪颇不赞同，故加以讥评。《晋书》称赞葛洪的评论是"知言之选"。

南下交趾，隐居罗浮，主要目的是炼丹。葛洪坚决信仰的金丹大道，一直停留在理论的阶段，因而急于搜集药材亲自伏炼，成为晚年的一大心愿。根据传闻，在罗浮山，留有炼丹的遗迹，就是冲虚观、丹灶等处，葛洪确曾尝试这充满神秘色彩的伏炼。至于他是否传授弟子，《神仙传·序》有滕升问仙人之事；《道教义枢》卷二有海安君、望世等人。此外，值得注意的有一黄野人，据说是葛洪身旁随从炼丹的仆隶，最后服丹成地行仙，《罗浮山记》说葛仙祠，"正座塑葛洪，旁有黄野人侍立"。在道教史上，葛洪的弟子并不特别杰出，也因此未能确立葛氏道的道法。

葛洪的丹药是否炼成，是另一回事。但山居修道者经长久的修炼，必有特殊的神秘能力；而传统史籍也常据传说资料神化其人，葛洪之死正是常见的笔法：有一天，葛洪忽寄给广州刺史一封书信，说自己"当远行寻师、药，克期便发"。邓岳得信后，心知有异，赶快前往，而洪已坐化。根据道教的说法：洪是端坐而化，颜色如生，体亦柔软，等举尸入棺，发现轻如空衣。时人都以为是"尸解得仙"，尸解仙在汉晋之际的三品仙说中，属于下品仙，也是当时道流成仙的解脱方法。葛洪曾从鲍靓学道法，对于阴长生尸解法当也娴习，其本身或曾注意类似的尸解法，加以葛洪修道的名气已大为远播，自易于造成特异的尸解传说。

葛洪尸解后，罗浮山中有许多遗迹，后世编撰的《罗浮山记》、《罗浮志》等均有记载：据载葛洪炼丹之处，"从观者众，乃于此置四庵"。后世建有观宇：白鹤观传为东庵；黄龙洞（孤青观）为其西庵，有七星坛，为葛洪憩息之所；酥醪观故址，为其北庵，观源洞是葛洪洗药处；冲虚观为南庵，内有葛洪祠和丹灶——苏轼曾书"葛洪丹灶"四大字。其中冲虚观即都虚观，其内有葛洪祠，唐天宝初置祠十家，度道士二人，祠中就塑有葛洪像，黄野人侍立，为山中重要的遗迹。罗浮山在道教的洞天福地说中，列为第七洞天，第三十四福地。主峰飞云顶在博罗县城西北，有"岭南第一山"之称；朱明洞在冲虚观后，又称朱明耀真之天，道书的神秘舆图说常将这些洞神秘化。葛洪既然在罗浮山积年，对山上一洞一石也应有他的山水情谊，而后人缅怀斯人斯山，自然流传许多奇异的传说，诸如朱明洞北遗衣坛，传说是葛洪遗衣处，而云峰岩下有蝴蝶洞，洞中多彩蝶，即为葛洪遗衣所化。类似的传说显示"岭南第一山"，因其山川胜景、钟灵之气远远地招引葛洪前来隐居，而葛洪的丰赡仙学、炼丹传奇，附丽于罗浮山的洞天之上，益增岭南名山的奇丽，成为道教史上的一处洞天福。

综观葛洪的一生，从儒、道兼综逐渐转向神仙道教之路，固可说是他个人的人生归趣，但也是东晋前后社会、文化反映于葛洪一身的具体表现。由于时代环境的因缘际会，造就葛洪，成为一位杰出的道教理论家、炼丹家、医学家，也是一位见解尖锐的社会批判者。

【附注】

① 有关葛洪的传说已有多种，而以大渊忍尔博士所撰《葛洪传》，考证精详，收于《道教史的研究》(日本，冈山市，冈山大学共济会，1964)

② 此段文字见于《太平御览》卷三二八所引《抱朴子》佚文，可补《晋书》、《自叙》之不足。

③ 王利器撰、波多野太郎译，《葛洪论》，刊于《东方宗教》59期（1982，5）。

④ 《抱朴子·内篇·祛惑篇》，提到扬州稽使君，孙星衍校正认为即是嵇含，曾迎仙人古强。

⑤ 大渊忍尔前引文。

⑥ 《元和郡县志》卷二十五江南道一润州丹徒县。又水利一事，参黄淑梅《六朝太湖流域的发展》。

第四章　葛洪的著述及《抱朴子》

一、史志著录的葛洪著述

葛洪一生，著作等身，早就闻名于当世。《晋书》本传综述其一生，就极赞其人"博闻深洽，江左绝伦，著述篇章，富于班马"。唯这些数量可观的著述篇章，留传至今，仅存数种，且其中多已非全帙，《抱朴子》即是这种情况。

有关葛洪著述的书目，史家大多根据《自叙》，稍事增补而已。六朝末陈朝马枢撰《道学传》中有葛洪的传记，列出著述目录，《晋书》本传也就以此为据，下面列出对照表，以作比较：

《自叙》	《道学传》
《内篇》二十卷 《外篇》五十卷	《内篇》、《外篇》凡一百一十六篇
《碑颂诗赋》一百卷	《碑诔诗赋》一百卷
《军书檄移章表笺记》三十卷	《檄章笺表》三十卷
《神仙传》十卷	《神仙传》十卷
《隐逸传》十卷	《隐逸传》十卷

《抄五经七史百家之言兵事方技短杂奇要》三百一十卷	《抄五经七史百家之言方技杂事》三百一十卷
	《良吏传》十卷
	《集异传》十卷
	《金匮药方》一百卷
	《肘后药方》四卷

对照两表，马枢显然是参考了《自叙》，其中多出的凡有四种：《良吏传》、《集异传》属于六朝史家所用的杂传，记述人物事迹或奇人奇事。而有关医药的两种书籍，在《抱朴子·内篇·杂应篇》提及《玉函方》百卷，应是相关的医书。此外《黄白篇》也提到《外篇》及杂文二百余卷的事。马枢曾隐于茅山，也是句容人物志中人，所搜集的书目，却只多出两三种而已，所以这是不全的书目。

葛洪三十五岁前后，写成《自叙》，因而书目上的都是三十五岁以前流连道路，搜寻所得，及至归居句容后陆续整理成书。在这样困难的写作环境下，仍能卖力撰述繁复的著述，则三十五岁以后，理应更有表现。因为两阶段都有极佳的契机，完成其名山事业；五十岁归隐罗浮之前，仍是俗情未尽，宜于撰述，所任官职不多，纵有也多非繁冗剧职，不耗费其撰述之事。至于炼丹之举，因资财未备，时地不宜，纵曾在抱朴峰试炼，仍无妨其撰述之时。最值得注意的，这是葛洪一生，社交活动较多，最多机会认识名流，增广见闻，以博令誉，理应有所撰述。其中有两位才情相当的才俊，一是郭璞，一是干宝，在当时朝中，都是出身相近、才能相当的文学之才。

郭璞（276-324）也出生于中级官吏之家，过江之前，僻居河东；南渡之后，渐受赏识，曾因东晋中兴之初，撰写《江赋》、《南郊赋》等，颂赞中兴，葛洪在《抱朴子·外篇·钧世》，就举《南郊赋》为例，赞美其远胜《诗经》中的《清庙》、《云汉》。二人同在江左，同生于世达四十二年之久，现在虽乏两人直接交往的证据，但至少是有惺惺相惜之感。郭璞其人，为方士化名士，曾注《山海经》、《穆天子传》及《楚辞》等书；又因才学，大兴初，被召为著作郎，撰写国史①。干宝为璞的挚友，生性好阴阳术数，留意京房、夏侯胜等易学；大兴初，与王隐等参与晋史的编撰。成帝咸和初，与葛洪相识，因见其才堪史职，乃荐修史，领大著作。三人之间，颇有相同之处，一方面都具有史才，一方面都精于术数，这是时代风气之所趋。论修史风尚之盛，当时文士竞相撰述，葛洪曾抄七史，《隋书·经籍志》著录葛洪《汉书钞》三十卷，《新唐书·艺文志》又著录葛洪《史记钞》十四卷、《后汉书钞》三十卷，开后来史钞的先河。葛洪之受干宝的推荐，才堪国史，就因他有钞史的经验，唯三十五岁以后是否续加整理，还是后人从中抽出成书，则未可知。《良吏传》自是史传性质的传记，未载于《自叙》中，或即为较晚的史学著述。

郭璞以注疏方式表达其对奇异事迹的喜好，干宝则广泛搜罗，尤其对江南地区的民间传闻特加注意，因而撰成《搜神记》，成为目前流传至今较完整的一部魏晋志异著作，其中有关志怪的理论，凡有四种篇首叙论：神化、感应及变化、妖怪，后两篇都是基于气化原理与异征变化，构造为具有体系的变化思想。而葛洪《抱朴子》中常引述志异之事为例，并依据变化思想构造其成仙变化说，成为后世神仙学的基本观念。葛洪既与干宝"深相亲友"，其思想观念的雷同，固然是整个时代思潮的大趋向，其中应也不乏两人之间相与谈论的论题。对于妖怪、变化理论有所建树，而其解说的志异事迹，葛洪所撰《集异传》，应是志异类的著作——因为六朝志怪中常有类似的书名，托名曹丕的有《列异传》，后于葛洪的有祖冲之及任昉《述异记》等。这部《集异传》凡有十卷之多，当是葛洪一生所见所闻的奇异总录，与其神仙变化、法术变化诸说必有关联，可惜今已佚失，无由证实。

十余年中，葛洪仅有两种著述，实与其好学性格和友朋交往的写作环境不合。至于五十岁以后退隐罗浮，长达十余年的山居岁月，《晋书》说他的生活，是"优游闲养，著述不辍"，这八句话是实录。"著述不辍"才是葛洪性情学养的具体写照，尤其晚年识见转深，又益以实际试炼的宝贵经验，正是理论与实际的配合，在这种情况下有所著述，一定更富于实证的色彩，而且多与道教有关。葛洪之死，能使广州刺史邓岳狼狈往别，但曾否替他整理出较完整的晚年著作书目，则有疑问。

葛洪既为道教理论家，因此今传题名为葛洪所撰的书颇多是后人所伪作或改编，但也有些著录于葛洪名下，有可能是他中、晚年陆续撰述的。因此《隋志》、两《唐志》所提供的目录有参考的价值。

《隋志》	两《唐志》
《抱朴子·内篇》二十一卷 《音》一卷	《抱朴子·内篇》二十卷（新《唐志》十卷）
《抱朴子·外篇》三十卷	《抱朴子·外篇》五十卷（新《唐志》二十卷）
《神仙传》十卷	《神仙传》十卷
《丧服变除》一卷	《丧服变除》一卷（新志不著撰人）
《汉书钞》三十卷	《后汉书钞》三十卷
《遁甲肘后立成囊中秘》一卷 《遁甲返覆图》一卷 《遁甲要用》四卷	《三元遁甲图》三卷
《遁甲秘要》一卷	《兵法孤虚月时秘要法》一卷（旧志无）
《遁甲要》一卷	
《龟决》二卷	
《周易杂占》十卷	
《肘后方》六卷	《肘后救卒方》四卷（新志六卷）
《玉函煎方》五卷	
《神仙服食药方》十卷	《太清神仙服食经》一卷（新志五卷）
《序房内秘术》一卷	《玉房秘术》一卷（新志作《房中秘术》）
《抱朴君书》一卷	
	《史记钞》十四卷（旧志无）
	《西京杂记》一卷（新志二卷）
	《要用字苑》一卷
	《老子道德经序诀》二卷

以上《隋志》、两《唐志》所著录，较《自叙》等多出数种，这种情形固然是编卷分合的不同，或后人伪托，但也有可能是较完整的书目，搜罗在句容、罗浮两地所著之书，因此值得探索其意义。

葛洪的著述在隋唐时代大体还多保存于世，所以史官还能据其实况加以著录，唯其中已渐有佚失的情形，诸如几种重要的杂传体的《隐逸传》、《良吏传》及《集异传》之类，就不见于《隋志》中。这是他的政治思想及变化思想的例证，今既失传，就不易深入了解其人物典型及资料来源。宋以后佚失的情况更为严重，像《神仙传》，《宋史·艺文志》著录于道家神仙类，而《太平广记》也抄录其中的仙真事迹，可见尚在，但金元以后已佚，所以《正统道藏》收有仙传多种，却未加收录，今本还是明人据类书辑出。除佚失情形外也有增加羼入的，所以《宋志》以后的史志只能作为参考，了解其存佚，而不能考知葛洪的著述。

二、葛洪的学问与著述

葛洪一生的学问，在他能综合南北之学的旧传统、旧思想，因而创出自己的学识成就。他的著述，范围广泛，遍及四部，而归本于神仙道教之学，这自是与其活动地域、家学及师承有密切的关系。

魏晋之际，新旧学风交替，大概新学本以荆州为中心，后来随曹魏政权的发展，逐渐形成以洛阳为主的玄学风尚。吴亡之后，京洛学风流入江南，因老庄之学在江南本不尚玄理一路，而且学风较保守，并未盛行。直到东晋渡江之后，北人南下，才逐渐将京洛风气迁移到以建康为中心的江南地区，因而促使江南名士也渐受新学风的影响，开始注意三玄。所谓旧学，指汉儒所传的学术，汉末比较保守旧学的区域，以河北为主——大河以北流行的是汉儒经说传注；其次是江东、江南地区自荆州学派星散之后，仍继承汉儒的传统，未曾受到深刻的影响，反较近于河北的经学传注之学。

江南保守旧学，可从三种学术的流传得到证明。一为易学，二为天文学，三为礼学。首先说明易学，江南有陆绩注《京氏易传》，重象数易；虞翻《易注》，承家传孟氏易；又有姚信《易注》，也承孟氏易。三家易注都保守孟氏、京氏的今文说，而未受荆州学派如宋忠注易的影响。其次，天体论为江南流行的学术，而天体的讨论正是《淮南子》以下，刘向、扬雄、桓谭、张衡、马融、王充、郑玄等讨论的学问，三国时只有江南盛行，陆绩作《浑天图》，刘洪乾承其说又略加修正，又有王蕃知天知物，姚信造昕天论、葛衡改作浑天，虞喜作安天论，葛洪则主浑天，而驳安天、盖天。至于礼学，庆氏礼学仅传于江南，贺氏即家传礼学，称为专门。论江南的学术，从汉末、孙吴，直到晋室渡江，易学偏重象数，又传承天体论及庆氏礼学，俱可见是旧学之区，学风保守[2]。

葛洪的学问，家传儒学，而其师承所自，郑思远本为儒生，所学多为汉儒旧学。至于所传葛玄的仙学，也是汉人方术之学。鲍玄为上党人，也出于学风保守的河北。葛洪性本保守，而对于汉学传统，一则阐述汉儒的旧学，一则因汉代经学衰敝之后，逐渐受到重视的方术之学，也仍是汉代学术的支流。所以在《抱朴子·外篇·疾谬篇》批评京洛的学风与社会风尚，并提出询问："若问以《坟》、《索》之微言，鬼神之情状，万物之变化，殊方之奇怪，朝廷宗庙之大礼，郊祀禘祫之仪品，三正四始之原本，阴阳律历之道度，军国社稷之典式，古今因革之异同。"在陈古刺今的手法中，他责问玄学家所不屑道的学问，可总括为三类：一是神仙谶纬之学，二是礼制典章之学，三是阴阳律历之学，正是董仲舒以降汉儒治学及两汉崇尚神仙的特征，也是江南儒生，自陆绩、虞翻、贺循及葛玄、郑思远、鲍靓与葛洪自己治学的特征，因此说葛洪是汉代遗风的承继者[③]。

从史志著录所见，葛洪生平撰述确实也能反映汉学之遗，其中礼制典章之学较少，仅得一二种而已，但在《抱朴子·外篇》中，却以礼制的正统批判当时盛行的京洛之风。阴阳律历之学则应用于《周易》杂占、三元遁甲及龟决等，近于汉人术数之学，《抱朴子·内篇》有关《登涉》、《杂应》各篇，都能表现其阴阳五行之学的专长。至于神仙谶纬之学为其著述的大宗，所搜罗的道书、符术大多汉晋之际出世的神仙家言。除前述三类，尚有儒家学者对于史志记传之学的训练，也使葛洪抄录整理了史抄、各类传记，基于当时史学的新精神，"杂传"体是他所采用的撰述体式。此外，值得特别一提的是在神仙之学中，葛洪特别对于医术有杰出的表现，而有多种医药书籍。

葛洪在《自叙》中描述其苦学与认真撰述的情形，如对照以当时的时代环境，就可知道他是多方访求，突破万难，才有这些宏富的著作。以下就大略依照当时逐渐形成的四部分类的图籍分部法，分别见其著述的大要。

首为经部。葛洪并非纯儒，不从事注疏之学，却在早年抄写"五经"，其中江南注重的礼学就曾涉及，或在俗情未尽的青年时期，或因拯于江南渐受京洛之风的影响，有意提倡传统旧礼，《丧服变除》就是所抄礼经之一，议论丧礼之制，到唐朝，陆德明《经典释文》卷十、杜佑《通典》卷八十七均曾引用，可见唐时仍存于世。属于经部，还有《要用字苑》，为小学类。南北朝时流行，北齐颜之推《颜氏家训》卷十七《书证篇》、卷十八《音辞篇》，引用葛洪的说法，作为论证。《梁书》卷五十《刘杳传》载：有人饷（任）昉桷酒，而作"梄"字。昉问杳："此字是不？"杳对曰："葛洪《字苑》作木旁者"。字书的编撰，从两汉到六朝渐有作者，为中国文字的整理阶段，葛洪所抄经书中，当有这类著述。

史抄为葛洪自学的方法，所抄七史，后来分目常被单种列出，《史记钞》、《汉书钞》、《后汉书钞》，就是这种抄史之作。此外，文廷式《补晋书艺文志》引高似孙《史略》，又补一种《吴志钞》一卷。葛洪在魏晋史学风尚中也采取当时盛行的史学思想，撰述新的史学著述，这与他不主复古的精神是一贯的。其代表作为杂传，包括《良吏传》、《隐逸传》、《郭文传》等，《隋志》既已不加著录，六朝末期已佚。汉晋之际，隐逸成风，葛洪《抱朴子·外篇》首列"嘉遁"，固然是时代风气的产物，也是个人思想行事的注脚。当时重视高隐，是具有反抗官僚体制，以及经生竞趋禄利之途的意义，因而史家纷纷撰述隐逸之士的传记，皇甫谧有《高士传》，虞盘佐也有同名之作，张显有《逸民传》，孙盛有《逸人传》，葛洪撰高尚不仕者为《隐逸传》，也是同一类传记。从汉末起，仕与隐的冲突渐起，魏晋玄学依违、调停于儒、道之间，更加深此种情势，从精神层面考察，士大夫调和儒道，对于重视人伦纲纪的名教与着重个性自由的自然，需有所抉择。"隐逸"为道家崇尚自然的遁世行径，葛洪的思想，在中年时期是外儒内道，儒又弁以嘉遁，具体表现将隐遁作为个性自觉、自由的处世方式。《隐逸传》就是时代意识、个人思想结合之下的产物，《郭文传》则为专传式的隐逸传。

杂传或杂史类，也是魏晋史学风尚中流行的写作形式。《西京杂记》列于《隋志·史部·旧事》，杂录汉高祖以迄新莽的稗官野史。但这部杂记与葛洪的关系，历来常有争论。据信与葛氏后裔相关，且编成于南北朝的江南地区④。《集异传》为杂传体小说，当时人们将杂传列于史部，表示视其事件为真实，或信其具有部分真实性。类此传说资料，葛洪引作证据，论证神仙之有无，为时代风气下的论证方式之一。《神仙传》为葛洪的另一部杂传，《自叙》说"又撰俗所不列者为《神仙传》"，是他倡导神仙说，迥出于世俗之上的仙真传记。今本虽已非晋时原本，为明人整理纂辑成书的，唯其中的神仙思想，已不同于托名刘向所撰《列仙传》，而表现新的趋向，其中最值得注意的是，首先，葛洪将发展中的道术，诸如炼丹服食以及存思等技术，成为成仙的新方法。其次，强调三品仙说中的地仙、尸解仙，尤其将隐逸思想与地仙结合，成为隐逸仙人的新形象⑤。类此新的神仙思想，与《列仙传》中较为素朴的传说不同，后者较多祠庙信仰的仙化，以及两汉社会所流传的成仙方法。因此，《神仙传》反映魏晋时期的仙说，同时也表现葛洪个人的神仙观念，在神仙传中是颇具特色的一种⑥。

葛洪有关术数的著述，《自叙》所列，均未曾提及，而《隋志》则著录多种，大可注意。他在三十五岁以前，对于两汉术数之学，兴致不高："其《河》、《洛》、图纬，一视便止，不得留意也。不喜星书及算术、九宫、三棋、太一、飞符之属，了不从焉，由其苦人而少气味也。晚学风角、望气、三元、遁甲、六壬、太一之法，粗知其旨，又不研精。亦计此辈率是为人用之事，同出身情，无急以此自劳役，不如省书之有益，遂又废焉。"四十岁前，对于术数不能深入研几，并不表示其后就不涉猎研究。《隋志》所著录的《遁甲肘后立成囊中秘》为其早年之作，因《抱朴子·登涉篇》有一段话："余少有入山之志，由此乃行学遁甲书，乃有六十余卷，事不可卒精，故钞集其要，以为《囊中立成》，然不中以笔传。"《遁甲肘后立成囊中秘》成为其精华，其余诸种是否同一时期之作，抑或是后来陆续撰成？葛洪实际试炼，多在三十五岁以后，《登涉篇》引述《玉钤经》："欲入名山，不可不知遁甲之秘术。"在入名山的修炼经验中，是促成其撰述遁甲术的一大动机。

《龟决》、《周易杂占》也是术数之书，属于占卜类。在两汉学术中，易学有蓬勃的发展，多在象数，葛洪之师郑思远，善律历、候纬、占候之学，除了师承有自，也有他搜罗而得。类似的经验科学，还有天论，见载于《隋书》卷十九《天文志上》等书，文廷式《补晋书艺文志》子部天文家类，就补《浑天论》一种。因成帝咸康中，会稽虞喜因宣夜之说作《安天论》，葛洪引用浑天说加以批评，为当时有关天文学的重要事情。将天文知识应用于军术，就是《兵法孤虚月时秘要法》，讲究天时与兵法的关系。宋郑樵《通志》著录《阴符十德经》一卷，也是兵家。唯这部书疑为后人辑录葛洪有关军术的佚文，增益成书。因《自叙》说他曾抄"兵事、方伎、短杂奇要"，现存《抱朴子·外篇》佚文就有四十二条论军术的文字，宋人所存的当更多数，自易于据此增饰。

葛洪在医学成就上，《隋志》、两《唐志》著录两种，据《晋书》本传说他"综练医术，凡所著撰，皆精核是非，而才章富赡"。这些医书大多在三十五岁以前既已撰成，因为《抱朴子·杂应篇》就已提到"余所撰百卷，名曰《玉函方》，皆分别病名，以类相续，不相杂错。其《救卒》叁卷，皆单行径易，约而易验，篱陌之闲，顾眄皆药，众急之病，无不毕备，家有此方，可不用医"。可知他的医学著作，是先有《玉函方》百卷——又作《金匮药方》。二十岁的京洛之行，大有助于《玉函方》的编撰，他的医学基础面广涉深，熟读张仲景、元化、戴霸等将近千卷，颇有心得，但"患其混杂烦重，有求难得"（《肘后方·序》），因此周流华夏九州，深入实际地广泛收集民间的医疗成果，选而集之，成《玉函方》百卷。对于书中医方，都"已试而后录之"，临床实践，积累大量临床医学经验的成果，才能在古代医学领域中有所创造和前进。《玉函方》正是集大成，又能创造的医学书籍。

编成《玉函方》之后，他并不以此为满足，而觉得它卷数多，内容繁杂，"非有力不能尽写"，于是又钻周始、甘胡、唐通、吕傅、阮南河等，各作备急。但感其"既不能穷诸病状，兼多珍贵之药，岂贫家野家所能立办；又使人用针，自非究习医方，素识明堂流注者，则身中荣卫尚不知其所在，安能用针以治之哉！"基于这种考虑，因而采其要约，成为《肘后救卒方》三卷。从百卷《玉函方》到三卷《肘后救卒方》，葛洪经历了医学知识上，由博返约；治疗对象上，由一般到贫家；治疗原则上，由繁转简，凡历三个不同过程，因而其成就是基于前人，又能高出前人，《肘后救卒方》成为东晋以后一部重要的救急方书。

《肘后救卒方》一书，后世史录中异名颇多，如《肘后要急方》、《肘后方》、《肘后备急百一方》、《肘后百一方》、《肘后备急方》等。其实，葛洪编书时，就为了救卒（猝）、备急，符合简（文字简要，药物数少）、验（选用医方，标明疗效）、便（单行径易，所在皆有）等原则。书初成时，三卷，八十六首，梁陶弘景"以其阙漏未尽，辄更采集补阙，凡一百一首"，以朱书甄别于葛洪之后，是为《补阙肘后百一方》。自陶氏《百一》出后，《肘后》逐渐失落。至金，杨用道得一善本，整理为《附广肘后方》。所以今本《肘后》，实际上是以葛氏《肘后》为基础，经陶氏补阙与杨氏附方三部分组成。其中属于葛氏原方的，大多是行文简要、居家易得，未写明穴位，未写明医家名姓的，就是葛方。

《肘后救卒方》在医学上的重要性，使它成为一部重要医书，保存早期的医学文献，如取狂犬脑外敷伤口的免疫作用，重点论述灸法、热熨法，重视临床的症状，以及别具一格的内、外病救急经验，又记录了东晋时代的药物学与当时炼丹用的金石类药。葛洪基于见多识广的经验，旅经各地，搜罗广泛，所以成就非凡。《抱朴子·杂应篇》中曾主张"道士兼修医术，以救近祸"，《肘后方》不仅是备急救卒的方书，而且在中国科学史上，如药用植物的辨识、昆虫生态的观察，均有出色的贡献[7]。

医学的成就，只是葛洪兼修的一部分，其中最着意的仍在神仙药物的探求。三十五岁以后至晚年，有关这方面的著述，《隋志》等著录《神仙服食药方》十卷，标明"神仙服食"，疑是与神仙变化相关的药物，凡有金丹、仙药等服食方药，加上"太清"二字，也与《抱朴子·内篇》相合，都是仙药。只是书已佚失，或为其他丹经所抄录，因而不易判定其服食思想，但可信是中晚年所作。另一种房内秘术，即《房中秘术》，辟隋讳，也是神仙养生之法，《抱朴子·释滞篇》说房中之法十余家，"或以补救伤损，或以攻治众病，或以采阴益阳，或以增年延寿，其大要在于还精补脑之一事耳"。他认为房中之法，重在口传；玄素、子都、容成公、彭祖之属，都只载其粗事，终不以至要者著于纸上。此一卷，大概是承郑师而来，粗录以示人而已。

近人从历代史志中整理葛洪的著述，约有六十余种，除了有关《抱朴子》的数种外，尚有多种需要略加说明。一种是他人所撰，误题或依托于葛洪名下的：

（1）《关中记》一卷

《宋志》、《崇文总目》等著录，清人丁国钧、吴士鉴均考为潘岳所撰。

（2）《幕阜山记》一卷

宋陈振孙《直斋书录解题》卷八史部地理类始加著录，而宋以前则未曾见。《太平寰宇记》卷一百六载葛洪曾入幕阜山，只可作为参考。

（3）《汉武内传》三卷

《汉武内传》三卷本，是合《汉武内传》、《外传》及《十洲记》，属于东晋末上清经派造构的仙传。

（4）《马阴二君内传》一卷

新《唐志》题为孙思邈撰、《通志略》题为赵升撰，也是依托。《宋志》题为葛洪所撰，也不可从。

（5）《老子道德经序诀》二卷

《隋志》题为葛仙公撰，葛仙公是葛玄；新、旧《唐志》题于葛洪名下，也不可信。近代学者已证明《序诀》是多种资料的组合，依托于葛仙公，是东晋末灵宝经派的造构习惯，葛巢甫开始造构《灵宝》，及后学又陆续造经，故为东晋末至南北朝初，灵宝经派所编撰的道经⑧。

（6）《元始上真众仙记》一卷

《宋志》题为葛洪撰，从记中所出现的人名，如许玉斧及思想，应是南北朝与上清经派有关的传记。

另一种是后人抄录、辑录佚文，而径题为葛洪所撰。

（1）《神仙传略》一卷

《崇文总目》著录，当是后人抄录《神仙传》的部分仙传，自是非葛洪原著。

（2）《阴符十德经》一卷

宋郑樵《通志·艺文略》第五所著录，疑为后人辑录葛洪有关论军术的佚文。

类似的抄辑成卷，都不必列于葛洪著述中。

三、《抱朴子》的撰成与流传

葛洪撰述《抱朴子》，可列于子部，这是他在二十余岁立志完成子书，直到三十五岁才撰成的。先成《外篇》，再撰《内篇》，各自单独成书，其《内篇·序》说："余所著子书之数，而别为此一部，名曰《内篇》，凡二十卷，与《外篇》各起次第也。"至于当时的篇卷，则《外篇·自叙》称："凡著《内篇》二十卷，《外篇》五十卷。"一共七十卷。而篇数，则《晋书》本传说是一百一十六篇，可知篇卷有别，并非篇各一卷，而有数篇合为一卷的情形。

自《抱朴子》问世之后，尤其《内篇》，因具有富赡的仙道资料，因此颇受道教中人的重视，梁陶弘景就有《抱朴子注》二十卷（华阳隐居本起录），当是《内篇》的注释，为目前所知最早的注本。《隋志》著录：《内篇》二十卷，《音》一卷，《音释》一卷，也属注解。《外篇》则只有三十卷，据原注：梁有五十一卷，当是五十卷之外，有《音》一卷。仅存三十卷，或已有变化。到《唐志》著录就有大变：《旧唐志》《内篇》二十卷，《外篇》五十；而《新唐志》则《内篇》十卷，《外篇》二十卷，大概在宋朝已渐有篇卷分合的不同本子出现：保存七十卷（《内篇》二十、《外篇》五十）的有《中兴馆阁书目》及《宋志》；其他或四十卷（《内篇》二十、《外篇》二十），如《崇文总目》；三十卷

（《内篇》二十、《外篇》十），如《郡斋读书志》；五十卷（《内篇》二十、《外篇》三十），如《通志·艺文略》、《文献通考》等，从卷数的差异，可以推知宋代的《抱朴子》已有分合的不同，且有佚失的情形。

有关早期《抱朴子》原本的篇卷，现存有敦煌石室的写本，唯只存《内篇》前三篇：《畅玄》、《论仙》、《对俗》，罗振玉曾据之作校，写成《抱朴子残卷校记》，在序中说明写本与今本的不同：

> 敦煌石室本《抱朴子》残卷存《畅玄》第一，《论仙》第二，《对俗》第三，凡三篇。《论仙》、《对俗》二篇均完善，《畅玄》篇则前佚十余行，书迹至精，不避唐讳，乃六朝写本也……洪自序称《内篇》二十卷，故《旧唐书·经籍志》及各家书目均作二十卷。然此三篇共在一卷中，惜前后题均不可见，不知如何分卷？然非篇为一卷，则无疑也。序文及各家书目殆二十篇之讹欤？

从残本所见：《畅玄篇》三篇同在一卷，则并非一卷一篇，有时数篇合在一卷中，因此《内篇》二十卷、《外篇》五十卷，一共有一百一十六篇之数。其实，严可均早就指出其残佚情形极为严重，在《代继莲龛为抱朴子叙》中说：

> 是书久残缺，以《隋志》视《梁七录》，则《外篇》少二十一卷，以《新唐志》视《隋志》，则《内篇》少十一卷，《外篇》少十卷，以《郡斋读书志》视《新唐志》，则《外篇》复少

十卷。今本仅《内篇》之十五六，《外篇》之十三四耳。《晋书》本传载洪自叙大凡内、外一百一十六篇。今本内、外七十二篇，往往有短篇仅二三百字或百数十字，亦篇各为卷，又于洪《自叙》删去内、外一百一十六篇之语，以泯其迹，盖由官为购募，一卷一二缣，遂虚张卷第以取赏耳。即以《外篇》验之，意林从刺骄以后，重言以前，连引三十二事，今本皆无，则视马总所据，明少一二十篇，无论梁隋本矣。古书亡者极多，《抱朴》仅存而残缺如此，甚可惋惜。乃刺取群书引见，而今本所无者，省并复重，得百四十五条，为《内篇》佚文、《外篇》佚文各一卷，略存隋唐本梗概焉。（《铁桥漫稿》卷六）

这段文字指出的现象值得注意：首先是残存的情形，《内篇》是十之五六，《外篇》是十之三四，已非完帙，因而不能就今本完全推知其原先的思想内容。其次研究葛洪，应参考辑存的佚文及他的其他著作，甚或魏晋前后的同类著述，始能推知他的思想背景。而最重要的，现在所见的短篇，仅二三百字或百数字，都是残本。如果再对校不同传本，篇卷分合也略有不同，则要研究葛洪的思想体系，固然要参考今本，但势必要将其观念理出，再重作调整，始能知悉其原有的构想。

今日所见的诸种刊本，以明世宗嘉靖四十四年重刊英宗正统十年的承训书院鲁藩本为最古——现收录于《四部丛刊》，属于道藏本系统。明乌程庐舜治、吴兴慎懋官刊本，又参校宋本、道藏本等刊行。依照道书的流传，道藏本常能保留较完善的本子，《抱朴子》为道教中重要的著述，在"道藏"的编纂过程中，何时被收入、锓（qǐn）板，目前已不易考知，但"正统道藏"所收的《抱朴子》，已非全帙，则是不争的事实。唯道藏系统的本子仍有其不可磨灭的价值，所以清孙星衍，与方维甸、顾广圻，根据多种版本，重加校勘，成为流行最广的孙校本。至近代学者从事《抱朴子》版本的校正与注释，又有值得注意的发展：《内篇》有王明作校释，称为《抱朴子内篇校释》，颇为方便。《外篇》则杨明照撰《抱朴子外篇举正》，刊于《中国文化研究汇刊》第四卷，又有御手洗胜先生撰《抱朴子外篇简注》，由日本广岛大学文学部中国哲学研究室印行⑨，均大有助于《抱朴子》的研究。

今存《内篇》的前后次序，照敦煌写本比勘，不同之处当亦不少，然尚有次序可循。《畅玄》第一论宇宙本体及其生成，属形上原理；《论仙》第二、《对俗》第三，均采用答难式写法，解说神仙长生之理，反复申论，既设一难，必有一答，层层深入，极尽论难之能事，可证为论辩养生风气下的产物；《金丹》第四先述师承，次列金丹原理及诸种丹方；《至理》第五、《微旨》第六，以"抱朴子曰"论述修炼之理及修习之法；《塞难》第七、《释滞》第八，都采问难形式，一再阐述神仙长生的难疑与滞虑；《道意》第九，解说道之原意并批评当时的流行道派；《明本》第十、《辨问》第十二，前者解释儒道之异同，后者强调儒道各有专长及成就；《极言》第十三、《勤求》第十四，解说求仙学问的诸般条件，与神仙养生问题有关；《仙药》第十一属于本草医学，而偏于神方异药；《杂应》第十五则述诸种养生成仙的方术；《黄白》第十六与《金丹篇》，同属金丹道的初期珍贵资料；《登涉》第十七述登涉防禁的秘方符咒；《地真》第十八属内丹修炼法门，

70

亦为早期内丹残存的宝贵资料;《遐览》第十九，先述师承，后列道书目录，为早期道籍著录之始;《袪惑》第二十又解说学仙者之惑。依此编纂次序，略嫌杂乱，如《金丹篇》不宜置诸前半部，《袪惑》则不宜顾置《内篇》之末，《仙药》亦应与论养生方术者归于一类。葛洪撰述颇仿王充，体例完备，不应如是零乱。当是后世重编散帙，不明《抱朴子》著述的体系。魏晋论辩养生成仙之说，葛洪处于谈风极盛之时，《晋书》称其"精辩玄赜，析理入微"。可见其辩才无碍，因此《抱朴子·内篇》，其前半部，应先总述其神仙学原理，以《畅玄》牟于篇首;其次辩论神仙养生的可学可至，为《论仙》、《对俗》，六朝写本即此次序;再次乃论神仙养生之理，为积极建立其说，如《至理》、《微旨》;又消极解说疑虑，如《塞难》、《释滞》及《袪惑》;至于《明本》、《辨问》，论儒道与成仙的关系，也属论难的余波;至于《勤求》、《极言》则已进入神仙养生的正题，由破而立的阶段。此下始有《金丹》、《黄白》、《仙药》、《杂应》、《登涉》及《地真》等内、外修炼诸法术。而《遐览》应置《内篇》之末，乃其方术资料的总汇，犹今人的参考书目。葛洪既精于析理，《内篇》的安排必有其一套体系。

《抱朴子》的《内篇》、《外篇》原是分别撰述，单独成书，其文学风格也有异趣，这是因为二者的撰述材料及目标不同之故。《内篇·黄白篇》说:"俗人多讥余好攻异端，谓予为趣欲强通天下之不可通者。余亦何为然哉，余若欲以此辈事，骋辞章于来世，则余所著《外篇》及杂文二百余卷，足以寄意于后代，不复须此。且此《内篇》，皆直语耳，无藻饰也。"可知葛洪在撰述之时就已确定《内篇》和《外篇》由于写作动机不同，因此采用不同的文字风格。

葛洪的文学观深受王充、陆机的影响，在讲究思想的表达之外，重视文辞的雕饰。他所推崇的陆机，"弘丽妍赡，英锐飘逸，为一代之绝"；而郭璞的《南郊赋》，在辞采上远驾于《诗经》，这些见解是接续陆机"遣辞贵妍"说，再进一步发展为雕饰说。他一再为文章的雕饰说张目，而自己所作的《外篇》及杂文，自信是可骋辞章，寄意于后，葛洪的辞章正是当时流行的江左文风及魏晋时期发展成熟的骈体文①。

依照葛洪的文学进化观，今文之胜于古文，正因为当时的骈俪文体，繁富而锦丽，诚如《钧世篇》所说："黼锦丽而且坚，未可谓之减于蓑衣；辒辌妍而又牢，未可谓之不及椎车也。"他以黼锦、辒辌为喻，显示两大优点：一是坚牢的实用价值；二是丽妍的审美价值，乃集合实用与文饰的大成，因此经汉朝赋家尝试发挥的赋体，至此一时期，由于贵游文学华丽、典雅的要求，逐渐形成一种讲究修饰的文风。葛洪在文贵繁富、文贵创新的标准之下，自然发展成富于骈俪风格的文学。六朝文中，以魏晋文章最具有气势，也最能剖析事理，嵇康的论辩文即为其典型，葛洪为文，也喜以论辩体为之，要求"繁复事理，必配巨构"，就形成一种兼具优美词句，又善辨析理的连珠体。

他承续陆机的连珠体，写作《博喻》、《广譬》两篇，约一百八十二则。沈约为连珠所下的定义是："辞句连续，互相发明，若珠之结排也。"傅玄也解说："其文体辞丽而言约，不指说事情，必假喻以达旨，而览者微悟，合乎古诗讽兴之义，欲使历历如贯珠，易看而可悦，故谓之连珠。"（《文选》李善引）从文辞言，由此使用连类譬喻的方法，最易使用的辞句形式就是对偶句；而从理论言，"假喻以达旨"是采用连类譬喻的形式，"互相发明"是说各句之间存在一种互相推导的关系，可说是便于说理，而又优美辞章的文体，为谈辩说理发展到以辞胜，吸收华丽文风的阶段，葛洪正处于这一时期中。

葛洪明白揭示自己演的连珠，是譬、喻，就是一种说理形式，承陆机的四句一则格式的，约有五十则，如：

盈乎万钧，必起于锱铢；竦秀凌霄，必始于分毫。是以行潦集而南溟就无涯之旷，寻常积而玄圃致极天之高。

每段两句，一共两段：前段是赖以为推的前提；后段是推导出来的结论。也有突破陆机格式的限制，将四句一则变成更多变化的形式：

至大有所不能变，极细有所不能夺；故冰霜肃杀，不能凋菽、麦之茂；炽暑郁阴，不能消雪山之冻；飙风荡海，不能使潜泉扬波；春泽荣物，不能使枯卉发华。

大前提在前，由"故"字推出一系列的结论——因列举实例而越显真实，所以是结论在前的推理。又有一种根本没有逻辑连结词，而仍是典型的归纳推导：

志得则颜怡，意失则容戚，本朽则末枯，源浅则流促，有诸中者必形乎表，发乎迩者必著乎远。

进一步则尽量举例，成为连类譬喻的模拟推理：

虎豹不能搏噬于波涛之中，螣蛇不能登凌于不雾之日。挚雉兔则鸾凤不及鹰鹯，引耕犁则龙麟不逮双峙。故武夫勇士，无用乎晏如之世；硕生逸才，不贵乎力竞之运。

葛洪最常运用归纳法，尤其是模拟推理，在一百八十则中占大多数。这是修辞学上类叠句运用最多之例，尤其比喻最多，也易造成整齐的句式。

对于陆机常用因果连词作逻辑连词，葛洪有两种表达方式：一种是改用"犹"字作逻辑连词：

禁令不明而严刑以静乱，庙算不精而穷兵以侵邻；犹钐禾以讨蝗虫，伐木以杀蠹蝎，食毒以中蚤虱，撤舍以逐鼠雀也。

另一种是根本取消逻辑连词，使辞句成为修辞学上的排比格：

盘旋揖让，非御寇之容；掼甲缨胄，非庙堂之饰；垂绅振佩，不可以挥刃争锋；规行矩步，不可以救火拯溺。

这种形式约有五十则。大概说来，葛洪是有意在陆机连珠体之外，拓宽其表达形式⑪，甚且不限于连珠体，而广泛运用于他的论辩文章中。其实，他所尝试运用的，无论是《外篇》的批判社会，或《内篇》的论辩神仙，都能发挥其推理的能力，而且兼顾辞句的优美，成为一种繁富的文体。

《抱朴子·外篇》的修辞、推理，充分反映一时的文风；而《内篇》则多直语，无藻饰，这种说明是在比较两篇的文字风格时，属于道家的部分，较不藻饰而已。其实，葛洪仍未完全放弃雕饰的文风，只要分析《畅玄篇》的文字，解说"玄"义，即出之以类比推理，多是譬喻性的叙述。而且论辩神仙，如《论仙》、《对俗》等篇，也是运用归纳、演绎法，"校练名理"，仍是极富理趣。比较采直语，且尝试融合不同文字于一篇的，大多出现于阐述养生术的篇卷中。其主要原因是他采取众多道书的资料，而这些道书多属汉晋之际的著作，文字风格本就不统一。像《极言篇》引述养生之方，说"唾不及远"等，多四字为句，有如座右铭形式；《微旨篇》论积善立功的戒条，"若乃憎善好杀"以下，"若乃"二字为衔接用的转折词，以下多是四字为句，近于戒规。至于引用丹经、医书，如《黄白》、《仙药》等篇，则多直录原文，而非属经过精心经营的辞句。确实多是直语，直述句多而譬喻句少，散句多而骈句少，是较属于论道的朴直文字，而不是江左的雕饰文风。

《抱朴子》流传后世，常经后人删辑其中的资料，整理成书，也多列于著述中⑫。这类书虽是晚出编纂之本，也可作为校勘文字，或旁证葛洪思想之用。最值得注意的是《养生论》，《道藏》收录，严可均均收入《全晋文》卷一一六。其实在他的《铁桥漫稿》

中，已考出"前半即《地真篇》也，后半与《极言篇》相辅"。视其为后人编纂《抱朴子》成篇者。《养生论》前半，与《地真篇》言守真一事，突殿以论养生事，文意不类，此可疑者一；《养生论》后半，内容可与《极言篇》相辅，其语句整齐，如"是以养生之方，唾不及远，行不疾走，耳不极听，目不久视，坐不至久……"（《极言》）"无久坐，无久行，无久视，无久听……"（《养生论》），后者似专辑其条目，后半尤明显，不似葛洪行文整齐中求变化之法，此可疑者二；《养生论》末附"老君曰"一条，与《抱朴子》相较，略有出入：

老君曰：存吾此道，上士全修延寿命，中士半修无灾病，下士时修免夭横，愚者失道摈其性，其斯之谓与？（《养生论》）

仙经云：上士举形升虚，谓之天仙；中士游于名山，谓之地仙；下士先死后蜕，谓之尸解仙。（《论仙篇》）

（丹经）其经曰：上士得道，升为天官；中士得道，栖集昆仑；下士得道，长生世间。（《金丹篇》）

所言功能，显有异同。《养生论》仅及延寿，不如《抱朴子》言及神仙等级，此可疑者三。当是后人袭用嵇康等以"养生"为题，杂辑《抱朴子》有关养生的条目而成篇。

又有《抱朴子别旨》，《宋志》既已著录，附于道藏本《抱朴子》后，多言导引行气之法，与《释滞篇》相类，疑即后世道流模仿或即取自《释滞篇》已佚失的文字，可作为导引行气说的旁证。相类的删辑方式，最早的首推《抱朴君书》，《隋志》已著录于总集类中，且文廷式《补晋书艺文志》卷六，推测为有关军事、檄移、章表、笺记三十卷的残佚文字，因已佚失，详情已不能知悉。

有关金丹等，最多道流加以辑录，最有名的为《抱朴子神仙金汋经》三卷，严可均已考出，其中下二卷即《金丹篇》也。（《铁桥漫稿》卷六）孙诒让甚至认为早在晋宋间人依附、假托为之，（《札迻》卷十）被收录于《道藏》斯字帙中。又有《金木万灵诀》一卷，《宋志》既已著录，与《金汋经》同一情形，也取自《金丹篇》前段，宋人整理丹经时所辑录，收于《道藏》松字帙，题作《金木万灵论》。又有《大丹问答》一篇，与《太清玉碑子》一卷相近，前者收于《道藏》松字帙，后者收于如字帙，《宋志》注云："葛洪与郑惠（思之误）远问答。"宋朝为整理丹经的集大成时期，因此葛洪论金丹的文字常被辑出成篇，且为后来的《道藏》收录。

此外，《宋志》所录《隐沦杂诀》一卷，或即本于《杂应篇》答问隐沦之道。《隋志》所录《序房内秘术》一卷，或即《释滞篇》所说房中之法的散篇。

大概《抱朴子》传世以来，由于其所具集大成的特质，因此资料丰富，兼有多种方术，常成为后世道流阅览、取资的宝库，也因而从中辑出成篇，取便阅读。后来又单独流传，而为《道藏》编纂者收入藏中。由于《抱朴子》佚失过巨，这些删辑的单篇有时反能保存部分原有资料，可作为后人研究《抱朴子》版本校勘之用，王明校释时就引用《神仙金汋经》[12]，以利校雠，所以这些与《抱朴子》相关的著述，自有其参考价值。

【附注】

①　游信利，《郭璞正传》，刊于《政大学报》。

②　汤用彤，《魏晋思想的发展》，收于《魏晋玄学论稿》。

③　唐长孺，《读〈抱朴子〉推论南北学风的异同》，收于《魏晋南北朝史论丛》，351-381页。

④　关于《西京杂记》，历来所论，较具代表性的，有余嘉锡，《四库提要辨证》；劳榦，《论西京杂记之作者及成书时代》，刊于《历史语言研究所集刊》第三十三本（台北，中研院，1947）；洪业，《再说西京杂记》，刊于《历史语言研究所集刊》第三十四本下（1949），劳氏赞成葛洪所作，洪氏则反对。近年小南一郎，《西京杂记的传承者》，收于《中国的神话和物语》（东京，岩波，1984）。

⑤　参拙撰《神仙三品说的原始及其演变》，刊于《汉学论文集》号（台北，文史哲出版社，1983）。

⑥　有关《神仙传》的研究，近人所论以福井康顺、小南一郎二氏为最精赡：福井氏，《神仙传考》，原刊《东方宗教》一号（1951）；《神仙传续考》，刊《宗教研究》一三七号（1953）。小南氏，《神仙传的复元》，刊《入矢小川两教授退休记念，中国语学中国文学论集》（1974）；《神仙传——新神仙思想》，收于小南前引书，145-236页。

⑦　丁贻庄，《试论葛洪的医学成就及其医学思想》，刊于《宗教学研究论集》（1985，1）。

⑧　有关《道德经序诀》,参福井康顺,《老子道德经序诀的形成》,收于《东洋思想史研究》;大渊忍尔,《老子道德经序诀的成立》,收于《道教史的研究》。

⑨　此本于 1965-1970 年印行,承御手洗胜先生及王孝廉先生赠阅,特此致谢,兼志前辈及好友的盛情。

⑩　王梦鸥先生,《从雕饰到放荡的文章论》,收于《古典文学论探索》(台北,正中,1984)。

⑪　周文英,《中国逻辑思想史稿》。

⑫　王明,《抱朴子内篇校释》末附"葛洪撰述书目表"。

第五章 《抱朴子》的撰述及其意义

一、《抱朴子》的撰述动机

葛洪撰述《抱朴子》一书，是二十余岁时所立的心愿。他悟到作细碎小文，只有妨弃功日，因而决定"立一家之言，乃草创子书"。经历十余年，至建武中始完成定稿。《自叙》表明自己的撰述心情：

> 洪少有定志，决不出身，每览巢、许、子州、北人、石户、二姜、两袁、法真、子龙之传，尝废书前席，慕其为人。念精治五经，著一部子书，令后世知其为文儒而已。

依据当时的心境，俗事已成，俗愿已了，从此转向人生的另一路向，就是"遂本志，委桑梓，适嵩岳，以寻方平、梁公之轨"。类此满意子书的撰成，成就其为文儒的形象，实为魏晋前后的时代风尚，这是子书热的时代。

"文儒"的观念得自王充，《论衡·书解篇》说："著作者为文儒，说经者为世儒。"汉代崇经，独尊儒术，经生竞相逐利，因而造成儒学支离破碎的情形。而且传统的儒家思想，是以德行为本，文艺为末。王充针对汉代的儒学风尚加以批判，并提出新的看法，就是强调文章、著作的重要性，"人无文德，不为圣贤"，文与德同样值得重视，因此能将个人的德行表现于文章，成为著作，就是文儒，与只说经的世儒不同。《自纪篇》有所悟及：生命短暂，而文章具有不朽的价值。葛洪仰慕王充，固然是江南人士推服王充的共同看法，但因处境的相近，他别有一种亲近感，因而深受其学说的影响，而有成就文儒的观念。

文学观念到魏晋时期获得更进一步的发展，对于文学的本质具有较清晰的见解，并肯定文学的不朽。曹丕《典论·论文》就揭示：文章为经国之大业，不朽之盛事，较诸年寿、荣华的无常，具有永恒性。王粲也倡导提高文学的地位，说是"人伦之首，大教之本"。在这看重文学的独立价值的情况下，成一家之言的子书纷纷著述，诸人不再专务经书的注疏，作繁琐的解经之学，而想自立一家的学说。曹丕在《与吴质书》中赞美徐幹《中论》："成一家之言，辞义典雅，足传于后，此子为不朽矣。"曹植在《与杨德祖书》也表明自己的志愿，是"采庶官之实录，辩时俗之得失，定仁义之衷，成一家之言"。要成一家之言就要撰成子书，风尚之所趋，因而形成子书热的时代风气。

葛洪热衷子书的撰述，其时代相近的有陆机，其文学论颇具启发性。《抱朴子》佚文引述嵇君道（含）的赞辞，说二陆（机、云）是儒雅之士，文章之人。又曾记录时人传闻的陆机逸事，提到陆君临亡前有一段感慨的话："古人贵立言以为不朽，吾所作子书未成，以此为恨耳。"并以仲长统作《昌言》未竟而亡，缪袭撰次之；桓谭《新论》未备而终，班固续成，希望有人继承陆机子书之志。西晋、东晋之际，时代趣味的转变，故注疏儒门正统经学之风大有变化，葛洪同时的郭璞，一生不作经训，而专注《山海经》、《穆天子传》以及方技杂学。由此可知葛洪撰述子书，也是顺应时代风气之所趋①。

《抱朴子》撰成之时，表明葛洪对于文学、子书的思想，已具有成熟的见解，而不是二十余岁一时的发愤，因而也是晋世文学思想的代表。他强调文学、德行并无本末之分，不可偏废：

> 玄寂虚静者，神明之本也；阴阳柔刚者，二仪之本也；巍峨岩岫者，山岳之本也；德行文学者，君子之本也。莫或无本而能立焉，是以欲致其高，必丰其基；欲茂其末，必深其根。（《循本篇》）

德行与文学，既是同为君子的根本，就不可忽视文学的重要性。他反对传统儒家"经本文末"的说法，《尚博篇》说："文章之与德行，犹十尺之与一丈，谓之余事，未之前闻。"同篇自设问答，对于"缀文固为余事"的传统说法，有精辟的见解："德行为有事，优劣易见；文章微妙，其体难识。夫易见者，粗也；难识者，精也。"易见而粗的德行，铨衡有定；难识而精的文学，则品藻难一，因此需要表出文学的重要价值。

葛洪中年以前倾力撰述《抱朴子》，在于他完全肯定子书的价值。现存《百家篇》、《尚博篇》有精彩的见解，为子书热时代正面确立子书地位的少数篇章——两篇文字的雷同，疑为今本重复的错杂现象。《百家篇》一再阐述百家之言的价值，他批评时人"惑诗赋琐碎之文，而忽子论深美之言，真伪颠倒，玉石混殽"，因此将子书与经书并提，居于同等地位："正经为道义之渊海，子书为增深之川流，仰而比之，则景星之佐三辰；俯而方之，则林薄之神嵩岳。"因子书的写作，深具独创性，"悉才士所寄心，一夫澄思"的心血结晶，因而具有深刻的思想，极有价值：

> 子书披引玄旷，眇邈泓窈，总不测之源，扬无遗之流。变化不系于规矩之方圆，旁通不沁于违正之邪径。风格高严，重仞难尽，是偏嗜酸甜者，莫能尝其味也；用思有限者，不得辩其神也。

《百家篇》重视诸子百家，认为其思想判微析理有深入之处，文学也有华丽之美，足以与正经并驾齐驱，这种观念具体反映出魏晋时期的时代潮流，儒家思想非为独尊，故子书有重振的机会。葛洪由认识，进而阐扬子书的价值，《抱朴子》的撰成即是心向往之，因而有意成一部子书，成一家之言。

《抱朴子》一书的得名及其名号，也与葛洪的认同王充的出身、个性有关。《论衡·自纪篇》所述的性情、人生阅历，足以说明王充的疾虚妄的理由；葛洪景仰充之为人，而其天性也易于认同他所仰慕的先贤。"抱朴"二字，具现其内在性格中内向、保守、朴素的倾向，并由之激发其激烈批评社会风尚的另一种个性，此两者都见于葛洪一身，以"抱朴"统一其保守与激烈的两种行为的表现。他一再生动地描述自己的性格：

洪期于守常，不随世变，言则率实，杜绝嘲戏，不得其人，终日默然，故邦人咸称为抱朴之士，是以洪著书因以自号焉。（《自叙》）

穷士虽知此风俗不足引进，而名势并乏，何以整之？每以为慨，故常获憎于斯党，而见谓为野朴之人，不能随时之宜。余期于信己而已，亦安以我之不可从人之可乎？（《疾谬篇》）

"抱朴之士"、"野朴之人"，是他自号"抱朴子"的原因，也因而作为子书的书名。

葛洪自承的抱朴性格，自幼至老，并无稍改，因而成为其撰书的内因：不合时宜，愤而著述。同时也是他批判世俗的基本态度：不合抱朴，愤而批评。因此，有必要了解葛洪这种性格的形成及其表现，《自叙》自是一篇自剖式的自叙传，让千百年后读其书者都可想见其人。篇中坦率描述自己"性钝口讷，形貌丑陋"，而且从总发垂髫之龄，就"体钝性驽，寡所玩好"。他最常忆起的童年往事，是"掷瓦手搏，不及儿童之群，未曾斗鸡骛走狗马。见人博戏，了不目眄……是以至今不知棋局上有几道，樗蒲齿名，亦念此辈末伎，乱意思而妨日月，在位有损政事，儒者则废讲诵，凡民则忘稼穑，商人则失货财"。既然不喜无益的娱乐，又因禀性尪（wāng）羸，兼之多疾，贫无车马，不堪徒行，不常交游，尤其是权豪之家，莫或相识。他的性格、生活既然抱朴、守道，因此交际所及，自是有所选择。《抱朴子·交际篇》有剖析生动的一段文字：

余所禀讷讱，加之以天挺笃懒，诸戏弄之事，弹棋博弈皆所恶见，及飞轻走迅、游猎傲览，咸所不为，殊不善嘲亵。凡此数者，皆时世所好，莫不耽之，而余悉阙焉，故亲交所以尤辽也。加以挟直，好吐忠荩。药石所集，甘心者鲜，又欲勉之以学问，谏之以驰竞，止其樗蒲，节其沉湎，此又常人所不能悦也。

葛洪自述自己的不随世变，不合时宜，成为平素多"抚笔闲居，守静荜门"的生活方式，专心勤学，乃能成就他的淹博学养。

葛洪的抱朴自守与疾刺时俗，还有一外在的根由，就是南方没落的旧族身份与迭经世变的江东政局。本来两汉以下，士大夫遭逢时代的剧变，在社会阶层快速升降的情况下，就常有"不遇"之感，何况魏晋之际，世变纷纭，名士处身其间常有多种嫌疑的危机感。葛洪的身世，既离东吴末西晋初的年代不远，又亲逢西晋末中原人士渡江的大变动，自有其深刻的时代意识。他的父亲在西晋初，以东吴旧官在新朝任职，就有一种隐藏于内心深处的失吴之痛；等到他自己，又遭逢北方大族南下，纷据要津，形成新的政治集团，更激发其强固的乡土意识。

《抱朴子·外篇》具有强烈的社会批判意识，基本上即是以京洛为主，尤其是东晋初渡江以来的社会风尚。《自叙》首先以自我压抑的笔调写自己：不自矜饰，冠履垢弊，衣或褴褛，而或不耻，而其真正用意则是要对照出丧乱以来的京洛世风。京洛之风本只是京洛一带的生活、意识，却挟着南渡之势弥漫江南，因而改变江东人士的生活习惯。因为这是浅显所及的流行风尚，最为易见，葛洪因而有种"事物屡变"的感慨："冠履衣服，袖袂财制，日月易改，无复一定，乍长乍短，一广一狭，忽高忽卑，或粗或细。所饰无常，以同为快。其好事者，朝夕放效。"《讥惑篇》所论的固为社会的流行之风，但也充分表现在常与变之间，葛洪对于屡变的现象界有所体悟。

在学术潮流的剧变中，葛洪更表现其顽强、激烈的社会批判力。以一南方旧族的身份，《抱朴子》中常采用的手法，就是"以占刺今"之法，这是一方面取法于王充、王符等人，一方面则归因于南方旧族不欲正面与新政权冲突的考虑。当时学术主流自是玄学，号称一代新学，而江东则仍保存相当多的旧学成分，而有新、旧杂糅的现象。王导东渡时，即揭示言尽意、声无哀乐、养生为三大名理，作为玄风东渡的契机。葛洪在养生思想的论辩课题，以问难形式撰写《内篇》，就有这种时代背景；至于对魏晋玄学，他完全出之以旧学的态度，《外篇》凡有《正郭》、《弹祢》及《诘鲍》等加以论评。他采用以汉刺晋的讽刺法，以郭泰代表清议、祢衡代表放诞、鲍敬言代表清谈，讥刺当世清谈误国。葛洪的批判清谈，是依据南方旧学的立场，其中保存江东的学术传统及两汉以来的部分旧传统，由此也可见其抱朴性格。

讽刺社会的流行风尚，是针对一般的社会；而讥弹学术的清谈风尚，则是针对知识分子的时髦作风。葛洪更实际的批判能力，表现在对政治、社会制度的勇于抉失摘弊。晋世实行九品中正制，演变为士族垄断的缺失，《审举篇》赞扬魏武针对专权的掌权士族，提出新的察举制。只有此一制度才能奖掖寒素，拔荐新人，这是具有现实意义的批评。由于新朝为中原旧族所把持，上行下效，成为新的社会风尚，既荡检逾闲，藐视礼法，却又讲究排场，繁文缛礼。因而《外篇》一再主张严刑峻法，推崇申韩，借用法家的思想，强烈要求严正的社会风尚；又提倡墨子的议论，主张节葬，删定礼制。凡此批判所及，都以新政权集团为主要对象，而其立场则是南方旧族的抱朴之士。

葛洪一生，从十五六岁兼修儒道，至二十余岁发愿撰述子书，直至三十五岁撰成，历经十余年的自我冲突与调停。《抱朴子》中道本儒末的安排，显示他已决心转向道家神仙之路。《自叙》对于自己将适嵩岳，以寻仙踪，有许多大有意味的说辞，其实情并非只是单纯地一心向道，而是对于现实、对于宦途的幻灭之感。他说："荣位势利，譬如寄客，既非常物，又其去不可得留也。"这是道家之徒常抱持的人生观，将荣名视为无常之物。又说："隆隆者绝，赫赫者灭，有若春华，须臾凋落。得之不善，失之安悲？悔吝百端，忧惧兢战，不可胜言，不足为也。"葛洪此时年正三十五六岁，为人生的黄金时期，居然有这样深沉的人生观照，除了天生的抱朴性格外，也与他的不遇有关。

葛洪的不遇，是魏晋时期南方吴人的共同感慨，在他之前的陆机即是显例，葛洪虽无积极入仕之念，但自二十岁首立战功之后，就流连道路，无缘得入仕途，返句容旧籍，年已过而立，也只得一虚衔卑官，自会有怀才不遇之感。他深刻地体会到：隆隆、赫赫的荣位势利，乃是操诸他人之手，是无常之物。只有保有自己的生命，始能真正的自由逍遥，《自叙》中有一段悟后之语，"未若修松、乔之道，在我而已，不由人焉。"隐遁以求道方是操之在我。换言之，不经由此道，则是由人不由我，这是他经历了大半生的仕隐冲突之后，在人生中所获得的一大进境。

魏晋时期文学是不朽的盛事，葛洪即是遭时不遇，功业未成，自然想经由"立言"以成其不朽事业，这就是《任命篇》所说的"或运思于立言，或铭勋乎国器，殊途同归，其致一焉"。立功可以不朽，立言也是，在当时肯定文学、著作的思潮下，葛洪是难免具有不朽的俗念的。所以撰述子书、成其为文儒，正是他三十五岁前后的一大心愿，《自叙》所言可作为总结：

历览远古逸伦之士，或以文艺而龙跃，或以武功而虎踞，高勋著于盟府，德音被乎管弦，形器虽沉铄于渊壤，美谈飘飘而日载，故虽千百代，犹穆如也。余以庸陋，沉抑婆娑，用不合时，行舛于世，发音则响与俗乖，抗足则迹与众近，内无金、张之援，外乏弹冠之友。循途虽坦，而足无骐骥；六虚虽旷，而翼非大鹏。上不能鹰扬匡国，下无以显亲垂名，美不寄于良史，声不附乎钟鼎。故因著述之余，而为《自叙》之篇，虽无补于穷达，亦赖将来之有述焉。

葛洪自承庸陋，沉抑婆娑，因而发愤撰述，这是《抱朴子·外篇》成书的主要动机。

《内篇》的撰述，也与《外篇》一样，是发愤之作。在《内篇》序言中已有说明：

考览奇书，既不少矣，率多隐语，难可卒解。自非至精，不能寻究；自非笃勤，不能悉见也。道士渊博洽闻者寡，而意断妄说者众。至于时有好事者，欲有所修为，仓卒不知所从，而意之所疑，又无可谘问。今为此书，粗举长生之理，其至妙者，不得宣之于翰墨。盖粗言较略，以示一隅，冀排愤之徒省之，可以思过半矣。

葛洪在汉末儒家经学衰微之际，因而得以拜求明师，饱览奇书，依《遐览篇》所著录的道经、符术，其分量之多，范围之广，确是当时道流之杰出者，他说列出一系列道书名称，是"欲令好道者知异书之名目"，而撰述此书，"粗举长生之要"，也是"冀排愤之徒省之"，可以想见他的心情，是希望同道能有所启发。他觉得自己能得名师的教诲，因而入门最正；而一般人士或流俗道士就不一定有缘有幸得睹真经，因此常有妄言欺诈之处，反而蒙混正道，故葛洪才挺身而出，一抉世人之疑惑。

汉晋之际的道家新学与道流作风，是葛洪深有感慨的，他的思想源诸老、庄，是研究《抱朴子》本体论者所公认的事实。但在《释滞篇》、《勤求篇》等多次批评老、庄，认为五千文"泛论较略"，而庄子齐死生的超越哲学，去神仙已千亿里，除了他的仙道立场外，最主要是因为"使末世利口之奸佞，无行之弊子得以老、庄为窟薮，不亦惜乎！"其中实有所指，正是魏晋玄学之徒。以他处于旧学地域的江南，加以不满京洛的学风，因而对谈论三玄者，以老、庄为谈玄的做法，是颇为不满，批评为利口、无行，确也是玄学末流的写照，所以他将老、庄哲学性的道家之学转向宗教性的道教之学，《内篇》亦有此意。

汉末以来道派纷起，具有浓厚的政治性格，不管是张角的黄巾，或如柳根、王歆、李甲之徒，"或称千岁，假托小术"，以宗教作为"招集奸党，称合逆乱"，"威倾邦君，势凌有司"的工具，葛洪是一再攻击这种以宗教为亡命逋逃的窟薮，因此需要廓清流弊。至于伪道士、伪仙人之多，当是魏晋的实态，他也深思其中的症结：一则道书的搜罗不易，大多偏修一术，而夸大为求仙之道；一则道法的阅读不易，《黄白篇》说："率多深微难知，其可解分明者少许尔，世人多疑此事为虚诞。"因此他有责任清楚地叙述其中真意，让世之好道者知所遵循。

有关仙道的撰述，之所以不能广泛流传，实与儒家的合理主义有关。两汉学术的主流，固然是以儒家经注为主，因此术数之学大多流为支衍，成为正统之外的异端。神仙的向往固为帝王贵族所热衷，但持理性主义者大多批评为虚妄。直至魏晋，诸子百家之学渐有振兴的趋向，但世儒的势力仍旧巨大。《抱朴子》中一再自设问难，解说神仙之事，虽是以"或曰"的问难者，其实大多指世儒，《内篇》自序说：

> 世儒徒知服膺周、孔，桎梏皆死，莫信神仙之事，谓为妖妄之说。见余此书，不特大笑之，又将谤毁真正，故不以合于余所著子书之数，而别为此一部，名曰《内篇》，凡二十卷，与《外篇》各起次第也。虽不足以藏诸名山石室，且欲缄之金匮，以示识者，其不可与言者，不令见也。贵使来世好长生者，有以释其惑，岂求信于不信者乎？

因此撰述《内篇》，其内心是怀抱孤寂之情的，也有名山事业的期许。

葛洪完成《抱朴子》之时，深慨自己"贫苦无财力，又遭多难之运，有不已之无赖，兼以道路梗塞，药物不可得，竟不遑合作之"。(《黄白篇》)因此虽有委桑梓、适嵩岳之志，结果仍未能成行。三十五岁以后，一再抗拒科名，历经波折，直到晚年才归隐罗浮山炼丹。所以《抱朴子》撰述的时期，炼丹事业仍停留在理论阶段，只是"欲令将来好奇赏真之士，见余书而具论道之意耳"。而对于自己则预示其生命的归趋，是高隐养志，炼丹求仙。所以《抱朴子》成书至罗浮炼丹之间，长达十余年的岁月，人生经验愈多，感慨转深，更能透彻体验人生的意义，《内篇》和《外篇》的撰成为其一生的里程碑。

二、《抱朴子》内道外儒说的意义

葛洪所撰《抱朴子》分内、外篇，最能表现他在三十五岁时的思想风格，也是魏晋学术潮流中能成一家之言的思想家。依据《自叙》所述的《内篇》和《外篇》，各具特色：

> 其《内篇》，言神仙方药、鬼怪变化、养生延年、禳邪却祸之事，属道家。其《外篇》，言人间得失、世事臧否，属儒家。

这种外儒内道的思想，又统一于一个经过调和的理念之下。可说是葛洪综合其家学与师承，又因应时代思潮，赋予新意，组织条贯，形成一种独具风格的学术思想，也是葛洪一生行为的最佳注脚。

《自叙》所说的道家、儒家，反映的是魏晋时期的新意，且已由葛洪赋予个人的诠释，与司马谈等汉人所列的九流十家稍有异趣。葛洪所谓"道家"乃指当时流行的广义用法。梁刘勰《灭惑论》说："道家立法，厥品有三：上标老子，次述神仙，下袭张陵。"北周道安《二教论》也以三品论说："一者老子无为，二者神仙饵服，三者符箓禁厌。"这是佛道论争时佛教立场的分法。可注意的是史传目录的说法，从《汉书·艺文志》直至王俭、阮孝绪等史家，著录的名目就使用道家、房中家、神仙家等，略加区别。葛洪所用"道家"，虽以中品神仙为主，而老子则为其形上的依据，并兼取下品所用的鬼怪变化，可说是综摄三品的用法。所以《内篇》在后世史家的分类时不甚一致：《隋志》和两《唐志》入道家，宋入杂家，元马端临《文献通考》入神仙家。

葛洪《内篇》属道家，实则以神仙家为主，这可从他与老、庄的关系，及神仙养生说的历史渊源加以探索。《抱朴子》一书批评老庄之学，分见于《内篇》和《外篇》。他从神仙长生的观点批评五千文"皆泛论较略耳！其中了不具首尾全举其事，有可承按者。但暗诵此经而不得要道，直为徒劳耳"。至于文子、庄子、关令尹喜之徒，讲齐一生死、多玄虚之说，"其去神仙已千亿里矣。"（《释滞篇》）所以老庄的自然无为之说，葛洪基于神仙说的立场并未完全接受。其主要原因是他亲闻目见的玄学家，都是以玄虚的空谈申述老庄，并无实际的养生之法，因而促成其批评老庄的态度。其次就是葛洪顺应当时养生技术的进步，已较能役用万物，服食求仙，较诸先秦时期老、庄在精神层次所作的

92

抽象认识，他自认是今胜于古。所以在形上思想的渊源，葛洪固然源于老庄道家，却不保留地批评魏晋玄学家口中所论的老、庄。

从养生思想的发展最易看出葛洪的进化观点，养生说也与道家自然主义有密切的关系。老、庄思想的形成本就与古代巫教信仰有关，对于修养的方法及其神秘体验，与神仙说具有微妙的相似之处；但就其思想体系说，已朝精神层次的养生发展，成为深具形上的哲学。神仙思想在战国晚期蓬勃发展，方术、仙说为帝王所好，燕、齐帝王与秦皇、汉武等均崇尚长生术，并逐渐有炼制不死药之事。当时社会也盛传有关服食养生的传说。东汉时期贵生、养生的观念流传于士大夫之中，《后汉书》列传中颇多好养生术的记载，而出土的汉代文物，如画像砖、镜铭等，也显示汉人崇信养生以成仙的习俗。对于神仙风尚，王充《论衡》一再以《道虚》、《无形》等篇，疾刺神仙的虚妄，但承认养生可以延寿之说，且身体力行。

魏晋时期养生说随着神仙道教的形成，逐渐臻于高潮，帝王贵族对于神仙方术抱持疑信交作的态度。曹操曾招致众多方士，体验长生之术，曹植以"辩道"为名作论，表达其心中的疑虑，大体采儒家的理性主义者怀疑神仙的可信性，而持道家自然主义者则想论证成仙的可能，神仙道教派则积极注解《老子》，想建立神仙养生说的经典，如《老子河上公注》，《老子想尔注》代表蜀汉三张的教法；葛玄则有《老子节解经》，形成神仙道教派老学。葛洪对于前此诸说，大多采转化其说法以为己用，将其矛盾之处加以调整，借以建立正面而肯定的神仙养生说。

魏晋玄学风尚中，"养生"成为论辩的主要课题，是刺激葛洪的一大激力。养生之成为名理，应该与庄学论养生、曹植论辩道等风气有关，而直接提出的则为嵇康，向秀与之往返论难，成为一时名论②。当时对于养生论的撰述，还有阮德如《摄生论》，也有论难之事，故为当时名理。因而王导渡江止言三论，养生论即为其中之一，可见魏晋文士针对养生成仙说曾有激烈的论辩。了解及此，就可体会葛洪处于日渐高涨的养生论的风潮中，必有自己的独特见解。在道教史上，他是葛玄之后，阐扬葛氏道法的关键人物；而在思想史上，他是嵇康之后，进一步深化神仙养生说的集大成者。基于其条件特优的家学与师承，他以辩护者的姿态挺身而出，为神仙不死说作辩道的神圣任务。葛洪是否直接参与谈座，与渡江名士辩论养生，史上并无记载。但他在西晋、东晋之际关心中原文士的清谈，自然对这三大名理并不陌生，甚且内行之至。其次他搜书之旅，流连道路，得见道士及相关的人士，接对之间必有所论难。凡此均使他对"养生"有所思考，历经十余年的反复思辨，始有《抱朴子》的问世。因此《晋书》所称赞的"精辩玄赜，析理入微"的能力，完全具现于此书之中，他频频自设问难，层层自我解说，成为论难体的写作形式。

葛洪对于符箓禁厌诸术，依照他的博参主义，并不排斥，且多采取。《抱朴子·道意篇》曾批评张角、柳根、王歆、李甲之徒，"假托小术，坐在立亡，变形易貌，诳眩黎庶"。唯对张陵及其子孙，并未指名批评，《神仙传》且神化张道陵，他所搜集的符箓，依照《遐览篇》所录，乃受诸郑思远，其中有大符多种，符书中最重要的又以《三皇内文》、《五岳真形图》为最。至于变化之术，则有《墨子五行记》、《玉女隐微》等。凡此道经、符术大多引述于《抱朴子》中，作为养生的补助之法，可见道家三品的下品，葛洪也精择选录，并不因它非属于老庄哲理，即予贬抑，这是葛洪所广其意的"道家"新意。

《外篇》所论的人间得失与世事臧否，属于"儒家"。葛洪意中的儒家并非纯儒，而是广纳儒、墨、道、法诸家，而归本于儒家本旨。其实，在《自叙》中已有解说，自己"忝为儒者之末"，又悟到自己"竟不成纯儒，不中为传授之师"。虽非纯然一儒者，但儒家所重的出世之道，仍是他所关心之事。《外篇·应嘲篇》曾自设问难，表明自己所论诸事：

> 客嘲余云……伯阳以道德为首，庄周以《逍遥》冠篇，用能标峻格于九霄，宣芳烈于罔极也。今先生高尚勿用，身不服事，而著君道臣节之书；不交于世，而作讥俗救生之论；甚爱骭毛，而缀用兵战守之法；不营进趋，而有审举穷达之篇，蒙窃惑焉。

所谓君道臣节、讥俗救生、用兵战守、审举穷达四项，实兼涵儒、墨、道、法及兵家，确有驳杂的倾向。所以《隋志》、两《唐志》以下，常将《外篇》置于子部、杂家之中。

葛洪外儒的驳杂多端，实为江南保守汉儒旧学的反映，与当时以荆州为发源，盛于河洛的新学不同，因为其中的思想、写作形式就是模仿汉人王充、王符的著作，《四部正讹》说"《外篇》拟《论衡》"，《论衡》之外，东汉以来诸子的影响也见于《外篇》的思想中。葛洪称美王充的才学，是"冠伦大才"、"学博大才"；也同意谢尧卿所说王充为"一代英伟"；又今传《抱朴子》佚文记载蔡伯喈到江东，得到《论衡》之后，及还中国，谈论更远，诸儒后来才发现，原来是以王充之书为谈助。葛洪钦慕其为人，规抚其书，因而有草创子书之举。

近代学者曾精密比较葛洪所撰《外篇》与《论衡》的关系，发现其结构、篇目、文字多所承袭，而在思想观念上也多所启发，两者的渊源极深，诸如《自纪》之与《自叙》、《齐世》之与《钧世》，《对作》之与《应嘲》，《问孔》、《非韩》、《刺孟》之与《正郭》、《弹祢》、《诘鲍》；又王充的《疾虚妄》，葛洪也以《疾谬》、《讥惑》、《刺骄》等相应；王充的关心人君之政，葛洪更多君道、臣节、良规、贵贤等，议论政治。王充以批判为学，葛洪与其在精神上确有相近之处，其中有些是汉人普遍的说法，像气化哲学，以气解说宇宙的构成，并进而万物的生成；命定思想，成为神仙说的基本观念。王充表现在社会、文化的见解，启发葛洪的，诸如祭祀观，启发葛洪重视技术性的金丹而反对他力的祭祷方式；反尚古主义，使葛洪坚持历史文明（制度、文学等），需以进化观点评论，因此今胜于古；圣人观，使葛洪提出各种圣人的说法，而非圣人即为万能。至于论理方法，葛洪由此绅绎出类推法、重效验说。王充的思想自成体系，到葛洪的手中，经转化之后，成为适应他的思想内容的新体系[③]。

汉代诸子启发葛洪的还有王符，所著《潜夫论》三十六篇为葛洪所熟读，并有意模仿，诸如《赞学》之与《勖学》、《贤难》之与《时难》、《明暗》之与《仁明》、《考绩》之与《审举》、《思贤》之与《贵贤》、《本政》之与《任能》《钦士》、《潜叹》之与《擢才》、《浮侈》之与《疾谬》《讥惑》等、《实贡》之与《备阙》、

《三式》之与《百里》、《爱日》《断讼》之与《弭讼》、《衰制》之与《用刑》，而《交际篇》则篇目全同。类似的雷同现象颇疑与葛洪抄书的习惯有关，在抄录暗诵的情况下，认同书中的篇目、文字及思想内容，因而自然就出现于其撰述中。他常举汉末习俗以刺西晋末，就是从王充、王符的批判时俗的方法中转用出来的。在思想史上，因为尚友前贤，因而有冥合、神会之感，借用其思想架构，用以指刺当世，这也是常有的现象。唯葛洪借用、仿袭之多，是稍微特殊，因而评他缺乏创见，固是失当，但可说《抱朴子》是青年迈向中年期之作，这是模仿性与原创性兼盛的时期，故驳杂之中仍自有他的创获之处。

葛洪的抱朴、保守性格具现于《外篇》，就是延续并转化汉人旧学，其中含摄儒、墨、道、法、兵诸家，而归本于儒家，他以之论人间的得失、世事的臧否，常因应时势，因事制宜。所以论出处去就之道，适应魏晋多故的政局，多倡逍遥隐遁、知止任命的道家思想；论君道臣节之道，感于晋世纷乱的政治，提倡君尊臣卑之说，君主修德，又能分官任贤，则权臣不再跋扈、能臣能有出身，近于外法内儒的思想。论讥俗救生之法，激于魏晋士风的颓废，因而主张严刑峻法的法家与省烦去侈的墨家，而反对俗儒的仁政、道家的迂阔。大抵而言，诸子百家本就有所见亦有所蔽，因此后代思想家常需因应时地，调停折中，重新结构一适用的思想体系。葛洪《外篇》虽有驳杂的倾向，但却具有合乎现实需要的特色，而事实上，自汉以下，本就不易成为纯儒，葛洪三十五岁也早有所悟。

《抱朴子》之分内道外儒，表现魏晋学风中对儒道的调停、融摄，也表现葛洪个人在年轻时兼修儒道，经历长时间的调整之后，到三十余岁时已作了初步的调停。这段心路历程完全表现于《内篇》、《外篇》的字里行间，《外篇·喻蔽篇》曾对时人责难王充的"乍出乍入，或儒或墨"有所辩解，强调"因事托规，随时所急"的弹性原则。因此后人也不应疵议王充、葛洪"所言不纯，而弃其文"，否则即违背了他们当时立论的宗旨。

三、《抱朴子》内外篇的统一理念

《抱朴子》内外篇的统一问题，也就是道、儒的调和问题，是历来论葛洪思想者常要多方予以诠释的。魏晋时期对于儒道的合同离异，为当时学术思想的主要课题：儒重名教，讲究群体的人伦纲纪；道重自然，讲究个体的自由逍遥。调和儒道，其本身不仅代表思想的归趋，也显示其政治立场、社会身份，因而诸名士在名教与自然的调停之间，巧妙表现其思想、身份的转变。大体而言，王弼属儒道合、何晏属儒道同；而嵇康则主儒道离，葛洪外儒内道、道本儒末的思想，近于儒道异一路。儒道调停说至于东晋已进入调和、折中阶段，以葛洪兼习儒道的治学历程，历经冲突，至《抱朴子》成书时终于完成其内外、本末的差别看法，但又将其置于一统一的理念之下，为探索葛洪思想极可注意的事。

将著述作内、外之分，并具有本末思想，是《抱朴子》承袭《吕氏春秋》、《淮南子》的传统，又有深化的发展。一般常以为葛洪在《内篇》轻蔑儒家，《外篇》忽略道家，因而怀疑其中有矛盾之处，也觉得传统之分内、外篇时，总是以《内篇》为重，《外篇》等不过是敷衍性的言辞而已④。其实，葛洪将《抱朴子》作内道、外儒的分篇，应该有他更深刻的意义，也就是道本儒末之说，在魏晋思想潮流中自有其思想史上的意义。

葛洪在《抱朴子》一书中，常比较儒、道，而大体从本末思想诠说其特质。《内篇》多集中于《明本》、《塞难》、《极言》诸篇；《外篇》偶有提及。《明本篇》就是为了诠说道儒的本末问题，所以起首就问"儒道之先后"？《抱朴子》的回答清楚而有力：

> 道者，儒之本也；儒者，道之末也。先以为阴阳之术，众（相）忌讳，使人拘畏。而儒者博而寡要，劳而少功。墨者俭而难遵，不可遍循。法者严而少恩，伤破仁义。唯道家之教，使人精神专一，动合无形，包儒墨之善，总名法之要，与时迁移，应物变化，指约而易明，事少而功多，务在全大宗之朴，守真正之源者也。

他是断言道为本、儒为末，然后批评儒家及诸子百家，各有偏失，最后引述司马迁《史记·太史公自序》的话，说明道家的优点，在其具有专一、约简，足以综摄其他诸家。葛洪对于现象界的认识，根源于老庄，贵少贱多，以简驭繁，这也是当时玄学家论宇宙本体常见的看法。他就是从本体，从道的性质决定儒道的先后，因此引用《易经》与《论语》阐述其说：

（一）《易·说卦传》曰："立天之道，曰阴与阳。立地之道，曰柔与刚。立人之道，曰仁与义。"

（二）《易·系辞上传》曰："《易》有圣人之道四焉，以言者尚其辞，以动者尚其变，以制器者尚其象，以卜筮者尚其占。"

（三）《易·系辞下传》曰："为道也屡迁，变动不居……苟非其人，道不虚行。"

（四）《论语·泰伯篇》曰："危邦不入，乱邦不居，天下有道则见，无道则隐。邦有道，贫且贱焉，耻也；邦无道，富且贵焉，耻也。"

《抱朴子》根据的古语：《易经》是儒家阐述形上思想的要籍，又从《论语》中找出一句话，将政治意义的道转化为形上意义的道。他借此说明道的遍在性、根源性，普遍存在于天地万物之间，而一切又以道为本体。本体与现象，是体用关系，本体虽是常，但现象却无常，是变动不居的，因而就有本、末之分，由于执道之本与治道之末的不同，就形成不同的派别。葛洪认为在道的统一之下，黄老执本，儒墨治末：

凡言道者，上自二仪，下逮万物，莫不由之，但黄老执其本，儒墨治其末耳……道也者，所以陶冶百氏，范铸二仪，胞胎万类，酝酿彝伦者也……道德丧而儒墨重矣。由此观之，儒道之先后，可得而定矣。（《明本篇》）

葛洪所根据的思想是老、庄，而其背后又有统一的观点。因为道的沦丧，始有儒墨之学的兴起，老、庄忧世的时代背景与魏晋的纷纭世局确有相近之处，道本来是百家之学的本源，产生天地，孕育万物，造化人伦，在自然无为的情况下，一切都是安乐和谐，这是道家理想中的世界。所以道家是根本，是超越于诸家之上的本源之学。《抱朴子》进一步说明儒家有为而道家无为，其差异正在于此：

> 夫升降俯仰之教，盘旋三千之仪，攻守进趣之术，轻身重义之节，欢忧礼乐之事，经世济俗之略，儒者之所务也。外物弃智，涤荡机变，忘富逸贵，杜逸劝沮，不恤乎穷，不荣乎达，不戚乎毁，不悦乎誉，道家之业也。儒者祭祀以祈福，而道者履正以禳邪。儒者所爱者势利也，道家所宝者无欲也。儒者汲汲于名利，而道家抱一以独善。儒者所讲者，相研之簿领也。道家所习者，遣情之教戒也。夫道者，其为也，善自修以成务；其居也，善取人所不争；其治也，善绝祸于未起；其施也，善济物而不德；其动也，善观民以用心；其静也，善居慎而无闷。此所以为百家之君长，仁义之祖宗也。

这是从道的观点，从超越的观点，论述道为百家之首、儒家之祖，具有本末一贯的思想。所以说"道者内以治身，外以为国"，具有内圣外王的性质；而黄老"体道以匠物，宝德以长生"，自是为优于尧、舜、周、孔的理想人物。

在葛洪的思想中，本指最高层次的道，而末是二次、三次元的理论与方法，本末与先后、终始等有关，而这与魏晋时期的思想有渊源关系。当时王弼《老子注》认为道是本，是唯一的绝对者；有（现象）是末，是万物，在"守母以存其子，崇其本以举其末"，故有本末之说。郭象注庄，提出本迹之说：本是精神，是所以迹；迹则为表。至于僧肇、支遁也以这种思想建立其佛学，所以迹为先天，为自然，是主观所直接体会的物自身或本体；迹为后天，为事物的客观世界。葛洪在这种思潮下，提出道本儒末之说，也就是道为所以迹、儒为迹，前者不易识，而后者易见。《抱朴子》有多篇作对照性的说明，而以《塞难篇》最为清晰：

> 仲尼，儒者之圣也；老子，得道之圣也。儒教近而易见，故宗之者众焉。道意远而难识，故达之者寡焉。道者，万殊之源也。儒者，大淳之流也。三皇以往，道治也。帝王以来，儒教也。谈者咸知高世之敦朴，而薄季俗之浇散，何独重仲尼而轻老氏乎？是玩华藻于木末，而不识所生之有本也。何异乎贵明珠而贱渊潭，爱和璧而恶荆山，不知渊潭者，明珠之所自出，荆山者，和璧之所由生也。且夫养性者，道之余也；礼乐者，儒之末也。所以贵儒者，以其移风易俗，不唯揖让与盘旋也。所以尊道者，以其不言而化行，匪独养生之一事也。若儒道果有先后，则仲尼未可专信，而老氏未可孤用。

"所以迹"，因道意远而难识，却是根本；而儒教是"迹"，近而易见。从人生的体验中，无论是处世的态度，或是真正的实践，也是难易的区别。《抱朴子》回答"儒道之业，孰为难易"，有更深刻的说明，为何儒者是易中之难，道者是难中之易？道家需要弃世离俗，斩绝情欲，过着"恬愉静退、独善守己"的生活，是难；但从此不必为形所役，众烦既损，和气自益，是易，故为难中之易。儒者"宪章成事，出处有则，语默随时"，故为易；但作为儒生，需钩深致远，错综典坟，又言行为世则，为难——易中之难。葛洪的结论是儒业多难，道家约易，为深一层的见解，与一般人执着于"迹"之易，而不知"所以迹"反为约易，有完全不同的体验。魏晋玄学家要执一以御众，崇本以举末，崇尚简易之道，就是基于这种约简的哲学。葛洪因此体验，而有舍难以从易的说法，《对俗篇》说："苟得其要，则八极之外，如在指掌，百代之远，有若同时。不必在乎庭宇之左右，俟乎瞻视之所及，然后知之也。"正是体要的思想。

大体言之，《抱朴子》在传统的篇卷内外之分的传统中，又参取魏晋名士的本末、迹所以迹的体用之说，再配合儒道的冲突与调停，结构成自己的思想体系。《抱朴子》所说的黄老、老庄，都属于他所赋予新意的"道家"。基本上，其主体仍是先秦的老庄，因此讲究本体，作为宇宙万物的本源，又借以说明其遍在一切之上的本质。道是本体，因而能生成一切，则道家重视道，故为执其本；儒家及其他诸子治其末，故在近而易见的世事方面见长，这就是葛洪从本体论统一本末、内外的思想体系。

【附注】

① 王梦鸥先生，《从雕饰到放荡的文章论》，收于《古典文学论探索》（台北，正中，1984）。

② 参见拙撰，《嵇康养生思想之研究》，刊于《静宜学报》

第二期（台中，静宜文理学院，1979）。

　　③　大渊忍尔，《论衡、潜夫论和抱朴子》，收于《道教史的研究》，136-183页。

　　④　村上嘉实，《中国的仙人》（京都，平乐寺，1956）。

第六章 《抱朴子》养生论的基本观念

葛洪在《抱朴子》中首先为养生成仙说奠定其理论基础，因而将《畅玄篇》作为开宗明义的第一篇，演绎老、庄论道、玄的思想，成为其本体论；其次在以下各篇分别论述其气化思想，乃是承袭汉人的宇宙构成论，借以解说宇宙间一切万物的形成，因而导出注重形神的问题，又以变化说建立神仙变化的基本观念。魏晋玄学风尚中，知识分子大多能从实际的谈辩过程获得名理的训练，所以立论大多有本有源，自成体系。葛洪建立其养生论，多有依据老庄及汉人之处，但仍不忘树立自己特殊的思想风格和体系，所以神仙学的基本观念，有因袭也有转化，乃能含融为一己的养生论。

一、玄道及气化思想

（1）玄、道思想

葛洪的思想，近于汉代的旧学，故其说属于宇宙形成说。魏晋之际，王弼、何晏都直论宇宙本体，以为玄学的重心。对于当时的玄学风尚，他并不喜欢，唯时风所及，玄学术语也多所习闻，加以当时注老解老有重玄之说，成为神仙道教派的重要观念，故《抱朴子》首揭《畅玄》之篇，为仙道思想的基本论题。

《畅玄》的篇旨，乃依据《淮南子·原道训》增饰衍化而成，《抱朴子》曰："玄者，自然之始祖，而万殊之大宗也。"论道之本体，袭用道家的范畴，名之曰玄，表明一切万物俱从玄而产生。汉魏以下，玄的渊源，有源于汉人之说，如扬雄的《太玄》。又有神仙道教派老学依据"玄之又玄，重妙之门"加以演绎，形成重玄的传统①。《畅玄篇》即畅论玄的深远高妙，具有无所不在、无所不有、无所不为、无所不能的本质：

> 眇眜乎其深也，故称微焉；绵邈乎其远也，故称妙焉。其高则冠盖乎九霄，其旷则笼罩乎八隅。光乎日月，迅乎电驰；或倏烁而景逝，或飘泽而星流；或混漾于渊澄，或雰霏而云浮。因兆类而为有，托潜寂而为无；沦大幽而下沉，凌辰极而上游。金石不能比其刚，湛露不能等其柔，方而不矩，圆而不规，来焉莫见，往焉莫追。乾以之高，坤以之卑，云以之行，雨以之施。胞胎元一，范铸两仪，吐纳大始，鼓冶亿类，回旋四七，匠成草昧，辔策灵机，吹嘘四气，幽括冲默，舒阐粲尉，抑浊扬清，斟酌河渭；增之不溢，挹之不匮，与之不荣，夺之不瘁。故玄之所在，其乐不穷，玄之所去，器弊神逝。

凡宇宙的生存、运动，俱为玄的作用。一切出于玄，玄又超乎一切之上：

夫玄道者，得之乎内，守之者外，用之者神，忘之者器，此
思玄道之要言也。得之者贵，不待黄钺之威；体之者富，不须难
得之货。高不可登，深不可测。乘流光，策飞景，凌六虚，贯涵
溶。出乎无上，入乎无下，经乎汗漫之门，游乎窈眇之野，逍遥
恍惚之中，倘佯仿佛之表。咽九华于云端，咀六气于丹霞。徘徊
茫昧，翱翔希微，履略蜿虹，践跚璇玑，此得之者也。

铺陈玄道的作用，为宇宙万事万物的原动力，能造育万有，
又出乎万有之外。故玄为宇宙生成的原理，为第一因。葛洪将老
子"玄"的形上意义，转化为神仙理论的形上依据，作为神仙养
生说中神仙具有神秘能力的渊源。

庄子描述神人、真人的神秘体验，本来就与古老的巫教信仰
的宗教经验有关，在其寓言的手法中，借以喻写心灵的自由逍遥
境界，所以乘云气、御飞龙，游行于天地之间，是精神的超越，
与物俱化而不役于物，臻于无所待的绝对自由之境。葛洪将这种
庄学中的至人、至境加以转化，回复到宗教哲学中的神秘体验。
他不采魏晋玄学家的谈玄，而是依据神仙家，重新赋予"玄"的
新意，作为辩论神仙学的基本观念。

道为玄的同义语，属于道家传统的旧说。《抱朴子·道意篇》
袭用之后，转化为神仙家的本体的生成原理：

道者，涵乾括坤，其本无名。论其无，则影响犹为有焉；论
其有，则万物尚为无焉。隶首不能计其多少，离朱不能察其髣髴，

吴札晋野竭聪，不能寻其音声乎窈冥之内；猶猊狋猪疾走，不能迹其兆朕乎宇宙之外。以言乎迩，则周流秋毫而有余焉；以言乎远，则弥纶太虚而不足焉。为声之声，为响之响，为形之形，为影之影，方者得之而静，员者得之而动，降者得之而俯，升者得之以仰，强名为道，已失其真，况复乃千割百判，亿分万析，使其姓号，至于无垠，去道辽辽，不亦远哉！

这段论道的文字，反复申明道的妙用，是超越于语言、感官之外的本体，完全是老子论道的方式，但在葛洪的叙述中，又说得浅近易懂。类此将老学予以神仙化，还有"一"，"一"在《老子》中也是说明宇宙的生成，葛洪将其转化为神秘力量的来源。如《老子》说：

昔之得一者，天得一以清，地得一以宁，神得一以灵，谷得一以盈，万物得一以生，侯王得一以为天下贞，其致之，一也。

"一"也是道，在《抱朴子·地真篇》却成为守真一的理论，"一"具有宗教意义的神秘作用：

道起于一，其贵无偶。各居一处，以象天地人，故曰三一也。天得一以清，地得一以宁，人得一以生，神得一以灵。……老君曰：忽兮恍兮，其中有象，恍兮忽兮，其中有物，一之谓也……一能成阴生阳，推步寒暑。春得一以发，夏得一以长，秋得一以收，冬得一以藏。其大不可以六合阶，其小不可以毫芒比也。

葛洪的神仙学之能承先启后，就是将方士原本的方术提升，成为一种具有理论体系的学问；同时又将老、庄哲学集中于精神层次的玄虚之谈落实，成为较具体可行的修养方法，在中国养生学史上，这是一种进步。葛洪将玄、道作为宇宙生成的原理，道之作用亦如玄，所谓"道也者，所以陶冶百氏，范铸二仪，胞胎万类，酝酿彝伦者也"。（《明本篇》）葛洪言道，乃神仙道教之道，为其神学理论，与道家之道不尽相同。道家主无，道教主有，故道家贵无生，而道教贵长生。阮籍谓道："《易》谓之太极，《春秋》谓之元，《老子》谓之道。"（《通老论》）《抱朴子》曾说："太极初讲，清浊始分，故天先成，而地后定。"（《初学记》、《御览》三六引佚文），即以太极原理说天地的生成。至其言玄、言道，则当时道教徒对老子玄道别创新解，借以构成其仙学体系。

玄、道为葛洪养生论的基本观念，自玄产生玄一，产生两仪。《畅玄篇》云："胞胎元一，范铸两仪。"元一之为物，至《地真篇》所云玄一、真一，则已全属宗教神秘体验的形上说。大抵而言，葛洪奠立道教神学体系的基础，可谓为由道家而道教的重要人物，故论其思想本质依然具魏晋玄学家析玄辨道的风范。

（2）气化思想

元气之说，汉代最为盛行，为当时宇宙论的中心问题。汉儒通说，人禀元气而生，如荀悦云："阴阳统其精气，刚柔以品其群形。"所谓精气，就是指人体中的元气。尤其葛洪最为尊崇的王充，其气化哲学屡见于《论衡》一书中，《自然篇》、《谈天篇》都说明天地实体和自然界的万物都由天气构成，因此自然界万物的生成、变化都是天地所含之气的聚、散结果。人的生死也是气的变化，故说：

> 人禀气于天，气成而形立，则命相须，以至终死。形不可变化，年亦不可增加。（《无形篇》）
>
> 人未生，在元气之中；既死，复归元气，元气荒忽，人气在其中。（《论死篇》）

元气既然是自然界万物原始的基础，所以人的形神的生成俱因于元气的聚、散，两篇所说的人与元气的关系，极为明切。其实在战国晚期，如庄子学派就常说："人之生，气之聚也；聚则为生，散则为死。"（《知北游》）类此元气的观念后来广泛流行于术数之中，像医学家就以此为主，《神农本草经》说：滑石紫芝等主"益精气"；《黄帝内经》也重视精气之说（《素问》中《上古天真论》及《通评虚实论》），此医家者流就以益气为说，建立其医学理论。至于早期道教经典如《太平经》也采用当时流行的说法，强调元气的作用[②]：

> 元气有三名：太阳、太阴、中和。形体有三名：天、地、人。
>
> 三气合并为太和也。太和即出太平之气。断绝此三气，一气绝不迟，太和不至，太平不出。
>
> 三气共一，为神根也：一为精，一为神，一为气，此三者共一位。

以气为宇宙构成的因素，大自天地山河，细至动植飞潜，皆一气化成。河上公注《老子》"抱一能无离乎？"云："一者道德所生，太和之精气也。"皆属近似的观念。

葛洪承用传统的说法，多言气的作用：

> 浑茫剖判，清浊以陈，或升而动，或降而静，彼天地犹不知所以然也。万物感气，并亦自然，与彼天地，各为一物，但成有先后，体有巨细耳。(《塞难篇》)

宇宙之间，充沛是气，故云："上升四十里，名为太清，太清之中，其气甚剽，能胜人也。师言鸢飞转高，则但直舒两翅，了不复扇摇之而自进者，渐乘剽炁故也。"(《杂应篇》)此段文字，李约瑟曾据以说明公元 320 年前，中国人已知高空之有急风[3]，属于原始科学的发现。《抱朴子》又以元气言人与气的关系：

> 夫人在气中，气在人中，自天地至于万物，无不须气以生者也。(《至理篇》)

人在气中，禀气而生，故其生死系于一气："受气各有多少，多者其尽迟，少者其竭速。"(《极言篇》)可见个体生命的长短，乃由气量的多寡而定，因此生死者系于气之得失[4]。

葛洪又由气引申而得行气、宝气等观念，成为道教炼气说的理论：

防坚则水无漉弃之费，脂多则火无寝曜之患，龙泉以靡割常利，斤斧以日用速弊，隐雪以违暖经夏，藏冰以居深过暑，单帛以幔镜不灼，凡卉以偏覆越冬。泥壤易消者也，而陶之为瓦，则与二仪齐其久焉；柞楢速朽者也，而燔之为炭，则可亿载而不败焉。辕豚以优畜晚卒，良马以陟峻早毙，寒虫以适己倍寿，南林以处温长茂，接煞气则凋瘁于凝霜，值阳和则郁蔼而条秀。物类一也，而荣枯异功，岂有秋收之常限，冬藏之定例哉！（《至理篇》）

这段文字袭用《论衡·无形篇》，但又加以转化，王充认为变形易性为不可能之事：

人禀元气于天，各受寿夭之命，以立长短之形，犹陶者用土为簋廉，冶者用铜为柈杆矣。器形已成，不可小大；人体已定，不可减增。用气为性，性成命定。体气与形骸相抱，生死与期节相须。形不可变化，命不可减加。

因为器物的形状一旦固定，就不再有变化之事，王充是据常理而作判定，基本上是合乎科学的观察，他已具有素朴的物质变化的知识。但葛洪却反用其说，强调事物的生成坏灭，与气的质、量有关，如存在条件不同：隐雪、藏冰、单帛、凡卉、寒虫、南林之类，因其消耗不多，则不易朽灭；使用条件差异，如龙泉、斤斧、辕豚、良马等，因消耗量大则生相反的结果。又如外在作用：改变质量，泥壤之为陶瓦，柞楢之为木炭，其生存情况也因之变化⑤。这种观察，就是强调气与人体生命间的至要关系，所以提出行气之说："善行气者，内以养身，外以却恶。"

基于对气的认识，他也说明生命的终止与气的关系，《至理篇》说："身劳则神散，气竭则命终，根竭枝繁则青青去木矣，气疲欲胜则精灵离身矣。"又指出人如"气损"、"血减"，则"灵根亦凋于中矣"，这些正、反两方面的论证，都说明"气"是构成人体和人体赖以生存的基础。

葛洪承继先秦、两汉道家论气的学说，构成自己的人体医学思想，不仅是一套理论，而且实际去运用，这就是《肘后医方》，其开卷就有"嚏则气通"、"气通则治"、"气运则活"的结语，而临床经验中的医方，是"已试而后录之"，他累积了丰富的经验，补气益血，有益人身，更加强了其有关气化思想的可信性。

在中古时期的历史条件下，葛洪对气的认识，形成自己的人体医学思想，在当时是进步而具有高度成就的。基于医学的知识，从而导出炼气可以成仙的说法，也是魏晋医学所提供的信念，"役用万物"，积极开发生命未知的领域。可见葛洪神仙说的基本观念中，气一元说是他的宇宙构成说，也是人体生命观，这种勇于建构的生命体系，较诸其他论养生者是较科学的、实践的，因为他本就不尚空谈，不喜辩论，但又能运用一己之所长，精辩玄赜，雄辩地提出自己的论证，且实际付诸行气、宝气等方法，自有其不可磨灭的价值。

（3）形神思想

葛洪的神仙养生之学，其另一基本观念则为形神问题。杨王孙、桓谭、王充以下，一系相承，至于葛洪，乃为一大变，不唯剿袭前说，且又转出新意。神灭之说一变而为成仙之论，其关键全在变化思想，故首要说明他的形神说：

> 夫有因无而生焉，形须神而立焉。有者，无之宫也；形者，神之宅也。故譬之于堤，堤坏则水不留矣。方之于烛，烛糜则火不居矣。身劳则神散，气竭则命终，根竭枝繁则青青去木矣，气疲欲胜则精灵离身矣。(《至理篇》)

这是葛洪有关形神论最重要的一段话，具有素朴的辩证法。他说"有生于无"，并不否认有的存在，承袭的是老子唯心主义的老调；但在后半段却改变了论法，将桓谭以下的道家自然主义者常用的烛火之喻，作进一步的转用，把形体比喻成堤防和蜡烛，把精神比喻成水火，作为宫宅的形体一旦耗尽，则精神也就无所依存。

烛火之喻是中国形神论史中最重要的比喻。神灭论者大多依据这种比喻作类推，认为火的燃烧是根据烛的存在，一旦烛燃尽，火也就无法存在。因此形体一旦消灭，则精神也就无从依附，也就不可能存在。葛洪虽用烛火为喻，但并非神灭论者，而只形神并论，与主观唯心论者有区别。他肯定形体的保存有其重要性，只有形体存在，精神才能存在，因此如何保持形体成为最重要的考虑，金丹、仙药的服食，基本上就是为了保持形躯的不朽。

魏晋养生的论辩中，"形神"问题是一核心问题，曹丕《辩道论》就论及烛火之喻，对于神的存在持理性的态度，加以怀疑，而嵇康撰《养生论》也注意到形神的相互依存关系：

是以君子知形恃神以立，神须形以存，悟生理之易失，知一过之害生。故修性以保神，安心以全身，爱憎不栖于情，忧喜不留于意，泊然无感，而体气和平。又呼吸吐纳，服食养身，使形神相亲，表里俱济也。

嵇康为方士化名士，对于神仙说持肯定的立场，因而相信经由当时较为进步的观念，如医药、服食，认为可保养形躯的存在⑥。葛洪承袭嵇康之说，又加以深化，他惧于形躯的速朽，认为"深入九泉之下，长夜罔极，始为蝼蚁之粮，终与尘壤合体，令人怛然心热，不觉咄嗟。若心有求生之志，何可不弃置不急之事，以修玄妙之业哉！"（《勤求篇》）故其形神观实近于中国固有的思想，而远于印度外来的文化，成为一种兼养形神之说：

所为术者，内修形神，使延年愈疾，外攘邪恶，使祸害不干。（《微旨篇》）

苟能令正气不衰，形神相卫，莫能伤也。（《极言篇》）

形神并重为葛洪的养生思想，为神仙道教派在形神论史中的奠基者。后来佛道论争时，基本上道教中人都持这一论调，以对抗佛教的炼心说。葛洪兼论形神，为一种修正派的说法。

二、变化思想的形成及其意义

变化思想为葛洪仙学体系的中心，凡神仙变化、丹道变化等胥以此说为其基本观念。变化论的思考原则，为自古以来思维准则之一，其间涵摄哲学、科学与神话诸因素。原始时代，思想的精细分类尚未萌芽，至于中古之世，这一现象依然存在。故葛洪的变化观念其实也混合拟科学（Pseudo-sicence）、神话诸系统，而以拟科学的思维方式为其主体。因此，要了解葛洪的变化思想需要分别探讨其哲学、神话与拟科学等来源及其演变。

（1）变化的字源及其演变

"变化"一词，乃由变、化二字依组词习惯组织而成，用以指称宇宙间各事各物的变化现象。先秦诸子运用变化表达其观念时，或单用变、化，或合用变化二字，即使同一典籍也常二者兼用，而所使用的语意，多以周初始逐渐发展形成的观念，取代其原始观念，这是先秦哲学逐渐发展成熟的必然现象。今即依字源学的资料论其原始语意，其次再述其演变情形。

"變"，《说文解字》云："更也，从攴䜌声。更，改也。"段注云："更训改，亦训继，不改为继，改之亦为继，故《小雅》毛传曰：庚，续也。用部，庸下曰：庚，更事也，从攴丙声。"所以"䜌"字，《说文》解为："䜌，乱也，一曰治也，一曰不绝也，从言丝。"段云："治丝易棼，丝亦不绝，故从丝会意。"可知依据字源学，变本具赓续不绝之意，依训诂反训之例，更改为继，不改亦为继，皆涵继续的语意。此类字书所解释的造字初义，实代表人类的基型理念（archetype）。丝字，《说文》解为蚕所吐也，从二丝；而丝之细者，所谓"细丝"为糸，像束丝之形。段玉裁注："糸之言蔑也，蔑之言无也。"如解作束丝，则为独体象形而已；段注以"无"解字，则与另一"幺"字形意近似。幺意为小，象子初生之形，依老子之意，道，其名曰小，近于"无"。因此"变"字，《周易·系辞》即视为由对立运化的阴阳作用，变化成万物，即由无生有的过程。变与蚕吐丝有关；"蚕化为蛾"的生物变化，也属上古变化思想的重要依据。可证"變"造字之时，其取象即与形体变化，继续不绝，或由小而大，生生不息有密切关系。

"化"，《说文解字》说："化，教行也，从匕人。"七变也。段注："凡变者更也。匕当作匕。（《周礼》）《大宗伯》以礼乐合天地之化，百物之产。注曰：能生非类曰化，按虞荀注《易》，分别天变地化，阳变阴化，析言之也。许以匕释变者浑言之也。"则变化之化，本作匕；化为人文思想的观念，所谓教化、文化之属。匕之本意为"从倒人，人而倒，变匕之意"。凡此俱为古人观察所得的经验。造字之时，依据人本思想，由人及物：先言人类，由生而老，由老而死，是谓之匕。可知匕的初义，即指变化现象，推人以至万物，凡其形体现象的改变皆得谓之化。殷商甲骨有"化"字，为方国之名，至于匕字，从"倒人"的变体形象，今存甲骨文字未见保存[7]。

由上所述，可知变与化的语源实有区别，依先秦哲学认识论，如《荀子·正名》即注意及这一事实：

物有同状而异所者（杨注：谓若两马同状各在一处之类），有异状而同所者（杨注：谓若老幼异状同是一身蚕蛾之类亦是也），可别也。状同而为异所者虽可合，谓之二实。状变而实无别而为异者，谓之化。有化而无别，谓之一实。此事之所以稽实定数也，此制名之枢要也。

先秦的认识论既正其名义，足证"化"字语意当时已需要加以严格地界定，所谓"状变而实无别而为异者，谓之化"。王先谦即以为物老形状之变化，而其本体则为一，即为"化"，故许慎解释七匕本意，也就其字源，训解为幼匕为老，而形体则一，荀子谓为"有异状而同所者"，诸家说明，皆以自然现象为例：人类的"幼化为老"，昆虫的"蚕化为蛾"，俱属素朴的生物变态学，生命现象的转变形状，此种素朴的生物发生学，为一种转化（transformation）。依据《周礼·大宗伯》注：如为同一种类相互生产曰产，即自然世界以种子为生殖的自然生产现象，所谓"生其种曰产"是也；如非其种类，而变化以生，则曰化，前者为生产（《说文》：产：生也，从生彦，省声），后者为变化。古人区别植物的种子绵续为生产现象，动物的形体连续则为变化现象，区分语意，可谓明确。

变化的初义即为化其旧形以继续其生命，可视为个体生命继续存在的一种方式，扩而大之，则可解释为种族群体，乃至宇宙万物生生不息的大生命。先秦学派以道家最喜探究天道，故多能阐发宇宙变化诸原理，而儒家寡言性与天道，唯《易经》中《系辞传》、《序卦传》则颇能据变化原理，发展儒家易之变的哲学。

老子说超越性的道，也说道的遍在性，道的生命表现为循环变化的"复"，而对立运化的现象界，实亦根源于变动不居的"变"。至于《庄子》尤为一套变化的哲学，自悬解的个体生命，至薪传的宇宙大命，无非一变化原则。循环变化的圆道，为其宇宙构成论的基型，亦为其独特的生命观之所依据。《庄子》解说宇宙之间，万物变化，为早期哲学中极富抽象思维与科学观察精神者。《管子》亦近于道家性格，多言变、化，并以气解说宇宙现象⑧。《淮南子》亦言变、化。后二家的变化观念，既已具有人文色彩的教化意义，而犹保存宇宙生命——"变化则为生"及气化思想。墨家言化，则颇能保持其原始意义，《墨子·经上》："化，征易也。"《经说》："化，如龟之为鹑。"适能解说化与变易的《易经》哲学之关系，而变化其形，并为生物变化说⑨。至于儒家，孔子以下着重伦理教化的"化"，言变也属寻常的改变、变革等引申义，《孟子》一书如此⑩，既《荀子》能正"化"字本义，其余使用变、化诸字远倍于《孟子》，所重则为教化，部分涉及阴阳变化的宇宙生成说⑪。儒家形上思想实赖《易经》"十翼"的阐发，变化生生的生命哲学完整保留于《系辞传》及《序卦传》中。儒家易能自外于筮术易，即因《易传》的哲学含义，其阐述变易一义，解说宇宙生生不息的生命，为儒家生命哲学。然不见于《论语》、《孟子》、《荀子》，而见诸《易传》，应是道家变化思想流行之后，儒家后学阐述先贤的新说⑫。至于《礼记·月令》等所述生物变化说，应属记录当时传闻，或后儒转辑《吕氏春秋》十二月纪而成者⑬。

大抵《墨经》"征验其变易"，重在研究生物演化的一种方法，而道家物化，除生物变化，多提升为与物浑化，象征一种超越而又和谐的境界⑭。李约瑟论道家与道教的"变化与对待"，即依据科学思想诠释变、化二字所代表的观念，故解说：变者，逐渐变化，变形或化生；化者，骤然变化，内在的改变或变质，如迅速的化学变化。前者如天气的变化、昆虫化生，为形的改变；后者如融化之属，或内在的腐化，为质的变化⑮。虽属今人之说，也多不违背变、化的字源，而自出新解。

（2）拟科学的生物变化说

葛洪的变化观念源于古代"昆虫变态说"（insect metamorphosis），此一素朴的生物变化现象，为原始社会共通的观物律则之一。原始道家的学术渊源及其科学精神，最能体会大自然的奥秘，葛洪颇能承袭此一传统，复加以阐扬光大。《抱朴子》述及昆虫变化说："若谓受气皆有一定，则雉之为蜃，雀之为蛤，壤虫假翼，川蛙翻飞，水蛎为蛉，荇苓为蛆，田鼠为駕，腐草为萤，鼍之为虎，蛇之为龙，皆不然乎？"《论仙篇》此段可谓为生物变化传说及其理论的集大成，为博征载籍以定论的具体表现。

依据人类学家研究，原始社会尝有泛灵信仰与泛生信仰等阶段，前者以为宇宙万有皆有一拟人格的精灵存在；后者则以为宇宙自然遍布一非形质的超自然生命力⑯。原始道家观察宇宙万物，其宇宙观及生物变态说，皆颇有一深厚的原始信仰为其基础。老、庄等均能在仰观俯察之际，绎其原理，解释自然、人事诸变化不居的现象。老子悟及正反无常的变化，而归之于遍在之道。庄子则以气解释天地循环诸变化：

生也死之徒，死也生之始，孰知其纪。人之生，气之聚也；聚则为生，散则为死，若死生为徒，吾又何患……是其所美者为神奇，其所恶者为臭腐，臭腐复化为神奇，神奇复化为臭腐，故曰通天下一气耳，圣人故贵一。（《知北游》）

天下一气，生死为气之聚散。以此观点论生与死，故云："生也死之徒，死也生之始。"乃一气的作用，而非截然分割的不同事物。《知北游》尝假老聃之口告诉孔子这种道理："精神生于道，形本生于精，而万物以形相生。"现象界具有形色，相生之后万象殊类[17]。然万物所同者为先天所受之机，《至乐篇》言种有几，而在不同环境之下表现不同的生态，为早期素朴的生物观察。庄子的气化思想、循环变化等观念，非全袭自老聃，而渊源于"古之所谓道术者"。[18]这类道术之士应与巫者、方士之流有关，乃能"坚决否定生物种类之固定性"[19]而具有变化观念。后来魏晋人编纂的《列子》，也承袭气化的观念，《天瑞》言："天积气耳，亡处亡气。"积气成天，积气成地，万物为一气的变化，类此生气遍在之说，实能保存古来道术者的原始观念，穷其渊源与庄子为同一系统；至其言类之说，亦云："天地万物与我并生，类也。"（《说符》）道家的道之遍在说与气之成物说，均为葛洪思想的主要渊源。李约瑟论道家与道教的关系，即以为庄子的变化论，乃通过无机演化的思想桥梁，始变为积极的以人为方法加速变化的丹道思想。

葛洪长生久视的理论，首在反驳物类固定说，确认变化的现象为真实，尝说："雉化为蜃，雀化为蛤，与自然者正同。"（《论仙篇》）这种自然生物的变化思想，即承巫者、方士系统而下。如赵简子者颇具巫者色彩，据云：

> 赵简子叹曰：雀入于海为蛤，雉入于淮为蜃，鼋鼍鱼鳖，莫不能化，唯人不能，哀夫！窦犨侍，曰：臣闻之，君子哀无人，不哀无贿；哀无德，不哀无宠；哀名之不令，不哀年之不登。（《国语·晋语九》）

赵简子近于道家神仙[20]，窦犨则近于儒家的理性态度。昆虫变化，增延年寿，也见于儒家经典的律历记载：

> 鹰则为鸠，田鼠化为鴽，雀入于海为蛤，雉入于淮为蜃。"（《大戴礼记·夏小正》）

> 仲春之月……始雨水，桃始华，仓庚鸣，鹰化为鸠。
> 季夏之月……温风始至，蟋蟀居壁，鹰乃学习，腐草化为萤。
> 季秋之月……鸿雁来宾，爵入大水为蛤。
> 孟冬之月……水始冰，地始冻，雉入大水为蜃……"（《礼记·月令》）

民间习见生物的变化，遂有这种不确的生物知识[21]。汉代诸子也有信为真实的，尤其论形神诸家皆不能不触及其事。《淮南子》尝云："守精神以游于太清之本，以不死，而能自变化其形体。"（《精神训》）近于神仙不死的信念；《地形训》论昆虫、矿物的生殖变化，即为演化说系统：

> 八主风，风主虫，虫故八月而化；鸟鱼皆生于阴，阴属于阳，故鸟鱼皆卵生；鱼游于水，鸟飞于云，故立冬燕雀入海化为蛤，万物之生而各异类。

这是方士依据传说拟配月令节候[22]，王充就颇取其说，以成其神仙虚妄之论，也相信物类变化的自然现象，《论衡》中一再提及其说：

> 《礼》曰："水潦降，不献鱼鳖。"何则？雨水暴下，虫蛇变化，化为鱼鳖，离本真暂变之虫，臣子谨慎，故不敢献……岁月推移，气变物类，虾蟆为鹑，雀为蜃蛤，人愿身之变，冀若鹑与蜃蛤鱼鳖之类也。
>
> 蚕食桑老，绩而为茧，茧又化而为蛾，蛾有两翼，变去蚕形。蛴蟮化为复育，复育转而为蝉，蝉生两翼，不类蛴蟮。凡诸命蠕蜚之类，多变其形，易其体。至人独不变者，禀得正也。生为婴儿，老为父翁，从生至死，未尝变更者，天性然也。天性不变者，不可令复变，变者，不可不变。若夫变者之寿，不若不变者，人欲变其形，辄增益其年可也。如徒变其形而年不增，则蝉之类也，何谓人愿。（《无形篇》）

《论衡》中《无形》、《道虚》诸篇旨，皆承认物能变化，人若变形而反不能增寿，无益也，故不信变化成仙之事[23]。曹植

《辩道论》也近于这种用意:"夫雉入海为蛤,燕入海为蜃,当其徘徊其翼,差池其羽,犹自识也。忽然自投,神化体变,乃更与鼋鼍为群,岂复自识翔林薄巢垣屋之娱乎?" [24] 也直就其源否定成仙之事。

综上所述,生物变化说,实属古人解释自然现象的原理。道家自然主义论者承袭其说,自杨王孙以下 [25],桓谭等人咸主形灭神灭,其援取"雉化蛤,燕化蜃"传说,证明形变神变,故形灭神灭,为形神论的中心论题,先秦道家的循环变化说至此一变。庄子的物化思想为深具哲学理趣的变化说之来源,与此异趣者为《至乐篇》拟科学式的生物变化,近于方士的博物系统。《孔子家语》:"冬则燕雀入海化为蛤。"此类基于错误的生物观察所形成的博物之学,当为起源于上古前科学时代,流传千年,葛洪即为其阐扬者,明代李时珍《本草纲目》依然据此见解,解说生物的互变互化,均可谓为经验科学的系统,而非近世纪精密分析的现代科学。葛洪在中古世纪能赋予一套理论,配合其观察自然的知识,形成其形变而神不变的神仙说,形神论至魏晋,遂又一变。

(3) 神话、传说的变化说

葛洪的变化思想又源诸变化神话及传说,《抱朴子》记载极多"变化万品,奇怪无力"的神话传说,这些奇怪之说如《论仙篇》说:"若谓人禀正性,不同凡物,皇天赋命,无有彼此,则牛哀成虎,楚妪为鼋,枝离为柳,秦女为石,死而更生,男女易形,老彭之寿,殇子之夭,其何故哉!苟有不同,则其异有何限乎?"属于征诸传闻之法,证神仙可学可至。葛洪广搜历来的神话传说,又适逢六朝志怪流传最盛之时,神话、传说的特质之一,将某一事物视为真实⑳。上古以至中古时期，变化神话与传说，均具有确信物类互变互化的真实性（substantially true），并以之解说天地间万物变化的现象。

变化神话，《山海经》所载的较近于原型，可代表原始社会所观照的自然现象，借以解释宇宙万物的生成变化。葛洪熟读《山海经》之类著作，此为道士、方士博物之学所自出。《抱朴子·释滞篇》颇自豪能穷究万物变化的知识，凡有以下之类：

> 复问俗人曰：夫乘云玺产之国，肝心不朽之民，巢居穴处，独目三首，马闲（一本作鸟爪）狗躯，修臂交股，黄池无男，穿胸旁口，廪君起石而沉（沉当作泛）土船，沙壹（藏本作丘非）触木而生群龙，女娲地出，壮（当作杜）宇天堕，鼍飞犬言，山徙社移，三军之众，一朝尽化，君子为鹤，小人成沙，女仞（一作丑）倚枯，贰负抱桎，寄居之虫，委甲步肉，二首之蛇，弦之为弓，不灰之木，不热之火，昌蜀之禽，无目之兽，无身之头，无首之体，精卫填海，元（元当作交）让递生；火浣之布，切玉之刀，炎昧吐烈，磨泥洒水，枯灌化形，山夔前跟，石修九首，毕方人面……凡此奇事，盖以千计，五经所不载，周、孔所不说，可皆复云无是物乎？

《山海经》神话系统有变化神话。神话人物多形象奇特：人面鱼身、人面鸟身、人面麟身、人面蛇身等奇事，皆可变化：女娲蛇身，一日七十变；精卫化鸟，以填东海；乃至于君子化鹤，枯灌化形，均属原始变化神话的类型。边区民族的传说也常将无生命物视作有生命，物体因能变形（metamorphosis），风云变幻，昼夜递换以及动植物变形；蛾之化蝶，卵孵成鸟或昆虫变形如枝柯，蝴蝶化为木叶，皆信其自体变化[27]。中国古书所载甚多这类现象。事物变化其形状以继续生存，为变化神话，西哲卡西勒创为变形神话之说，解释原始民族的生命观，为一综合观点，而非分解观点。生命为一不断而连续的整体，不同生命领域，并无固定、不变的形状，"由一种突然的变形，一切事物可能转化为一切事物。"其所拈举的"变形规律"（Law of metamorphosis），确能掌握神话的精神[28]。前述先秦的变化思想，"化"乃指异状而同所，任一事物无固定形状的囿限；"变"则指不断而连续的生命，"变形规律"实为原始民族的观物方式[29]。

《抱朴子》所据证的四例："牛哀成虎，楚妪为鼋，枝离为柳，秦女为石"，乃秦汉前后习知的传说，《淮南子》尝论及其事：

> 昔公牛哀转病也，七日化为虎（高注：转病，易病也。江淮之间公牛氏有易，病化为虎，若中国有狂疾者，发作有时也，其为虎者，便还食人，食人者因作真虎，不食人者更复化为人），其兄掩户而入觇之，则虎搏而杀。是故文章成兽，爪牙移易，志与心变，神与形化（高注：志心皆变神形为化）。方其为虎也，不知其尝为人也；方其为人也，不知其且为虎也。二者代谢舛驰，各乐其成形，狡猾钝惛，是非无端，孰知其所萌。

《淮南子·俶真训》适为解说万物的原始及其生成变化的原理，当为方士者流通晓之事。《论衡》论形神一再提及此事：

鲁公牛哀寝疾，七日变而成虎；鲧殛羽山，化为黄能。愿身变者，冀牛哀之为虎，鲧之为能乎？则夫虎、能之寿，不能过人，天地之性，人最为贵。变人之形，更为禽兽，非所冀也。"（《无形篇》）

夫死人不能假生人之形以见，犹生人不能假死人之魂以亡矣。六畜变化，象人之形者，其形尚存，精气尚在也。如死，其形腐朽，虽虎儿勇悍，不能复化。鲁公牛哀病化为虎，亦以未死也。世有以生形转为生类者矣，未有以死身化为生象者也。（《论死篇》）

王充反对成仙之事，但亦相信生物相转化之说。至于曹植《辩道论》也提及："牛哀病而为虎，逢其兄而噬之，何贵于变化耶？"此一流传久远的传说，王充取与鲧化为熊对照。一为神话，一属传说，时间久暂有别，然信其形体变化则一。

楚妪为鼋则为汉世传说，已近于志怪之类。德·格鲁特（De Groot）论中国物魅变化即广泛征引物化的理论与例证：有关"变成爬虫"即引此说：

汉灵帝时，江夏黄氏之母浴盘水中，久而不起，变为鼋矣。婢惊走告。比家人来，鼋转入深渊。其后时时出见。初，浴，簪一银钗，犹在其首。于是黄氏累世不敢食鼋肉。（《搜神记》卷十四）

干宝撰述《搜神记》的时代与葛洪相近，二人兴趣旨在探索变化传说的理论，并广搜民间传说。汉末江夏黄母"变"为鼋的传说，流传在魏晋之间，同一"母题"出现在不同时代不同地域，《搜神记》同一卷中，及载魏黄初（220-226）清河宋士忠母化鳖，"时人谓士宗应行丧治服，士宗以母形虽变，而生理尚存，竟不治丧。此与江夏黄母相似。"又吴孙皓宝鼎元年（266）六月丹阳宣骞母，年八十"亦因洗浴，化为鼋，其状如黄氏"。类此传说当属同一母题的转化，其变化条件皆因老而变而化为异物。干宝《搜神记》所搜集的变化传说，为葛洪同一时期的流行传闻，至于《搜神记》所整理的理论即为变化论，为当时民间的变化传说建立理论基础。

秦女为石的传说，以石头的坚贞作为神话象征，显然为古代石头信仰的流传⑩。葛洪之前，托名曹丕所撰的《列异传》⑪，葛洪之后，题名陶潜所撰的《搜神后记》均有类似的记载：

> 武昌新县北上有望夫石，状若人立者。传云：昔有贞妇，其夫从役，远赴国难，妇携幼子饯送此山，立望而形化为石。"（《列异传》）

> 中宿县有贞女峡，峡西岸水际，有石，如人形，状似女子，是曰贞女。父老相传，秦世有女数人，取螺于此，遇风而昼昏，而一女化为此石。（《搜神后记》）

中宿县，王韶之《始兴记》作桂阳，始兴为三国时吴所置郡县，在今广东省南雄市西南⑫。葛洪曾留居广州，当熟知此一传说，此外《华阳国志》卷三及《蜀纪》有王妇山传说，也是五女

128

化石。而枝离为柳则为《庄子·至乐篇》的支离叔寓言，为变化自在之说。

博征载籍，广参传闻即为葛洪的诘辩法则，而有关变化的神话传说，中世之人多信为真实事情。因此，死而复生、变化形体为论仙的基本信念，此即以一理驳众说，据例外驳一般之法，据此可证成神仙可学可至一命题。

三、魏晋时期的变化思想

葛洪的变化思想既能熔铸神话信仰、生物科学与哲学理念，成为仙道学说的理论基础，可谓为杰出的仙道理论的奠基者。这是魏晋时期方士化文士的共通观念，也是提供葛洪构成其变化说的时代风尚。葛洪稍前有郭璞（276-324），同时则有干宝等，均能绍承两汉的气化哲学与变化学说，予以综合条贯，成为中古时期变化思想的中坚。

郭璞学养，夙称渊博，不仅精熟异典，且通晓方术，所注《山海经》、《穆天子传》等，实即道教方士流传的秘籍。所注《山海经》变化神话，多以玄学观点作玄理的说明，如夸父逐日的神话，《山海经》中《海外北经》、《大荒北经》均有记载，当属解说幽冥神话中不死的观念，昼夜循环变化被形象化，即为夸父的死后变化[33]，所谓"弃其杖化为邓林"。郭注：

夸父者，盖神人之名也，其能及日景而倾河渭，岂以走饮哉！寄用于走饮耳，几乎不疾而速，不行而至者矣。此以一体为万殊，存亡代谢，寄邓林而遁形，恶得寻其灵化哉！（《海外北经》注）

死无定名，触事而寄，明其变化无方，不可揆测。（《大荒北经》注）

虽以玄学观念解说变化神话，但大抵能触及变化循环的神话意义。关于生物变化的现象，郭璞在《尔雅图赞》中承袭旧说：

万物变蜕，其理无方，雀雉之化，含珠怀珰。与月盈亏，协气晦望。（蚌部）

此阐说万物性理，变化无方。雀雉互为变化，蚌珠与月盈亏，凡此均为古人素朴的生物变态传说。郭璞相信物性变化说，而疑人类唯独不能，《游仙诗》云：

六龙安可顿，运流有代谢。时变感人思，已秋复愿夏。
淮海变微禽，吾生独不化。虽欲腾丹溪，云螭非我驾。
愧无鲁阳德，回日向三舍。临川哀年迈，抚心独悲咤。

可见郭璞的变化思想与神仙永生有密切的关系。

干宝《搜神记》原本篇目依神化、感应、变化、妖怪之序，《神化篇》专辑神仙变化的传说，约当今本卷一至卷四部分，《感应篇》则记神人感通之事，约当今本卷四、卷五，《晋书》本传称"神祇灵异"部分，以神仙变化置诸篇帙之首，可见当时流传的神仙传说最为广泛，干宝也能"发神通之不诬"（自序）。至于撰集"人物变化"部分，即为变化、妖怪两部分，除"群言百家不可胜览"的书承传统，又有"耳目所受不可胜载"的口承传统，加以记录，更有"演八略之旨成其微说"（自序）；今本卷六首弁以论妖怪之语，《法苑珠林》卷四十二、《妖怪篇》第二十四即引"干宝记曰"实为所本。又引"吾闻物老"条，则见于今本卷十九。大抵卷六、卷七及卷八等，多为论妖怪之事。今本卷十二篇首即一段议论：梁宗懔《荆楚岁时记》云："干宝《变化论》曰：朽稻化虫，朽麦为蛱蝶。"㉞《搜神记》作"稻之为蜇也，麦之为蝴蝶也。"文字不同，《岁时记》隐括变文而言之也。因《法苑珠林》卷四十三《变化篇》第二十五引干宝记曰，首尾完备。干宝原书传至宋代，已佚。今本据考为明胡元瑞辑录者，而次序则大体可循。证以梁人所引，干宝的原本分类编纂，各弁以论，妖怪论、变化论，可作当时流行观念的总结，亦为阐明搜罗所及志怪奇谈的重要理论㉟。

《妖怪论》、《变化论》二篇，其基本观念即气化说，认为气变不常，万物反常，因而有妖怪不祥。其变化论即以气为说，唯重在叙述变化的现象。干宝博采生物观察、民间传说，而以阴阳五行说作解释：凡阳气、清气为正；阴气、浊气为变。正常生殖，和气所交，中夏之区乃多得正气；若反常现象，则多因气分、地域，故本性违异，形状殊别，此为变化说的基本观念。干宝《搜神记》即论述其说，并例证说明何者为正常变化，何者为反常现象：

天有五气，万物化成。木清则仁，火清则礼，金清则义，水清则智，土清则思，五气尽纯，圣德备也。木浊则弱，火浊则淫，金浊则暴，水浊则贪，土浊则顽，五气尽浊，民之下也。中土多圣人，和气所交也；绝域多怪物，异气所产也。苟禀此气，必有此形，苟有此形，必生此性。故食谷者智慧而文，食草者多力而愚，食桑者有丝而蛾，食肉者勇敢而悍，食土者无心而不息，食气者神明而长寿，不食者不死而神。大腰无雄，细腰无雌；无雄外接，无雌外育。三化之虫，先孕后交；兼爱之兽，自为牝牡。寄生因夫高木，女萝托乎茯苓，木株于土，萍植于水。鸟排虚而飞，兽跖实而走，虫土闭而蛰，鱼渊潜而处。本乎天者亲上，本乎地者亲下，本乎时者亲旁，各从其类也。千岁之雉，入海为蜃；百年之雀，入海为蛤；千岁龟鼋，能与人语；千岁之狐，起为美女；千岁之蛇，断而复续；百年之鼠，而能相卜，数之至也。春分之日，鹰变为鸠；秋分之日，鸠变为鹰，时之化也。故腐草之为萤也，朽苇之为蛬（qióng）也，稻之为蛩也，麦之为蝴蝶也；羽翼生焉，眼目成焉，心智在焉，此自无知化为有知，而气易也。鹤之为獐也，蛇之为鳖也，蛬之为虾也，不失其血气，而形性变也。若此之类，不可胜论。（卷十二）

干宝所引述的，多出于《山海经》、《吕氏春秋》、《淮南子》等，并与当时的笔记如《玄中记》、《博物志》等有相类之处。葛洪《抱朴子》所援引的事例也相近，都是据以说明数至而变，应时而化，为正常的现象。所谓气易、形变，万物由此生殖。干宝承袭古人素朴的生物变态说，不视为怪异，而是自然变化："朽草之为萤，由乎腐也；麦之为蝴蝶，由乎湿也。尔则万物之变，皆有由也。"至于不正常的变化现象，干宝亦言之：

应变而动，是为顺常，苟错其方，则为妖眚。故下体生于上，上体生于下，气之反者也；人生兽，兽生人，气之乱者也；男化为女，女化为男，气之贸者也。鲁牛哀得疾，七日化而为虎，形体变易，爪牙施张，其兄启户而入，搏而食之。方其为人，不知其将为虎也，方其为虎，不知其常为人也。故晋太康中，陈留阮士瑀，伤于虺，不忍其痛，数嗅其疮，已而双虺成于鼻中。元康中，历阳纪元载客食道龟，已而成瘕，医以药攻之，下龟子数升，大如小钱，头足壳备，文甲皆具，惟中药已死。夫妻非化育之气，鼻非胎孕之所，享道非下物之具。从此观之，万物之生死也，与其变化也，非通神之思，虽求诸己，恶识所自来。（卷十二）

王充即有此说："天地不变，日月不易，星辰不没，正也；人受正气，故体不变。时或男化为女，女化为男，由高岸为谷，深谷为陵也。应政为变，为政变，非常牲也。"（《无形篇》）凡反常的变化，实由于气变而形变。因此葛洪所举的牛哀化虎、楚妪变鼋等，均为不正常的变化，是魏晋时流行的见解。

葛洪对于同时代的文士，郭璞与干宝都是兴趣较为接近的，而且对于神仙方术之学均有深刻的研究。这些方士化文士无论是注解奇书、传述奇事，均抱持一共通的信念，就是宇宙之间存在许多不可解的现象，一般士人常以荒诞视之，而他们则视为真实。

"变化"正是宇宙万象中变动不居的奇特经验，葛洪基于载籍与亲自观察所得，同时与当时文士有讨论、商议的机会，因而深信变化为事物的本然。这是同一时代流行的观念，葛洪不仅接受其说，且进一步阐述其理，作为神仙家的神仙理论，变化说能否成立，能否经得起科学的证验，是另一回事；但他所建立的神仙变化说，却为以后的道教中人提供一较完整的理论基础，这在道教史上是极具启发性的事。

【附注】

① 葛洪从祖葛玄有《老子节解》等，亦论玄义；重玄之说，今传孙登《老子注》，为重玄派之祖。

② 今本《太平经》虽于梁、陈之际再编修，其加入后世观念自难避免，然其基本观念实尚保留，如此处言气即依照汉世旧说也。（参王明校本《太平经》）

③ 李约瑟，《中国之科学与文明》第九册，葛洪及克里关于"罡风"及"旋浮"举证确凿，说明葛洪气之观念非纯为虚谈。（451-452页）

④ 《韩诗外传》尝云："然身何贵也，莫贵于气，人得气则生，失气则死。"汉世观念为葛洪所自出。

⑤ 《论衡·无形篇》所设问难，既以陶、冶为例，论"冶者变更成器"乃经由火等外在条件而改变之。葛洪当自此启发，而立论目的不同。王充证其不能成仙，葛洪则证其可成。

⑥ 参见拙撰《嵇康养生思想之研究》，刊于《静宜学报》

第二期（1979）。

⑦　参见李孝定《甲骨文字集释》第八、九、十册（中研院史语所专刊之五十）。

⑧　《管子》言"变"有八十九条，言"化"有七十二条，其中与生命变化有关者，"变"约十一条，"化"约九条，如《内业篇》一气能变曰精，一物能化谓之神，此外如天之变气，水之变气，地之变气，不易气化等，均以气化为说。

⑨　《墨子》言"变"，凡十条，言"化"者四条，"变化"一条。"变"指一般的改变、变更，五谷变化亦指万物性理。

⑩　《孟子》言"变"，凡十五条，言"化"，凡五条，金属改变及教化之意。

⑪　《荀子》言"变"五十五条，言"化"四条，只《正名篇》"变"、"化"各一条为本义，其余均为教化、化育等意，唯变、化二字连用，多与宇宙生成说有关："阴阳接而变化起"，"大道者所以变化，遂成万物也。"其用法极为严谨。

⑫　参见罗光《中国哲学中生命的意义》，刊于《静宜学报》第二期（1979）。

⑬　参见王师梦鸥《礼记校证》（《艺文》，1978）。

⑭　韦政通《中国哲学辞典》第 402 页"物化"条，以为《墨经》化说与《庄子》不同，其实《庄子》言与物浑化的物化，亦言生物演化。

⑮　参见李约瑟前引书，第二册《道家与道教》。

⑯　参见林惠祥《文化人类学》第五篇"原始宗教"（商务，1976），李亦园《宗教人类学》。

⑰　据江南古藏本及郭注，《达生篇》："凡有貌象声色者皆物也，物与物何以相远？夫奚足以至乎先？是形色而已。"形色指形状声色的物类。

⑱　《至乐篇》此段文字的批注，胡适《中国哲学史》上编曾利用现代生物知识加以批注，李约瑟亦袭用之，近庄万寿《庄列子种有几章句的新解》又加以解说，刊于《大陆杂志》(1979)。

⑲　《庄子·天下篇》先称述关尹、老聃为古之博大其人，能体认宇宙人生的根本原则，并强调其濡弱谦下的处世态度，为道的哲学；其下述宇宙本源、万物变化与生死归趋——"古之道术有在于是者，庄周闻其风而悦之。"李杜解说"庄子的天与道或天道"以圣人为最完全的人，置于真人、至人之上，其实庄子的理想人格应为天人、神人、至人，其下乃为圣人。《中西哲学思想中的天道与上帝》(联经，1978)

⑳　赵简子神游帝所，御手洗胜氏以为极类巫者的宗教经验(《昆仑传承和永劫回归》)。另，德·格鲁特亦引此神游说明灵魂与梦之关系)。

㉑　《夏小正传》："蜃者，蒲卢也。金氏曰：蜃，大蛤也。黄氏曰：古人凡圆而长者谓之蒲卢，亦谓之螺蠃，故谓大蛤为蒲卢。"此解释其形，杜ından未氏引此段，而以月亮神话解说其变化现象(《昆仑文化与不死观念》一编一章之三，仆累蒲卢解释)，并引证《淮南子·说山训》"月盛衰于上，则蠃蛖应于下，同气相动"。云："蜃蛤和月亮有关系"，此同气相动说，为古代信仰之一。此处但就生物发生学论其变化，而不取其月亮神话说。《礼记·月令》乃辑先秦民间流传的旧说，孔颖达疏："易乾道变化，

谓先有旧形，渐渐改者谓之变；虽有旧形，忽改者谓之化，及本无旧形非类而改亦谓之化。"为后世较明晰的观念。

㉒ 《淮南子》为刘安属下方士、道家集团所编纂，取材范围虽杂，而以道家为主。参见徐复观《淮南子与刘安的时代》，收于《两汉思想史》(学生，1976)。所言"变化"者十三条，"变"有九条，"化"有四十条，皆近于《庄子》一系统。

㉓ 《论衡》使用"变化"一词，皆指形体变化，如云："善道神药可使形体变化之说。""物能变化。"又言变之意义，"气无渐而卒至曰变"，则指突然的变形，非气的渐渐改变，可代表当时流传的观念。

㉔ 曹植《辩道论》见严可均辑《全魏文》，其论点为不信神仙说，属于形灭论者，参见前引《嵇康养生思想之研究》。

㉕ 详《前汉书》卷六十七本传，所论生与死为事物的变化，为形神论的重要命题，然其求薄葬的理由，乃因惧汉代风尚厚葬华饰"欲化不得"，所谓化，可谓化为无性，亦有因化而精神得出的观念，此为汉代的变化说。

㉖ 参见唐美君《口语文学之采集》，收于《文化人类学选读》第251页，所列图表有神话、传说、故事的分类标准。

㉗ 参见自林惠祥《文化人类学》第五篇第七章"鬼魂崇拜及祖先崇拜"。

㉘ 此处略据刘述先中译《论人》第二部第七章"神话与宗教"。

㉙ 神话部分的解释，乐蘅军《中国原始变形神话试探》，收于《古典小说散论》(纯文学，1976)，曾予析论。此处观点略

异，故取材解说亦不同。

㉚ 参见王孝廉《石头的古代信仰与神话传说》，收于《中国的神话与传说》（联经，1977）。

㉛ 《列异传》一条为《御览》八八八条所引，《幽明录》二二三条亦引，据周豫才《古小说钩沉》（盘庚，1978）。

㉜ 参见王国良《搜神后记研究》（文史哲，1978）。

㉝ 夸父神话与幽冥的关系，参王孝廉前引书中"夸父的神话"。

㉞ 参见守屋美都雄《中国岁时记的研究》的校注（东京，帝国书院，1963）。

㉟ 《搜神记》考证参森野繁夫《搜神记的篇目》，刊于《广岛大学部纪要》二四－三（1965），及小南一郎《搜神记的文体》，刊于《中国文学报》二一（1966）。

第七章 《抱朴子》神仙说的论辩与建立

葛洪对于养生论的论辩，最能表现"精辩玄赜，析理入微"的无碍辩才，就是有关神仙的存在问题，这是神仙学说的大前提，嵇康的《养生论》就首揭此题，渡江之后作为三大名理之一，神仙可学而成否，成为极富于理趣的道教论题，与儒家的圣人可学而至，佛教的佛可修而成，为儒释道三教的终极之理，在当时都是名理[①]。嵇康所论的神仙可学说反映出不同论点的争论早已存在：

> 世或有谓神仙可以学得，不死可以力致者。或云上寿百二十，古今所同，过此以往，莫非妖妄者，此皆两失其情。请试粗论之。夫神仙虽不目见，然记籍所载，前史所传，较而论之，其有必矣。似特受异气，禀之自然，非积学所能致也。至于导养得理以尽性命，上获千余岁，下可数百年，可有之耳，而世皆不精，故莫能得之。

第一种论点近于神仙家之说，相信神仙不死可以经由后天而学致；第二种的反论为传统的理性主义者，从现实的经验出发，不信有神仙不死的事实。嵇康双遣其说，基本上是承认神仙是可学，但加上一"特受异气，禀之自然"的气禀说。从先天的条件立说，认为只有积学尚不可致，需要有特殊的禀赋，才能讲究"导养得理以尽性命"的后天修养。嵇康的论理一向具有超越的特质，又在论理的方法上具有校练众理的特性，所以《养生论》也首揭神仙的存在一问题，反复申述，故为当时的名理②。

葛洪在《抱朴子》中以极多的篇幅论神仙的存在，其中《论仙篇》最为详尽富赡，他以神仙道教的行家出而辩道，将嵇康的问题深化。嵇氏族人嵇含为葛洪论交的友好，同时也相信养生之事，两人曾否论及嵇康的名理，不能确知。但《抱朴子》确是有意采论辩的形式深入建立神仙学的理论，他采用先破后立的方法，先破众论，将不信神仙的说法主动提出，自设论难，然后一一解说。又以素朴的科学观察及神秘的巫术性思考原则，建立己说，这就是怀疑众说以存疑，博征载籍以定论的论辩过程。葛洪确实有析理入微的精辩能力，为魏晋时期论辩风气的典型论法，也是中国养生论史上最具规模的论难，奠立后来神仙学的理论基础。

一、怀疑众说以存疑

神仙之可学可至，葛洪既信其必然，故先破一般经验。其方法多采以一理破众说，辩论形式则多据例外驳原则，或诉诸归纳、演绎等逻辑形式。

（1）一般经验实多囿限，理宜存疑

葛洪首先从经验论的立场，对于一般人认为事实的经验能力，提出质疑：

> 惟有识真者，校练众方，得其征验，审其必有，可独知之耳，不可强也。故不见鬼神，不见仙人，不可谓世间无仙人也。（《论仙篇》）
>
> 天下之事，不可尽知，而以臆断之，不可任也。（同上）

《论仙篇》反据曹氏兄弟为证据：魏文帝《典论》不信切玉之刀、火浣之布，其后传自西域；陈思王《释疑论》不信神仙方术，而自试左慈、甘始，始相信其可辟谷忍饥。故论仙之有无，也可推知不能单据经验之无有遂遽尔加以否定：

> 世人若以思所能得则谓之有，所不能及则谓之无，则天下之事亦鲜矣。（《对俗篇》）
>
> 世人守近习隘，以仙道为虚诞，谓黄老为妄言，不亦惜哉！（《至理篇》）

至于《塞难篇》，则直斥耳目等感官经验有所囿限，美丑等价值判断也无一定的标准：

> 夫听声者莫不信我之耳焉，视形者莫不信我之目焉；而或者所闻见，言是而非。然则我之耳目，果不足信也。况乎心之所度，

无形无声，其难察尤甚于视听，而以己心之所得，必固世间至远之事，谓神仙为虚言，不亦蔽哉！（《塞难篇》）

妍媸有定矣，而憎爱异情，故两目不相为视焉。雅郑有素矣，而好恶不同，故两耳不相为听焉。真伪有质矣，而趣舍舛忤，故两心不相为谋焉。以丑为美者有矣，以浊为清者有矣，以失为得者有矣，此三者乖殊，炳然可知，如此其易也，而彼此终不可得而一焉。又况乎神仙之事，事之妙者，而欲令人皆信之，未有可得之理也。（《塞难篇》）

神仙为不易以感官经验判定之事，因而根据一般经验遽然否定，反而是一种可疑的论辩方式。

葛洪承袭嵇康的论理方法，以一理驳众说，指出一般经验的易于误谬，对于超越经验的事物，不可因自己有限的认知能力，就遽予否定。基本上这是超越哲学的运用，道家常有的知识论至魏晋时期，嵇康、葛洪均加以发挥，论证神仙的神秘体验。

（2）一般原则非为必然，事多例外

中国自古以来，论及万物变化，其一般原则均认为天地循环，周而复始，万物成长，生成坏灭，这种循环说（Circulation）为一般原则。葛洪相信这种圆道循环的理论，但是承认在另一条件下，也有例外的情况：

辕豚以优畜晚卒，良马以陟峻早毙，寒虫以适己倍寿，南林以处温长茂，接煞气则凋瘁于凝霜，值阳和则郁蔼而条秀。物类一也，而荣枯异功，岂有秋收之常限，冬藏之定例哉！而人之受

命、死生之期，未若草木之于寒天也，而延养之理，补救之方，非徒温暖之为浅益也，久视之效，何为不然？（《至理篇》）

此诸物因存在条件的不同，常有例外的情形。《论仙篇》通观宇宙物理，特别阐明万物性理，时有出乎常人经验之所未及者。葛洪为中古世纪前科学时代的大家，李约瑟即颇称其精神迥出时俗，精于观察又勇于怀疑：

夫存亡终始，诚是大体。其异同参差，或然或否，变化万品，奇怪无方，物是事非，本钧末乖，未可一也。夫言始者必有终者多矣，混而齐之，非通理矣。谓夏必长而荠麦枯焉，谓冬必凋而竹柏茂焉。谓始必终而天地无穷焉，谓生必死而龟鹤长存焉；盛阳宜暑，而夏天未必无凉日也，极阴宜寒，而严冬未必无暂温也。百川东注，而有北流之浩浩（一作活活），坤道至静，而或震动而崩弛，水性纯冷而有温谷之汤泉，火体宜炽而有萧丘之寒焰，重类应沉，而南海有浮石之山；轻物当浮，而牂柯有沉羽之流。万殊一类，不可以一概断之，正如此也久矣。（《论仙篇》）

李约瑟曾说《抱朴子》前数章，蕴有水平极高的科学精神，西洋科学史家正是激赏其实验精神。李约瑟氏引用《论仙篇》此段文字，批注其中含科学成分诸"奇事"[③]，则中古时期难解之事，实多合乎科学事实，但也批评葛洪所作的论断，荒诞、真实兼而有之，此为初期科学的萌芽阶段难免之事。在这里葛洪以方术之中常见的拟科学的观察，证明宇宙之间存在许多特殊的情况，神仙之事也可作为非一般情况而论。他深刻了解自然界的多样性，人间经验之外，宇宙间有未知的世界，因为自然界有变化的种种相，因而有探求科学知识之心。

（3）正统经史未能备载，宜广参证

汉世经生，崇信五经，方技术数，多在方士，至于汉末，经学既衰，渐有士大夫参酌杂书。葛洪虽遍读经史，而尤勤力于稗史杂传，其中所载的神仙方术，儒生未之敢信，葛洪则崇信之。古代原始科学散在方术杂籍，葛洪之敢于旁涉秘籍，转多科学精神者，职是之故。《释滞篇》凡举天文、地理诸拟科学，质诸经生：

夫天地为物之大者也，九圣共成《易经》，足以弥纶阴阳，不可复加也。今问善《易》者，周天之度数，四海之广狭，宇宙之相去，凡为几里？上何所极，下何所据？及其转动，谁所推引？日月迟疾，九道所乘，昏明修短，七星迭正；五纬盈缩，冠珥薄蚀，四七凌犯，彗孛所出；气矢之异，景老之祥，辰极不动，镇星独东；羲和外景而热，望舒内鉴而寒；天汉仰见，为润下之性，涛潮往来，有大小之变；五音六属，占喜怒之情，云动气起，含吉凶之候；欃、枪、尤、矢，旬始绛绎，四镇五残，天狗归邪；或以示成，或以正败，明《易》之生，不能论此也。以次问《春秋》四部、《诗》《书》、三《礼》之家，皆复无以对矣。皆曰悉正经所不载，唯有巫咸甘公石申《海中》《郗萌》《七曜》，记之悉矣。余将问之曰：此六家之书是为经典之教乎？彼将曰非也。余又将问曰：甘石之徒是为圣人乎？彼亦曰非也。然则人生而戴天，诣老履地，而求之于五经之上则无之，索之于周、孔之书则不得，今宁可尽以为虚妄乎？天地至大，举目所见，犹不能了，况于玄之又玄，妙之极妙者乎？

因迁腐的经生自囿于五经注疏，为正统的人文思想；而嗜奇的方士则颇究心于天文地理，实蕴藏有科学的精神。葛洪非为纯儒，多读杂书。《抱朴子·辨问篇》论圣人："圣者，人事之极号也，不独于文学而已矣。"又极称机械、治疾、占候、卜筮、筋力等阶层皆可至圣人，故"圣人不必仙，仙人不必圣"。葛洪承认周、孔固为治世之圣人，然圣人于天地自然诸物理，未必得暇研几——"他人之所念虑，蚤虱之所首向，隔墙之朱紫，林下之草芥，匣匮之书籍，地中之宝藏，丰林邃薮之鸟兽，重渊洪潭之鱼鳖，令周、孔委曲其采色，分别其物名，经列其多少，审实其有无，未必能尽知，况于远此者乎？"（《辨问篇》）圣人并非是无所不知，葛洪的思想受到王充的启发，《论衡》批判世俗的圣人神秘化，《奇怪篇》批判儒者的圣人异生说；《实知篇》怀疑圣人所知也有限度；至于《问孔篇》则对圣贤之言认为"未可谓尽得实"。葛洪接受王充的观念，认为圣人并非全能，经书也并非尽实，这是从根本上客观地评断事实。因为在传统的崇拜权威说的情况下，一定会提出圣人全能，为何不能成仙？葛洪援用星宿说，说明"人生星宿，各有所值"，圣人只是圣人，为宿命所然；至于往古圣人在古代所不能确知的事，随着时代的进化，至于近今就有更新的发展，因而基于进化观，圣人仍是有其拘限。至于一些经生不能了悟这种道理，更易于固陋，这有些尽信书不如无书的经验论倾向。《黄白篇》复假华令思之口云："世间乃定无所不有，五经虽不载，不可便以意断也。"此乃疾于陋儒但知经义，葛洪淹博，天文地理，无所不窥，故不齿其狭陋。"狭观近识，桎梏巢穴，揣渊妙于不测，推神化于虚诞，以周、孔不说，坟籍不载，一切谓为不然？不亦陋哉！"可推知魏晋士夫或以经义批驳神仙为虚诞，故疾言辟之，讥其固陋。

二、博征载籍以定论

葛洪先破后立，其建立之法深受当时的论辩方法的影响，就是所谓的"校验"法，近于逻辑学上的类推法。在中国逻辑学史上，葛洪的演连珠自有其地位，他继扬雄、班固、贾逵、傅毅，以至陆机之后，擅用归纳法，尤其是模拟推理，其继续发展的演连珠，收集于外篇《博喻》（九十七则）、《广譬》（八十五则），合计共一百八十二则，魏晋重名理的风尚中，江南原不甚重谈辩术，陆机是在赴洛阳前才钻研名理，形成自己的一套经验名实之学；葛洪对京洛的谈玄说理的学风凤持反对、批判的态度，但也因应学风，采取较近文学形式的演连珠体。他承袭陆机的格式，又突破其格式的限制，将四句一则的形式打破，而多作具体的列举。因为列举的项目越多，归纳所得就越有充分的根据。作为类比推理的方法：参与比较的事项越多，类推就更具有某种必然性④。在《内篇》中他虽未严格使用演连珠的形式，却活用这种类推法。

葛洪提出校验法，其实是汉人常用的方法，邹衍就使用"先验小物，推而大之，至于无垠"的方法，以今论古，以近论远。邹衍之徒、方士之流擅用类推法，有时是混淆巫术性思考原则的交感巫术，《淮南子》在诸方士集团的编纂下完成，就常用类及、类推的论理方式。王充的认识就在这些逻辑方法上作进一步的推演，《论衡》的《知实篇》、《薄葬篇》等都有典型的逻辑证明，自觉地运用事明于效、论定于证的逻辑方法：

> 凡论者事违实，不引效验，则虽甘义繁说，众不见信。"（《知实篇》）

> 事莫明于有效，论莫定于有证。空言虚语，虽得道心，人犹不信……唯圣心圣意，方比物类，为能实之。夫论不留精澄意，苟以外效立事是非，信闻见于外，不诠订于内，是用耳目论，不以心意议也。夫以耳目论，则以虚象为言；虚象效，则以实事为非是。故是非者，不徒耳目，必开心意。墨议不以心而原物，苟信闻见，则虽效验章明，犹为失实。失实之议难以教，虽得愚民之欲，不合知者之心。丧物索用，无益于世，此盖墨术所以不传也。（《薄葬篇》）

上面两段话是说：只有引出证据，才能使论断得以确立，才能使立论见信于众，这里的论证就是现代逻辑学的"证明"，使论题的真实性明显化。葛洪受王充的启发，运用效验的方法，《论仙篇》强调"惟有识真者，校练众方，得其征验，审其必有，可独知之耳"。他要证明神仙的存在，采用由小证大之法，"校其小验，则知其大效，睹其已然，则明其未试耳。"（《塞难篇》）葛洪列举小验以作证明，按照演连珠的方法，就是多举已经证明的事例，加以归纳，然后推而证之，像《对俗篇》回答时俗的疑惑：

今试其小者，莫不效焉。余数见人以方诸求水于夕月，阳燧引火于朝日，隐形以沦于无象，易貌以成于异物，结巾投地而兔走，针缀丹带而蛇行，瓜果结实于须臾，龙鱼潋灂于盘盂，皆如说焉。按《汉书》栾太初见武帝，试令斗棋，棋自相触；而《后汉书》又载魏尚能坐在立亡，张楷能兴云起雾，皆良史所记，信而有征。而此术事，皆在神仙之部，其非妄作可知矣。小记（疑作既）有验，则长生之道，何独不然乎？

从上段文字的论证过程，可知事例的列举是他要证明的条件。其中多属方术，包括拟科学的观察，像凹透镜、凸透镜的运用；魔术的表演，像种子瞬间结果，立致远方鱼虾之类；也有史书的文献资料，类此混淆了事实与幻术的例证方法，是葛洪习用的论证方式。

葛洪深刻了解要证明神仙的存在，并非易事，因此一再强调仙道本身是一件微妙难明的事体，较诸一般事情更不易证明，他批评常人的"不信"：

天下之事万端，而道术尤难明于他事者也。何可以中才之心，而断世间必无长生之道哉？若正以世人皆不信之，便谓为无，则世人之智者，又何太多乎？（《金丹篇》）

然后说明自己的信念之所自，正在于校验众方：

> 微妙难识，疑惑者众，吾聪明岂能过人哉！适偶有所偏解……
> 亦有以校验知长生之可得，仙人之无种耳。(《至理篇》)

葛洪的认识论，承续王充、陆机，转化为自己的独特论证法。
从论证形式言，类比推理的方法，葛洪是运用得比他的前辈要充
实而多变化；但就他用以论证的内容，其具体例证多取自他师承、
搜集所得的道书秘籍，或是史册逸闻，因而发展出一套特殊的论
证过程，这是析论葛洪养生论首需说明之事。

(1) 征诸传闻，证明神仙曾经存在

葛洪多举例证，其中一种即诉诸权威之法，以古籍所载，证
明神仙是历史上曾经存在的事实：

> 或问曰：神仙不死，信可得乎? 抱朴子答曰：虽有至明，而
> 有形者不可毕见焉；虽禀极聪，而有声者不可尽闻焉；虽有大章
> 竖亥之足，而所常履者未若所不履之多 (也)；虽有禹、益、齐
> 谐之智，而所尝识者未若所不识之众也。万物云云，何所不有。
> 况列仙之人，盈乎竹素矣，不死之道，曷为无之。(《论仙篇》)

所谓"列仙之人，盈乎竹素"，主要的就是指《列仙传》及
自撰的《神仙传》，两种神仙传记搜罗众多的神仙事迹，正可用
以证明神仙必有，"邃古之事，何可亲见，皆赖记籍传闻于往耳。

《列仙传》炳然，其有必矣。"此以《列仙传》为证。"刘向博学，则究微极妙，经深涉远，思理则清澄真伪，研核有无，其所撰《列仙传》，仙人七十有余，诚无其事，妄造何为乎？"此以先哲之言为证。《黄白篇》又有三个例证：成都吴大文目睹道士化银；汉人程伟妻善黄白术，能立成白银；华令思受道士黄白方，能变化金银。有关炼金、炼丹的事，《神仙传》所载较多，葛洪因学生滕升问"古之得仙者，岂有其人乎？"就是对《内篇》论神仙之事仍有疑问，故有此问。他举七八十位神仙之事作为证明，言之凿凿，后来陶弘景就因读《神仙传》，而引发求仙之念。

（2）仙非特禀，乃由积学而成

葛洪对于嵇康的神仙特禀说，加以修正。因为神仙若由特禀，则不必勤学，因而提出明哲之说：明哲是人类与生俱来的禀赋，善用明哲，自可参悟宇宙人生的奥秘。魏晋时期人本思想已极普遍，认为人较诸万物为明灵，这种灵明可以体道，可以得道，因此足以吸收天地自然的玄秘，丰沛自己的灵质。《论仙篇》一再强调人是贵性之物，"有生最灵，莫过于人"，有灵异的本质，自可力学而至。可学可至是葛洪神仙说的命题，故不全赞成特禀之说：

或人难曰：人中之有老、彭，犹木中之有松柏，禀之自然，何可学得乎？抱朴子曰：夫陶冶造化，莫灵于人。故达其浅者则能役用万物，得其深者则能长生久视。知上药之延年，故服其药以求仙，知龟鹤之遐寿，故效其道引以增年。且夫松柏枝叶，与众木则别，龟鹤体貌与众虫（则）殊，至于彭、老，犹是人耳，非异类而寿独长者，由于得道，非自然也。众木不能法松柏，诸虫不能学龟鹤，是以短折耳。人有明哲，能修彭、老之道，则可与之同功矣。若谓世无仙人，然前哲所记近将千人，皆有姓字，及有施为本末，非虚言也。若谓彼皆特禀异气，然其相传，皆有师奉服食，非生知也。(《对俗篇》)

特禀异气，乃生知者，不假修炼而可致仙，此反对仙人不可学不可至之说，与汉代以来圣人生知之说有密切的关系。因葛洪主张"长生之可得，仙人之无种"(《至理篇》)，其关键全在积学之功，故《极言篇》言之恳切，破除当时流行的嵇康特禀异气说：

或问曰：古之仙人者，皆由学以得之，将特禀异气耶？抱朴子答曰：是何言欤！彼莫不负笈随师，积其功勤，蒙霜冒险，栉风沐雨，而躬亲洒扫，契阔劳艺。始见之以言行，终被试以危困，性笃行贞，心无怨贰，乃得升堂以入于室。或有怠厌而中止，或有怨恚而造退，或有诱于荣利，而还修流俗之事，或有败于邪说，而失其淡泊之志，或朝为而夕欲其成，或坐修而立望其效。若夫睹财色而心不战，闻俗言而志不沮者，万夫之中有一人为多矣，故为者如牛毛，获者如麟角也……若乃人退己进，阴子所以穷至道也，敬卒若始，羡门所以致云龙也，我志诚坚，彼何人哉！

阴子就是阴长生、羡门为羡门高，都是古仙人，经由积学才成为神仙。这是他引述古之仙真善用明哲，穷理尽性，终于得仙。

为说明仙道的奥秘，需有明哲，以信实作基础，他举用《庄子》书中道在一切之上为例，说明任何小事都能臻于神妙之境，何况奥妙如仙道更有不传之秘：

> 夫凿枘之粗伎，而轮扁有不传之妙；掇蜩之薄术，而痀偻有入神之巧，在乎其人由于至精也。况于神仙之道，旨意深远，求其根茎，良未易也。松、乔之徒，虽得其效，未必测其所以然也，况凡人哉？……吾今知仙之可得也，吾能休粮不食也，吾保流珠之可飞也，黄白之可求。若责吾求其本理，则亦实复不知矣。世人若以思所能得谓之有，所不能及则谓之无，则天下之事亦鲜矣。（《对俗篇》）

葛洪是金丹道派，特重实际的操作，"或随明师，积功累勤，便得赐以合成之药；或受秘方，自行治作。"神仙的传记中特别叙述勤学的过程，所以"明哲"是古仙可成的重要条件。

（3）归诸宿命，非尽可成仙

成仙之事，既不限于特禀生知者，葛洪否定"神仙不可学可至"一命题，复以明师积学诸条件，否定"神仙不可学不可至"，然则"神仙可学可至"命题为何？可学可至，而世人成仙者寡！至云周、孔圣人不得仙者，其故安在？《抱朴子》遂归诸宿命说，此即以星宿信仰为其解释：

> 按《仙经》以为诸得仙者，皆其受命偶值神仙之气，自然所禀。故胞胎之中，已含信道之性，及其有识，则心好其事，必遭明师而得其法。不然，则不信不求，求亦不得也。《玉钤经》主

命原曰：人之吉凶，制在结胎受气之日，皆上得列宿之精。其值圣宿则圣，值贤宿则贤，值文宿则文，值武宿则武，值贵宿则贵，值富宿则富，值贱宿则贱，值贫宿则贫，值寿宿则寿，值仙宿则仙。又有神仙圣人之宿，有治世圣人之宿，有兼二圣之宿，有贵而不富之宿，有富而不贵之宿，有兼富贵之宿，有先富后贫之宿，有先贵后贱之宿，有兼贫贱之宿，有富贵不终之宿，有忠孝之宿，有凶恶之宿。如此，不可具载，其较略如此。为人生本有定命，张车子之说是也。苟不受神仙之命，则必无好仙之心。未有心不好之而求其事者也，未有不求而得之者也。自古至今，有高才明达而不信有仙者，有平平许人学而得仙者……此岂非天命之所使然乎？（《辨问篇》）

葛洪所引的《仙经》、《玉钤经》，充分表现两汉以来普遍流行的宿命论。天命思想本就是农业社会、封建社会的产物，对于大自然与人的关系，以神秘的机械论加以解释，认为人的阶级身份的形成，归之于不可知、不易变的星命，支配阶级宣扬命运之说，用以维护自己的特权；而被支配者在无力改变其身份地位的情况下，接受这种神秘的说法借以消解无奈的情绪。从两汉到六朝，贵族制度日趋巩固，宿命论也成为一种根深蒂固的观念。所以干宝将张车子事载于《搜神记》之中，乃世所共知之事。

汉代的气化思想与天命说的进一步结合，使原本素朴的命定思想获得强固的支持，认为人所禀受的气，与天上的星宿具有关联，类似的结合天文、占卜等拟科学的理论，不仅为方士所宣扬，也普遍为当时社会所崇信。王充《论衡》就具体反映汉人的观念，在《命义篇》就解说禀性、星宿与命运的关系：

> 物之贵贱，不在丰耗；人之衰盛，不在贤愚。子夏曰："死生有命，富贵在天。"而不曰"死生在天，富贵有命"者，何则？死生者，无象在天，以性为主。禀得坚强之性，则气渥厚而体坚强；坚强则寿命长，寿命长则不夭死。禀性软弱者，气少泊而性羸窳；羸窳则寿命短，短则蚤死。故言有命，命则性也。至于富贵，所禀犹性。所禀之气，得众星之精，众星在天，天有其象。得富贵象则富贵，得贫贱象则贫贱，故曰在天。在天如何？天有百官，有众星。天施气而众星布精；天所施气，众星之气，在其中矣。人禀气而生，含气而长，得贵则贵，得贱则贱。贵或秩有高下，富或赀有多少，皆星位尊卑小大之所授也。

这段文字解释性命的长短、富贵贫贱的不同，系于星位尊卑大小之所授，正是汉代常见的机械论的天命说⑤。葛洪将王充的说法转化，用来解说文武、贵贱、寿夭之外的仙凡。《玉钤经》代表的是神仙家的说法，与方士之流、纬书之属有密切的关系，将定命说使用于神仙的辩论，较诸气禀说，确是进一步之说。

葛洪承袭星命说，又将其与道结合在一起，道的性格是无为自然，这是老、庄的旧说，《抱朴子》进一层推阐：道即是无为自然，不受人事的阻遏，则宇宙人生俱由宿命所定，这是大自然的体系。因此人之是否学仙、成仙，也是宿命，而非可由人力的控制。《塞难篇》曾就此说明"万物感气，并亦自然"，人能否修炼成仙道，完全决定于大自然。所以仙人是由自然、宿命所决定，他最具体的一段话刚好表达天道无为，命定一切：

> 命之修短，实由所值，受气结胎，各有星宿，天道无为，任物自然，无亲无疏，无彼无此也。命属生星，则其人必好仙道，好仙道者，求之亦必得也。命属死星，则其人亦不信仙道，不信仙道，则亦不自修其事也。所乐善否，判于所禀，移易予夺，非天所能。（《塞难篇》）

这种解说虽有机械论的倾向，但在葛洪的思想体系中却具有作用，就是说明上智与下愚之不能成仙，是由于命定：

> 有高才明达而不信有仙者，有平平许人学而得仙者。甲虽多所鉴识，而或蔽于仙；乙则多所不通，而偏达其理，此岂非天命之所使然乎？（《辨问篇》）

> 吾所以不能默者，冀夫可上可下者，可引致耳。其不移者，古人已未如之何矣……太上自然知之，其次告而后悟，若夫闻而大笑者，则悠悠皆是矣……实理有所不通，善言有所不行……彼诚以天下之必无仙，而我独以实有而与之诤，诤之弥久，而彼执之弥固，是虚长此纷纭，而无救于不解，果当从连环之义乎？（《塞难篇》）

高才明达而不信有仙者，如周、孔等圣贤，依此理也不能成仙；至于不信不求且讥笑有仙者，自然无由得仙。而一般平平凡凡的人，因受气结胎时恰值生星，就有成仙的福分。

由于神仙说建立在星宿、积学等条件之上，因此成仙并非是容易的事，神仙是可学可至的命题，在这限制的条件下，则所获的结论，是"一世不过数仙人"（《释滞篇》）。漫长的历史中，仙传所载不过百余，葛洪以其精辟的推理说明仙道的体系，自较一般文士具有规模。

三、神仙说的建立

葛洪既怀疑众说之不信有仙，又反复申述神仙之必有，因此进一步吸收两汉以来的神仙三品说，建立其仙真世界。神仙三品说为前道教时期既已完成的神仙思想，综合了神仙神话、不死信仰，经历战国、秦汉的长期发展，至汉晋之际道教成立后，为不同道派所吸收，演变为性质相近而旨趣稍异的神仙说：一方面表达道教的宇宙观，乃包括天堂、地上名山及地下之说，成为一庞伟而有序的神仙世界。另一方面则表现仙真位业与品级的关系，由于成仙的方法、修炼的道行，因而形成不同的品级，包括天仙、地仙及尸解仙。葛洪将其崇尚隐逸的思想，配合当时的高隐风尚，具体表现于三品仙说，成为极具时代意识的新仙说。

（1）神仙三品说的渊源与发展

葛洪在《遐览篇》著录的道书，与三品仙说有关的有《九仙经》、《道家地行仙经》、《水仙经》、《尸解经》、《中遁经》各一卷，《举形道成经》五卷等，所以三品仙的说法是有所承的。据现存古道经的记载，葛洪之前有太平道、天师道之说，与他同时或稍后的上清经派也发展出不同的神仙品级说，可知这是当时的通说。分品之说一方面反映出汉晋以来对于文学艺术等，具有品第的观念，如诗品有三，棋品有三，甚至书画亦有品第之说。基本上这是人伦品鉴风尚的活用，人可品第，仙自也可以品第，将前此流行的仙说归类，品第其高低，与汉人人物品鉴为同一构想，除了品阶化之外，是具有集大成的意义。另一方面分品的高下，与各时期成仙的方法有密切关系，往古神话所重的神仙品阶，发展至魏晋，显然是各有偏重，反映出不同时代的神仙说。而且由于神仙文献增多，在品第时也由素朴的三品说，发展为九品仙，固然是取法于九品中正法的管制，但"三"、"九"本身就是中国人的圣数，道教中人更易以神秘数字整理仙真阶段，建立繁复的神统谱。

葛洪用以建立神仙说的"锁钥字"（key word），如神、僊（仙）、真等字，正是由老庄道家哲学转变为宗教性道教的关键字眼儿。老、庄使用"真"字，用以表达其实在、质真、太璞等理念；又铸成"真人"一词，与至人、神人等一齐描述理想人物的特殊形象，诸如能入水火、飞翔空中、遨游名山，这些描写使人不能不怀疑庄子是取材于古老的宗教——巫教。而"仙"字在《庄子》一书，正是运用于升天的情境中——"千岁厌世，去而上仙，乘彼白云，至于帝乡。"（《天地篇》）所以汉代字书，如许慎的《说文解字》就从两汉的仙说，解说仙人变形而登天就是"真"字的本义。又新收"仙"字，表示"人在山上"，《释名篇》更直接地说："老而不死曰仙。"从与神仙说有关的造字，充分反映仙道文化的盛行，字书的解释是否为造字的本义，为另一回事，但至少表示所赋的新义，正是仙道思想在两汉社会已深植人心。

前道教时期的神仙思想又表现在各种不同的语汇，它用于与求仙活动的新事物，如仙人，仙药，神仙之道、方仙道等，由于成仙的方法不同，所成的仙品也自有差别，中国社会将人世间的阶级观念反映于神仙世界，自然也会造构出有高下品级的神仙世界。两汉的仙说由缥缈云海中的仙山、仙岛，逐渐转移到中国境内可以实指的名山，所以三品仙说是综合此前长期的仙说发展而成。《太平清领书》——也称《太平经》，曾流传于张角的太平道区，也为于吉在东吴布道时所运用，正可代表东汉末叶的神仙观念。

《太平经》强调学道致仙之事，所谓"积德不止道致仙，乘云驾龙行天门"，又说："天下至士，去官就仙，仙无穷时，命与天连。"以成就神仙的境界鼓励民众学道，为这种流行于中下层社会的道派的特色，与汉朝帝室桓、灵奉祠于宫中的黄老道不同，在东汉末叶的乱世之中，《太平经》一再强调"度世"的思想，离开浑浊之世，而升腾为神仙，正是混乱世局中的一种太平愿望。虽则成仙的愿望为共同的理想，但由于各人的功德不同，所成就者也各异。《太平经》遂有上、中、下三士之说。其中值得注意的有两类：一则如《洞极上平气无虫重复字诀》第一百三十六所说：顺从天师之意，遂行吞服道法——为太平道法之一，则"上士因是乃至度世，中士至于无为，下士至于平平，人所得各有厚薄，天神随符书而命之"⑥。此类叙述方式，认为仅上士能度世，中士可以竟天年，下士魂居地下。另一类叙述方式，强调修行"入室思存"的道法，则"上古圣贤者于官，中士度于山，下士

158

虫死居民间"。度世居于山为地仙，虫死居民间为尸解仙，而居地下，即为地下主⑦。类此说法已近于神仙三品说。至于九品的说法，则《太平经》对于仙人的等级，自有其一贯的说法，大概可归纳为委气之人、神人、真人、仙人、道人、圣人、贤人、民人（善人）、奴婢九级⑧，奴婢代表愚贱之人，但只要行善学道，就可级级上升，"守道而不止，乃得仙不死"，道人与仙人乃仙凡之隔的界限，超凡入仙，最后"乃与元气比其德"。因此仙界之中，凡有仙人、真人、神人三级，这种分级方法与道家典籍及汉世仙说不同，为《太平经》的新说，与尸解仙、地仙、天仙也略有异同。

天师道系的三品仙说，则有《正一法文天师教戒科经》（《道藏》"力"字号），与《老子想尔注》属同一系统，唯其出现时地则不在蜀汉，而在关中。张鲁强调道戒的重要性，以戒行劝导奉道之民，因而两次提出神仙等级之说，以兹劝勉，其中一级较为显豁：

> 天师设教施戒，奉道明诀：上德者神仙、中德者倍寿、下德者增年，不横夭也。按戒：为恶者，乃不尽寿而横夭也……贤者何不修善，久视长生乎？虽不能及中德；修下德，治身世间，断绝爱欲，反俗所为则与道合。

将守德作为成仙的要件，为天师道的劝诫特色。另一段文字也显耀道的无穷威仪，遵道守戒，神仙可期：

（大道）先天而生，长守无穷；人处其间，年命奄忽，如眼目视瞬间耳。而大道含弘，乃愍人命短促，故教人修善：上备者神仙、中备者地仙、下备者增年。道尊巍巍，何求于人，人不能感存道恩，精勤修善，虽不能及中德之行，下德当备也；而复不及下德，违背真正，不从教戒，但念爱欲、富贵……岂复念道乎？

将两段文字对照，都在强调奉道修善之后，始有三品仙的叙述，可证天师道系的成仙之法，以宗教性的道德为主要依据，具有强烈的劝善积德的民间宗教的色彩。其次三种成就：备上德者为神仙，即是天上神仙之意；备中德者所倍之寿即为仙寿，故为地仙；唯备下德者为增年之说，与所谓尸解仙略异，但强调不横夭，仍属于长生久视的神仙之法。大概说来天师道本即为具有规模的传道组织，因此需要一套劝诫奉道者的传教方法，三种神仙正是其劝诫道民的方法，只要确记"百行当备，千善当著"，劝积功德，功行圆满，自可"度世"。天师道的道治其后随张鲁降曹渐行于关中、江北，其使用的道经也随之流传于天师道的传教区。

葛洪在《抱朴子》中提出三品仙说，以论证神仙的存在。其引述的《仙经》大概即为前述的各种道书的通况，因而不尽与太平道、天师道之说等合：

按《仙经》云：上士举形升虚，谓之天仙；中士游于名山，谓之地仙；下士先死后蜕，谓之尸解仙。

葛洪论述李少君的尸解变化，引述古《仙经》为证，属于汉人旧说。由于《抱朴子》在道教史上的地位，这一段精简的叙述被引用于《道教义枢·位业义第四》中，且在按语"此即直取升天曰天仙、游地曰地仙、蜕形曰尸解也"，相邻的经语，则为"《自然经诀》云：上仙白日升天；中仙栖于昆仑、蓬莱等名山，空中结宫室；下仙常栖诸名山洞室，综理从上生死也。"《自然经诀》为不知何时造构的道经，但其三品仙说应较《仙经》晚出，属同一系统观念，而较具融合的色彩。

葛洪明白显示其金丹道立场的，散见于《金丹篇》、《黄白篇》等。《黄白篇》引用《仙经》的三士说："朱砂为金，服之升仙者，上士也；茹芝导引，咽气长生者，中士也；餐食草木，千岁以还者，下士也。"因为烧炼黄金、白银成为丹药，为二葛的道法重心，自然将金丹的服食功能视为天仙的不二法门；其余植物性药物、练气诸法，只能企及地仙、尸解仙而已。《金丹篇》更直接引述《太清观天经》，依托于元君——为大神仙之人，为老子之师，属金丹道经，与《太清丹经》有关，经中明白揭示：

上士得道，升为天官；中士得道，栖集昆仑；下士得道，长生世间。

这种显豁的说法，代表早期古道经的特色。

葛洪另撰集《神仙传》，常于叙述神仙成仙之法时，表现其神仙思想，刘根传中，假托神人韩众告诫刘根：

夫仙道有升天蹑云者、有游行五岳者、有服食不死者、有尸解而仙者。凡修仙道要在服药，药有上下，仙有数品，不知房中之事及行气导引并神药者，亦不能仙也。药之上者有九转还丹、太乙金液，服之皆立登天，不积日月矣；其次有云母、雄黄之属，虽不即乘云驾龙，亦可役使鬼神，变化长生；次乃草木诸药，能治百病，补虚驻颜，断谷益气，不能使人不死也，上可数百岁，下即全其所禀而已，不足久赖也。

药分三品，而仙为三等之说，乃是服食药物一派的通说，《神农本草经》就是重要创倡者，张华《博物志》卷四《药论》就有上药、中药、下药之说。《抱朴子·仙药篇》首引《神农》四经之说，作为论述神仙之药的依据，可证《神农本草经》在当时的权威性。葛洪特强调其服食功能："上药令人身安命延，升为天神，遨游上下，使役万灵，体生毛羽，行厨立至。又曰：五芝及饵丹砂、玉札、曾青、雄黄、雌黄、云母、太乙禹余粮，各可单服之，皆令人飞行长生。又曰，中药养性、下药除病，能令毒虫不加、猛兽不犯、恶气不行、众妖并辟。"葛洪最强调上药，因为与其金丹道的主张一致，不过采博参主义之故，并不舍弃其他道法，所以葛洪在中国本草医学史上也占有一席之地。

葛洪同一时期的上清经派，也有神仙分级说，一为华侨所撰《紫阳真人内传》(《道藏》"翔"字号)，周紫阳访仙获示宝经，其中有中岳仙人告以服食药物的方法与成仙的等级，代表一种上清经法：

（中岳）仙人曰：药有数种，仙有数品：有乘云驾龙，白日升天，与太极真人为友，拜为仙官之主。其位可司真公、定元公、太生公，及中黄大夫、九气丈人、仙都公，此皆上仙也。或为仙卿，或为仙大夫，上仙之次也。游行五岳，或造太清，役使鬼神，中仙也。或受封一山，总领鬼神；或游翔小有，群集清虚之宫，中仙之次也。若食谷不死，日中无影，下仙也。或白日尸解，过死太阴，然后乃仙，下仙之次也。

所述神仙等级的基本构想仍为三品，但对于仙官的名称分次序，却有上清经派的传统。

陶弘景撰《真诰》，搜集、辨证杨、许诸人所录存的晋世道经的资料。据信《上清经》三十一卷中，以《大洞真经》为最尊，而其方法则以讽诵、冥思为主，《真诰》卷五《甄命授》，陶弘景考为裴清灵所授，就有"大洞真经，读之万过，便仙，此仙道之正经也"。在上清经法中较金丹为重要，所以又诰示："明大洞为仙卿，服金丹为大夫，服众芝为御史，若得太极隐芝服之，便为左右仙公及真人矣。"由此对照《紫阳真人内传》，可以证明上清经派着重冥思的特点，为上品仙法，与葛洪不同。同一卷中强调："若但知行房中、导引、行炁，不知神丹之法，亦不得仙也。若得金汋神丹，不须其他术也，立便仙矣。若得大洞真经，复不须金丹之道，读之万过，毕，便仙也。"所以上清经派自有其道派的特色。

大洞真经系另有一《洞真太上说智慧消魔真经》（《道藏》"内"字号），"消魔"为魏晋神仙家的习语，意即"药"，其所列药品为《汉武内传》袭用，并收入《无上秘要》卷七八《药品类》

中。虽是使用隐名的药品，却叙列得清楚，而其所致不同品级的仙位，则有上清经派的特色：依次为"玉清之所服"（《无上秘要》标为玉清药品），"天帝之所服"（上清药品），其次"天仙之所服、飞神之所研、非陆游之所闻、山客之所见"（《无上秘要》区分为太极药品、太清药品、天仙药品三类），均属于天仙阶位的服食药品。其次三十六芝、玄水云华之浆等"无穷之灵物，不死之奇方"，与下药"松柏阴脂"等，"得为地仙，陆行五岳，游浪名山"（《无上秘要》全列为地仙药品），可证《消魔经》有由药品上下决定仙位高低的思想[⑨]。从魏晋出世的道经可以推知，葛洪是熟知道书且深信其说的，自会引述其说作为论证之用。

（2）神仙三品说的内容

神仙三品说在素朴的神仙神话时期，原是北半球萨满教区共通的宗教信仰，就是以北极星为天的中央，而地之中则有通往天庭的圣山或圣木，在中国古神话中，昆仑与建木正是这类世界大山、世界大树的典型。在两汉史书及纬书中，一再出现的太一信仰，像《史记·天官书》有紫宫，纬书也有神秘化的紫宫，由中央的天皇大帝所理，借以制御四方，类此北辰信仰在道教形成之后，更被吸收，成为掌管人命的神秘处所。

由前道教时期的北辰信仰转变为道教信仰，最早出现于《太平经》，代表萌芽时期的融合说法：

　　吾统乃系于地，命属昆仑；今天师命乃在天，北极紫宫。今地当虚空，谨受天之施，为弟子当顺承，象地虚心，敬受天师之教。（《太平经》合校本）

164

此段见于《乐生得天心法》第五十四。《太平经》阐述凡人之行、君王之治，均需象天；而天师即是宣达天命之人，故需受天师之教。在此天师的身份已近于古神话中的巫，为交通神人、传递天意的神之使者，故命与北极紫宫有关，正如《和三气兴帝王法》所说："日、月、星，北极为中。"北极为天之中央，《太平经》采汉人通说，尤其谶纬之说，厥为其桥梁。此说法又见于《太平经钞》丁部今已阙题的残卷，叙述升仙的过程，其重要观念为万物平等之说："凡民者象万物，万物者生处无高下，悉有民，故象万物。"而学道者连象草木之弱服者的奴婢亦可逐次上升，进入天界：

圣人学不止，知天道门户，入道不止，成不死之事，更仙；仙不止入真，成真不止入神，神不止乃与皇天同形。故上神人舍于北极紫宫中也，与天上帝同象也。（《太平经》）

将"北极紫宫"作为神人所居的天界，乃是天帝的治所，这是汉朝纬书的通说，《汉书·李寻传》说："紫宫极枢，通位帝纪。"即是紫宫为天帝治所的观念。太平道将其进一步宗教化、通俗化，视为天师命星之所系。而奉道之民命在昆仑，只要法天行道，多积功德，自可经由昆仑升入紫宫。太平道反映东汉中晚期的初期道教思想，其中将仙、真、神等阶位列为不同的次秩，对于后来道教的神仙阶位说颇具影响力。

葛洪《抱朴子·内篇》一再叙述天庭的存在，完全承袭汉人的北辰信仰，而称为辰极、紫极、紫庭、紫府、紫霄等。此一由于北极光星紫色所形成的特殊称呼，为道教中的重要观念⑩。葛洪将北极视为天上宫廷，也是天仙升腾的乐园，在《抱朴子·论仙篇》中描述仙人的神游，就是"蹈炎飙而不灼，蹑玄波而轻步。鼓翮清尘，风驷云轩，仰凌紫极，俯栖昆仑"，这是脱化自庄子真人说的写法。其中强调出来身生羽毛的神仙形象，又指出由昆仑而上升紫极的升仙历程，可证道教神仙说颇多转化自神仙神话。这种游紫极的仙人就是天仙，成为葛洪三品仙说的上品。《抱朴子》中一再强调，像《微旨篇》说"彼仙人之道成，则蹈青霄而游紫极"。《明本篇》说："夫得仙者，或升太清，或翔紫霄。"可知天仙与北辰的关系。

葛洪的神仙思想多采诸前人，像较为具体描写游仙景象的一段，就是项曼都的诳语，原出于王充《论衡·道虚篇》。虽是项曼都欺诳家人的话，但非凭空捏造，而代表当时流行的仙说。首先值得注意的是修行方法——"在山中三年精思"，就是精神集中的冥思术；经由《仙经》的暗示，幻觉中的升仙经验——"有仙人来迎我，共乘龙而升天。良久，低头视地，窈窈冥冥，上未有所至，而去地已绝远。龙行甚疾，头昂尾低，令人在其脊上，危怖崄巇。及到天上，先过紫府，金床玉几，晃晃昱昱，真贵处也。仙人但以流霞一杯与我，饮之辄不饥渴。忽然思家，到天帝前，谒拜失仪，见斥来还，令当更自修积，乃可得更复矣。"《抱朴子·祛惑篇》河东斥仙人所吹嘘的，王充认为是道虚，葛洪则视为祛惑，但其历程：到天上先过紫府，以及天上宫廷的描述，则合乎神仙神话之说。所以是保存汉人游仙观念的一条珍贵资料。魏晋文学描述天上宫府，还有《列子》——其中也保存部分战国

166

时期的说法，但大体为张湛所附加、改写。其传《周穆王》述周穆王随化人游于化人之宫："构以金银，络以珠玉，出云雨之上而不知下之所据，望之若屯云焉，耳目所视听，鼻口所纳尝，皆非人间之有。王实以为清都紫微，钧天广乐，帝之所居。王俯而视之，其宫榭若累块积苏焉。"清都紫微也是天上宫府。大概中国传统所构想的白云帝乡，随着宫廷建筑的讲究，逐渐被人间化为华丽的宫殿，与金银珠玉及晃昱光明等印象相关，而不只是缥缈云影而已。

葛洪说明天仙的修成，是为了鼓励人人勤求、苦学，因此在《抱朴子》、《神仙传》一类书中一再举论说天仙可因服食金丹大药，如帝王之类，也有平民值仙宿而成，《金丹篇》引述《黄帝九鼎神丹经》之说："黄帝服之，遂以升仙，又云：虽呼吸导引，及服草木之药，可得延年，不免于死也。服神丹，令人寿无穷已，与天地相毕，乘云驾龙，上下太清。"《微旨篇》也强调黄帝："于荆山之下、鼎湖之上，飞九丹成，乃乘龙登天。"黄帝本就是层累积成的古神话中的帝王，至金丹道派的手中，又被神化为服丹成仙。平民肯勤访明师者都有机会，《抱朴子·至理篇》中引述仲长统《昌言》说明平民只要勤修也可成仙："河南密县有卜成者，学道经久，乃与家人辞去。其始步稍高，遂入云中不复见，此所谓举形轻飞，白日升天，仙之上者也。"这是流传很广的神仙传说，《博物志》卷五作"成公"，《后汉书·方术传》有《上成公传》，应如《广韵》所说有"上成"的复姓。其修仙成功之事，葛洪据以说明陈元方、韩元长"所以信天下之有仙者"，乃学仙之"至理"。余英时即以此例说明汉代不死说逐渐由帝王转变为平民⑪。以仙传而言:《列仙传》中的黄帝、彭祖、主柱、子英、陶安公等近于天仙,而《神仙传》中明载为白日升天的约有十二例:刘纲、樊夫人、陈永伯、董奉等,显示仙人成仙的类型中,天仙的比例不高⑫。可见天仙说到汉晋之际,逐渐成为成仙的理想,而在实际的事例中,已渐稀少。

天堂与天仙说一到《上清经》中就变得极其繁复,由素朴的紫府而逐渐演变为三清之境;而成仙的方法,也由简单的祭祷、服食,而特别凸显诵念道经等神奇方法,尤其间接受佛教天堂说的影响之后,就形成《无上秘要》所收将近二十余卷中所述的天界景象,完全道教化的天堂说。

葛洪最为重视地仙说,而其名山则原以昆仑为主,为神仙栖集之所,也是上天之处,两汉社会不论纬书,如《春秋纬命历序》、《紫阁图》,有上仙之前,"张乐昆仑,虞山之上"的说法;或在文学中,如张衡《七辨》有"上游紫宫,下栖昆仑,此神仙之丽也"的铺述。《太平经》就吸收民间的传说,进一步与其神仙录籍说结合,而有新的昆仑说。首先在卷九十三说:"天者以中极最高者为君长,地以昆仑墟为君长。"属于大地中央说,至于强调升天必由昆仑的说法则有录籍之说:

惟上古得道之人,亦自法度未生有录籍,录籍在长寿之文……当升之时,传在中极——中极一名昆仑。(《太平经》)
神仙之录在北极,相连昆仑,昆仑之墟有真人,上下有常。(《太平经》)

录籍、神仙之录等说法，相信成仙与星命有关，又借以勉励不忘道戒，则命登录籍，长寿得仙，昆仑为上升北极所经由的圣山。天师道系的《老子想尔注》，有太上老君"常治昆仑"的注解；另《老子变化经》也有老子去楚国"北之昆仑，以乘白鹿"的记载，都把昆仑作为升天必经的名山。

葛洪《抱朴子》中的神仙三品说，将"游于名山"与"栖集昆仑"对举，保存了昆仑为原始名山说，这种说法与《祛惑篇》所载蔡诞的荒唐之言可以参证。蔡诞为一好道而不得佳师要事者，求仙失败回家后，有一段欺诳家人的说辞——其根据即为"昼夜诵咏黄庭、太清中经、观天节详之属，诸家不急之书"，其说法中值得注意的有三点：一为"老君"牧龙于昆仑山，其身份为地仙；二为所描述的昆仑景象，或得之于《山海经》之类，如"上有木禾，高四丈九尺，其穗盈车，有珠玉树、沙棠、琅玕、碧槐之树"，"昆仑山上，一面辄有四百四十门，门广四里，内有五城十二楼"。又言及"不带老君竹使符、左右契者不得入"的符契，《老子想尔注》有左右契，而老君竹使符也应与天师道的道法有关。又有一段神兽描述，"狮子辟邪、三鹿焦羊，铜头铁额、长牙凿齿之属"。与今本《十洲记》聚窟洲极为类似——"及有狮子辟邪、凿齿天鹿、长牙、铜头铁额之兽"，疑本于纬书说。由此可证昆仑为地仙栖集之山，仍得存于魏晋前后的道经中。

昆仑系的名山说虽流传普遍，但由于仙说之产生与东方系的蓬莱山大有关联，所以在名山说中自不能缺少蓬瀛。两者的差别为，昆仑固为地仙栖集之所，但距离升天的天庭较为直接；而蓬瀛则较富于自由逍遥的情趣，《抱朴子·对俗篇》有一段问答就透露此一想法。或问:"得道之士,呼吸之术既备,服食之要又该,掩耳而闻千里,闭目而见将来。或委华驷而辔蛟龙,或弃神州而宅蓬瀛,或迟回于流俗,逍遥于人间,不便绝迹以造玄虚,其所尚则同,其逝止或异,何也?"将蓬瀛作为地仙逍遥自在的仙山,在《抱朴子》的回答中假托彭祖之言,"天上多尊官大神,新仙者位卑,所奉事者非一,但更劳苦,故不足役役于登天,而止人间八百余年也。"止于人间,即为地仙。在《勤求篇》叙述:"上士先营长生之事,长生定,可以任意;若未升玄去世,可且地仙人间。若彭祖、老子,止人中数百岁,不失人理之欢,然后徐徐登遐,亦盛事也。"《神仙传》中有老子、彭祖之传,显示当时流传的传说已完全神仙化了老、彭,而且与隐逸风气有密切关系。

尸解仙为道教成仙说中,至魏晋时期发展得最完备的仙说,最能表现道教对生死观的看法,也最能代表中华民族以较为神秘的宗教理念解脱死亡的难题。尸解仙常与地下主之说结合,俱渊源于前道教时期:古代文物中的玉蝉、石蝉等玉含,除大小与舌相似外,就是基于蝉蜕的咒术性思考,因蝉蜕、蛇解等自然现象,在素朴的生物观察中常被视为不死再生,因而《淮南子·精神训》以"蝉蜕蛇解,游于太清"为神仙之人,仲长统以"蝉蜕亡壳,腾蛇弃鳞"为变化成仙,而边韶《老子铭》更以"道成身化,蝉蜕渡世"为成仙的表征。虽有王充在《论衡·道虚篇》批判"蝉之去蝮育,蛇之脱皮"等,将骨肉去,可谓尸解,而与学道成仙有所不同,但神仙家通常以蝉蜕、蛇解隐喻尸解成仙[13]。

地下主之说为汉人通行的见解，马王堆二号墓、凤凰山汉墓出土的木牍、竹简，俱有地下丞、主的记载，为地下世界的主宰者。《太平经》保留汉人的地下审判的遗说：新死之人归地下悉问其生时所作为，是否有过；而学道者魂神居地下则不受谴责[14]，可知汉代确有人死归地下，经由审判后，判定其去向的通俗信仰。天师道也有天、地、水三官，司人间功过的审判，而学道者则可免除，《老子想尔注》解"没身不殆"，就说："太阴道积，炼形之宫也。世有不可处，贤者避去，托死过太阴中，而复一边生像，没而不殆也。俗人不能积善行，死便真死，属地官去也。"太阴炼身形，为贤者托死复生的方式，神仙家也视为尸解的现象。

葛洪曾搜罗《尸解经》一卷，自是通晓有关尸解成仙的方法，所谓"先死后蜕"的下士，《论仙篇》并未详述其蜕解过程，只解说少君病死发棺，"无尸，唯衣冠在焉"；费长房托死，数年后又来归；李意期将两弟子托死，发棺视之，"三棺遂有竹杖一枚，以丹书于杖"，属于杖解。另外《抱朴子》有一则佚文：

道林子有五种尸解符，今太玄阴生符，及是一病解者。(《御览》六百六十四引)

用丹书杖，或用尸解符，为道教解脱的秘法，其详情则《无上秘要》说："以录形灵丸以合唾涂所持杖，与之俱寝，三日则杖化为己形，在被中，自徐遁去。"为一种遁法。在金丹道立场，只有服金丹成仙才是上等解脱法，所以葛洪并未特别强调其他尸解法。

上清经派就一再阐述尸解之道。《真诰》多次提及许翙抄写"剑经"，即为剑解法；陶弘景撰《太清经》，也与尸解有关。剑解被评为上尸解，杖解为下尸解，又有火解、兵解等，当时服用丹药，中毒而死，《真迹经》《真诰》都神化其说："既殁，失尸所在，但余衣在耳，是为白日解带之仙。"可称为药解。在《真诰》中，有地下主之说，是"世积阴行"，始能为地下主；而尸解不管武解、文解，俱为仙之始，需经一定的年数，才能逐渐升转为仙官、真官，所以尸解的方式有数种，虽是成仙之法，品阶却不高，裴清灵说："尸解之仙不得御华盖，乘飞龙，登太极，游九宫。"（《真诰》卷五）所以是下品仙。魏晋时期以茅山为中心，发展出一套自成体系的解脱成仙之道。

（3）地仙说的提出及其新意

葛洪采取神仙家传统的三解仙说，用以论证神仙之道。因为成仙并不一定会违弃人理，从儒家立场批判隐士或道士，大多是根据人伦秩序的道德理念，诸如政治的治理、孝道的行使等，完全是为了维护现实世界的正常轨道，在《抱朴子》中自设问难，解答这类来自儒家的论难，是一件要事，《对俗》《释滞》等篇，正是面对世俗的质疑，解释其滞碍难通之处，葛洪的回答大体依据成仙并非人人可至，而既成神仙自有解决现实社会的难题的能力。

首先葛洪在《对俗篇》解答成仙之后，"背俗弃世，烝尝之礼，莫之修奉，先鬼有知，其不饿乎？"对于孝道一问题，为佛儒论争的课题，道儒自也无法规避避世、弃世后的道德责任。葛洪回答：

盖闻身体不伤，谓之终孝，况得仙道，长生久视，天地相毕，过于受全归完，不亦远乎？果能登虚蹑景，云舆霓盖，餐朝霞之沆瀣，吸玄黄之醇精，饮则玉醴金浆，食则翠芝朱英，居则瑶堂瑰室，行则逍遥太清。先鬼有知，将蒙我荣，或可以翼亮五帝，或可以监御百灵，位可以不求而自致，膳可以咀菇华璃……诚如其道，固识其妙，亦无饿者……然则今之学仙者，自可皆有子弟，以承祭祀，祭祀之事，何缘便绝！

"身体不伤"可谓尽孝；得仙逍遥，荣耀先祖，也是孝道；祭祀不乏，也不违孝道，这完全是基于仙道立场所作的解释。

其次是人道多端，诸如艺文之业、忧乐之务、君臣之道，纵使成仙之时，不必尽废，也不能兼济，这些属于人间世的政治、人事等，为入世的要务，所谓"人理"——人间之理，伦理即是。葛洪的答复是：

长才者兼而修之，何难之有？内宝养生之道，外则和光于世，治身而身长修，治国而国太平。以六经训俗士，以方术授知音，欲少留则且止而佐时，欲升腾则凌霄而轻举者，上士也。自持才力，不能并成，则弃置人间，专修道德者，亦其次也。

古人多得道而匡世，修之于朝隐，盖有余力故也。何必修于山林，尽废生民之事，然后乃成乎？（《释滞篇》）

这里所说的兼修之人，是黄帝、彭祖等神话传说的人物，为神仙的理想人物的典型——"得道而匡世"。其次修道山林，近于隐居避世之流，为成仙的一种历程，也是中士的作为而已。

葛洪的"朝隐"观念，就是六朝招隐诗所说的"大隐隐于市"，对于当时兼合儒道的文士，一方面要不废人伦纲纪，另一方面又要希企自然，就产生一种任官而不任事的朝隐。这种朝隐的风尚固然为后世的史家所严厉批评，认为其行为误国，但在魏晋时期却多以此为调停自然与名教的冲突。葛洪虽不愿苟同清谈之流的作风，也难免受到时代风尚的影响，《抱朴子·外篇》首尚嘉遁，一再鼓吹隐遁的思想，也就是要掌握应仕则仕，应隐则隐的良机，《任命篇》说："君子藏器以有待也，蓄德以有为也，非其时不见也，非其君不事也，穷达任所值，出处无所系。其静也则为逸民之宗，其动也则为元凯之表。"他在嘉遁之后，次以逸民，又曾撰《隐逸传》，几十卷之多，都可见他的仕隐态度。

将现实社会的仕与隐的调停反映于神仙思想中，就成为重视地仙的逍遥、隐遁的性格，也是三品仙中最为理想的典型。地仙之说虽取自《仙经》，而其精神实取自老、庄道家哲学中"和光同尘"的处世之道，《论仙篇》特别阐说地仙的游戏性格，"或经人间，匿真隐异，外同凡庸，比肩接武"，而不必一定如郊间的两瞳正方，邛疏的双耳特长等，具有神仙特异的形象，这是和光同尘，混同于世的道家应世哲学的神仙化，后世描述修道者的境界常有"真人不露相"之说，也就是外在形象与世俗之人全同，而其修养却已是神仙之境，就是源于葛洪这类思想。

从神仙理论上说，天仙的品阶最高，但是地仙却成为修道者的理想，就是充分反映在两汉以下逐渐形成的官僚政治体制中，官高位尊固然是升官的理想，但是宦途也自有其严酷、冷峻的一面，所以悠游于人间，而不受官箴的束缚，又是文士的一种愿望。其次从游仙的传统言，早在屈原《离骚》中，就有陟升赫戏的皇天，却又临睨旧乡的情境，类似的母题也一再出现于游仙诗中，以回归人间作结。对于人世间的眷顾，充分表现中国人的现实性格，人间是美好的，而天上就有缥缈云间的虚感与高处不胜寒的冷寂，所以有些学者说中国的神仙思想是肯定欲望的世界[⑮]。

葛洪在《抱朴子》及《神仙传》中一再表明这种思想，最显豁的一段对话，出现在《对俗篇》中，他以"或曰"的方式表达当时诘难者对于这种既要避世又不离世的矛盾情境加以质疑：

> 或曰：得道之士，呼吸之术既备，服食之要又该，掩耳而闻千里，闭目而见将来，或委华驷而辔蛟龙，或弃神州而宅蓬、瀛，或迟回于流俗，逍遥于人间，不便绝迹以造玄虚，其所尚则同，其逝止或异，何也？

所谓"所尚则同，逝止或异"，反映的其实是文士的政治观，是当时文士的集体意识。葛洪转述其师郑思远的说法，也就是金丹道派的神仙哲学：

> 闻之先师云，仙人或升天，或住地，要于俱长生，去留各从其所好耳。又服还丹金液之法，若且欲留在世间者，但服半剂而录其半。若后求升天，便尽服之。不死之事已定，无复奄忽之虑。正复且游地上，或入名山，亦何所复忧乎？彭祖言，天上多尊官大神，新仙者位卑，所奉事者非一，但更劳苦，故不足役役于登

天，而止人间八百余年也。

葛洪所述的修道者聪明地指出其立场：人间与天仙之间，既无世间人的苦恼：时空的大限、欲望的大限，却也不必进入天上宫殿备受官规的羁束。去留任意为逍遥游，是神仙的游戏性格，《庄子》一书所强调的"游"的精神，为游仙文学所转化，成为以神仙为隐喻的仙游，"游地上"、"入名山"都是游仙的方式。乱世文人在饱受欲望不能满足的压抑情况下，透过神仙思想表达其愿望；对于终年穷苦的百姓，神仙生活又岂不是梦寐以求？

神仙家虽在修道的过程中，严格要求清心寡欲的节制欲望的生活，但却肯定人间的欲望，尤其成仙之后能为所欲为，更描述人间的乐事：

人道当食甘旨，服轻暖，通阴阳，处官秩，耳目聪明，骨节坚强，颜色悦怿，老而不衰，延年久视，出处任意，寒温风湿不能伤，鬼神众精不能犯，五兵百毒不能中，忧喜毁誉不为累，乃为贵耳。若委弃妻子，独处山泽，邈然断绝人理，块然与木石为邻，不足多也。

委妻弃子，独处山泽，是隐士的苦行，正如《后汉书·逸民传》序所说"甘心畎亩之中，憔悴江海之上"，是不易为的事，如非为"隐居以求其志，或回避以全其道"的高尚其志，隐遁并非常人所能堪。神仙家要超越苦行，而悠游自在，所以地仙为求道者的理想。他肯定地说："求长生者，正惜今日之所欲耳，本不汲汲于升虚，以飞腾为胜于地上也。若幸可止家而不死者，亦何必求于速登天乎？"

葛洪传承地仙的观念，又将此一思想反馈于《神仙传》中。《对俗篇》所举的例证："昔安期先生、龙眉宁公、修羊公、阴长生，皆服金液半剂者也。其止世间，或近千年，然后去耳。"安期先生卖药东海边、修羊公修道华阴石室，并见《列仙传》；龙眉山的宁先生，毛身广耳，被发鼓琴，见《列仙传·子主传》；阴长生事奉马鸣生，得丹经合药，服半剂，止民间三百余年，见《神仙传》。而《神仙传》又有马鸣生、张陵等传，具体表现这种地仙思想。马鸣生勤苦多年：

（马鸣生）及受太阳神丹经三卷，归入山，合药服之，不乐升天，但服半剂为地仙矣，恒居人间。不过三年，辄易其处，时人不知是仙人也。架屋舍，畜仆从车马，并与俗人皆同，如此辗转，经历九州，五百余年，人多识之，悉怪其不老，复乃白日升天而去。

类似与世俗和光同尘的生活，为道家哲学对于神仙家的一大启发。与此境界相近的，为仙隐思想。葛洪假托彭祖与白石先生的一段对话最具代表性，因为白石先生被写成幽隐的地仙，彭祖问白石先生何不服升天之药，答曰：天上复能乐比人间乎？但莫使老死耳；天上多至尊，相奉事更苦于人间。故时人呼白石仙人为"隐遁仙人"——"以其不汲汲于升天为仙官，亦犹不求闻达者也。"按照《抱朴子·微旨篇》的说法，当时流传的天上宫府观念既已发展为三宫九府百二十曹的官僚式结构，所以白石先生也不愿为仙官，而宁为地仙，逍遥于天下名山。

在神仙论辩过程中，葛洪一再宣扬的是神仙生活的至乐，类似描写均出之以雕饰的文笔，极力夸言神仙的悠游自得，与道合一，而非孤寂的山居野处，《明本篇》在一连串的比较儒、道的本末之后，就以充满自信的口吻强调神仙之经、至要之言，并不是唾手可得的，最后的一段作结的话，就是神仙之至乐：

> 夫得仙者，或升太清，或翔紫霄，或造玄洲，或栖板桐，听钧天之乐，享九芝之馔，出携松、羡于倒景之表，入宴常、阳于瑶房之中，曷为当侣狐貉而偶猿狖乎？所谓不知而作也。夫道也者，逍遥虹霓，翱翔丹霄，鸿崖六虚，唯意所造。魁然流摈，未为戚也。牺腊聚处，虽被藻绣，论其为乐，孰与逸麟之离群以独往，吉光坼偶而多福哉？

由此他写成一幅神仙行乐图，如果再配合《神仙传》中彭祖所述的，就更为具体：

> 仙人者，或竦身入云，无翅而飞，或驾龙乘云，上造天阶，或化为鸟兽，浮游青云，或潜行江海，翱翔名山，或食元气，或菇芝草，或出入人间而人不识，或隐其身而莫之见，面生异骨，体有奇毛，率好深僻，不交俗流。

这段综述性的文字，将成仙之后，其神通自在的情景完全描写出来，葛洪所整理的神仙生活，其游戏人间、悠游自得的情境，成为后世游仙文学的张本。

总而言之，葛洪对于三品仙说加以承续，并赋以新意。其主要目的就是神仙生活并非远离人世，而求诸缥缈的天堂，其中具有浓厚的人间世性格，为典型的现实主义思想投射于神仙说的一种表现。这些说法大多见于《内篇》前半部分：《论仙》、《对俗》、《释滞》及《明本》等，而此数篇正是建立神仙论的重要篇卷；一方面强调神仙生活的本质并不违反伦常，一方面夸说神仙生活的至乐并不离弃欲望，由此诱导求道者勤求立志，在当时的养生论中，这是当行本色的立论。

【附注】

① 汤用彤，《谢灵运辨宗论书后》，收于《魏晋玄学论稿》，123-130 页。

② 参前引拙撰《嵇康养生思想之研究》。

③ 李约瑟《中国之科学与文明》中译本（三），列有"葛洪与科学思想"专节讨论。

④ 周文英，《中国逻辑思想史》，126-130 页。

⑤ 大渊忍尔，《道教史的研究》，155-157 页。

⑥ 王明，《太平经合校》（台北，鼎文书局，1978），163 页。

⑦ 余英时引马王堆三号墓的纪事木牍、湖北江陵凤凰山 10号、168 号汉墓，有主藏君、地下丞、地下主等名称，见《中国古代死后世界观的演变》，刊于《联合月刊》第 26 期（1983）。

⑧　王明合校本，24、78、88、90、125、221、289、352、417 等页。

⑨　参拙撰《汉武内传的著成及其流传》，刊于《幼狮学志》十七－二（1982）。

⑩　《科技史文集》第六辑《天文学史专辑》二，中有多篇论文论及北极、北极光，并有附图。

⑪　Ying-shih yu, "Life and Immortality in the mind of Han China", *Harvard Journal of Asiatic Study*,Vol 25,1964.

⑫　宫川尚志，《道教的神仙观念的一考察——尸解仙》，收于《中国宗教史研究》（京都，同朋舍，1983），439-458 页。

⑬　参拙撰《神仙三品说的原始及其演变》，刊于《汉学论文集》，208-209 页。

⑭　《太平经合校》，72、74、78、134、163 及 406 等页。

⑮　村上嘉实，《道教思想》，收于《六朝思想史研究》（京都，平乐寺，1974），3-83 页。

第八章 《抱朴子》神仙说的自力实践说

一、重自力反他力的度世思想

葛洪的仙道思想属于自力救济的宗教，除先天所具的禀赋，需经由自力的修炼，才可臻于长生的境界，这就是所谓"度世"，度世之人即是真人、仙人。魏晋时期结合前道教时期的度世之说，又兼受佛教大乘思想的冲击，形成自救救人、自度度人的思想，其中自救、自度，当时的道派强调的是自力主义，而对旧有的借助于他力的祭祷，提出清楚的主张，因而度世思想具有新的意义。

中国古老的度世之说，与神仙思想早有渊源，《楚辞》中远游有"欲度世以忘归"的词句，讲究自己度世为仙，而秦皇、汉武的封禅与有关仙真的《仙真人诗》、《大人赋》，较偏于他力的祭祷，以此为度世之方。对于度世风尚的盛行，王充《论衡》特设《龙虚篇》加以批判，篇中一再出现度世之人、度世为真人、仙人或度世不死等观念，类此度脱人世的说法为两汉社会的通说。至《太平经》而度世之说，正式纳为道教成仙的专门术语。《太平经》中将获得真道，行久成仙的方法，称为度世之术，这种度世就已具有自力的倾向，包括有各种修行方法及奉守的道义，对

181

约束奉道者的行为及自身的修道，均已具有初步的规模①。

葛洪承续度世之说，强调自救救人的救济思想，即是可以度世之方，自是极为贵重之事：

> 世之谓一言之善，贵于千金然，盖亦军国之得失，行己之臧否耳。至于告人以长生之诀，授之以不死之方，非特若彼常人之善言也，则奚徒千金而已乎？设使有困病垂死，而有能救之得愈者，莫不谓之为宏恩重施矣。今若按《仙经》，飞九丹，水金玉，则天下皆可令不死，其惠非但活一人之功也。黄、老之德，固无量矣，而莫之克识，谓为妄诞之言，可叹者也。(《释滞篇》)

自救救人的长生之方，为道教的宏恩重施。类此普度有缘的宗教信念，成为后来道教基本的精神。他们常在修炼成仙之后，又入世间点化有缘者，所以度脱有缘，共证仙果，为道教的救济思想。

葛洪的救济思想既然是基于自力主义，自是反对一切他力的方法，诸如倚赖祭祷之类。其实自力、他力的寻求解脱，都是对于生死表现异常的关怀，这是人类的本能之一，是哲人要解决的终极问题，葛洪自有的生死观是魏晋人士对于死亡的生命观的一种深化。对于死亡，虽则儒家有"未知生，焉知死"的古训，却未能完全解决死亡的危机感，尤其汉晋之际，疾疫、战乱等因素，常使人类心灵深处的死亡本能，借用文学诗歌的形式表现出来，从乐府民歌到文人歌诗，都有生命苦短、去日无多的生命悲情，深沉地表达内心的孤独感。

葛洪一如当时文士，深刻认识生命的本质，如幻如梦、如光如电，在《勤求篇》一再说明勤求的缘由，正因为深切体认到生命的短暂与死亡的悲哀，他观照人的一生：

凌晷飙飞，暂少忽老，迅速之甚，谕之无物，百年之寿，三万余日耳，幼弱则未有所知，衰迈则欢乐并废。童蒙昏耄，除数十年，而险隘忧病，相寻代有，居世之年，略消其半，计定得百年者，喜笑平和，则不过五六十年。咄嗟灭尽，哀忧昏耄，六七千日耳。顾眄已尽矣，况于全百年者，万未有一乎！谛而念之，亦无以笑披夏虫朝菌也，盖不知道者之所至悲矣！

既然生命的短暂是悲慨之所在，因而他说明历史上的事实：周公请代武王而死（《史记·周本纪》)、仲尼曳杖悲怀（《史记·孔子世家》），都是儒家圣人不乐速死之例。至于道家齐生死的哲学也与儒家"乐天知命"之说异曲同工，都是借以不忧，非不欲久生。葛洪分析儒道两家的生死观，完全出自仙道的观点，极为实际。因为儒家不言死，而寻求三不朽以免没世而名不称焉，是理性主义的生死观；而道家之齐生死，则是直探道的本体，透彻体会生命之为变化纷纭的现象，乃是由人生修养境界的提升解决生死一关。其实，儒道哲人是否勘破生死，对于葛洪并不是最关心的事，他要强调的是如何超越死亡的大限。

在魏晋文学中，最能具体反映死亡本能的恐惧感，无过于挽歌，挽歌本是送丧者推挽车的歌曲，其曲调悲哀而动人。由于挽歌演唱的时地均与死亡有关，因此歌唱挽歌不合时地应是习俗上的禁忌——禁忌死亡，正是对死亡恐惧的一种本能；而现在采取另一种方式，直接面对死亡，在欢宴时唱，在与死亡无关的场所唱，且集体为之，尤能表现集体潜意识中对于死亡的恐惧。葛洪身处于这种竞唱挽歌的魏晋文学风潮中，促使他更加热烈地提倡救济之道，《勤求篇》有段精彩的描述：

> 且夫深入九泉之下，长夜罔极，始为蝼蚁之粮，终与尘壤合体，令人怛然心热，不觉咄嗟。若心有求生之志，何可不弃置不急之事，以修玄妙之业哉！

死亡独霸于一切之上，是葛洪论死的中心思想，他以透彻的洞烛世事的眼光批评世人，"凡人之所汲汲者，势利嗜欲也。苟我身之不全，虽高官重权，金玉成山，妍艳万计，非我有也。是以上士先营长生之事，长生定可以任意。若未升玄去世，可且地仙人间。若彭祖、老子，止人中数百岁，不失人理之欢，然后徐徐登遐，亦盛事也。"葛洪肯定现实世界的美好，因而希望能自由自在地遨游人间，却又不受人间生死的大限，形成仙道思想中游戏人间的性格。

葛洪所具有的自力主义，促使他反对他力的祭祷。他反对祭祀也受到王充的启发，《论衡》基于合理主义的思维批判神秘的祭祀，《解除篇》强烈批评世俗信鬼祈福，是非理性的行为。葛洪的祭祀观又基于金丹的立场，相信自力的修炼，因而批判所有有关借助他力的祭祷，认为是无益于养生成仙。他的基本论点是源于先天的星命与后天的勤学，《道意》、《勤求》两篇分别从理论与实例批评祭祷的无益。《道意篇》强调人要淡默恬愉，不染不移，养其心以无欲，颐其神以粹素，自然能"不请福而福来，不禳祸而祸去"。这就是掌握命与道。然后批评常人所为：

患乎凡夫不能守真，无杜遏之检括，爱嗜好之摇夺，驰骋流遁，有迷无反，情感物而外起，智接事而旁溢，诱于可欲，而天理灭矣，惑乎见闻，而纯一迁矣。心受制于奢玩，情浊乱于波荡，于是有倾越之灾，有不振之祸，而徒烹宰肥腯，沃酹醪醴，撞金伐革，讴歌踊跃，拜伏稽颡，守请虚坐，求乞福愿，冀其必得，至死不悟，不亦哀哉？

凡夫一再违反养生之道，消耗自身的形、气，也就丧失其纯一的本性，灭没其天理的本然。葛洪指出，在这种情形下大力从事于祭祷，纵使是帝王豪富之家，想借此免祸，也是绝无可能之事，故说"夫福非定恭所请也，祸非禋祀所禳也"，这是合理主义的批评。

他说明星命既已决定是否宿命中有求仙的福分，又解说自力修为的重要。从论理上说，"若命可以重祷延，疾可以丰祀除，则富姓可以必长生，而贵人可以无疾病也。"（《道意》）因此《勤求篇》说明勤求明师，传授口诀，才是正途。以金丹道的立场言，实际烧炼大药，为正法——"长生制在大药耳，非祠醮之所得也"。他举帝王与常人的祠醮为例加以说明：

昔秦汉二代，大兴祈祷，所祭太乙五神，陈宝八神之属，动用牛羊谷帛，钱费亿万，了无所益。况于匹夫，德之不备，体之不养，而欲以三牲酒肴，祝愿鬼神，以索延年，惑亦甚矣……或举门扣头，以向空坐，烹宰牺牲，烧香请福，而病者不愈，死丧相袭，破产竭财，一无奇异，终不悔悟，自谓未笃。

若将勤于请祷的精神与费用，求知方之师，必得长生度世，这是他的结论。

其实，神仙道教的兴起，有一正面的教育义务，就是对于巫俗的清整，他们以纯化、精致化自居，认为是正统，而将重血食、祭祀的民间道派批评为异端。像蜀中三张的天师道，其重要经典《想尔注》就说："天之正法不在祭馈祷祠也，道故禁祭馈祷祠，与之重罚。祭馈与邪通，故有余食器物，道人不欲食用之也。"上清经派如一杨二许也攻击俗祷、淫祀。葛洪在这正统化的潮流中，批评血食、祭祷的诸杂散道派，甚至连李家道"未纯为清省"也在禁绝之列，这是因为他是主张自力修为的道派。《道意篇》有段文字极为有力地指出："俗所谓道率皆妖伪，转相诳惑，久而弥甚，既不能修疗病之术，又不能返其大迷，不务药石之救，惟专祝祭之谬，祈祷无已，问卜不倦，巫祝小人，妄说祸祟，疾病危急，唯所不闻。"在金丹道派的立场，葛洪与当时新兴的革新道派一齐批判祝祷，批判以巫祝为主的民间道派，在魏晋时期除了是道派之间的竞争之外，是具有进步的意义的。

葛洪的救济思想是重自力而反他力，而对自力的主张则采取博参主义者，认为道法俱有益于成仙，需要循序以进，始能奏功。《微旨篇》有段综述学道之要的话：

凡学道当阶浅以涉深，由易以及难，志诚坚果，无所不济，疑则无功，非一事也。夫根荄不洞地，而求柯条干云，渊源不泓窈，而求汤流万里者，未之有也。是故非积善阴德，不足以感神明；非诚心款契，不足以结师友；非功劳不足以论大试；又未遇明师而求要道，未可得也。九丹金液，最是仙主。然事大费重，不可卒办也。宝精爱炁，最其急也，并将服小药以延年命，学近术以辟邪恶，乃可渐阶精微矣。

其中提及的立志、明师与积善、阴德，正是学道的要件。前者为自力勤求入门得道的途径，后世有法、侣、财之说，俱从此出。而后者则为道教的宗教伦理，包括规诫、善书等一类劝善手册的早期资料。

对于神仙的修成，葛洪具有坚决的信念，所谓"知长生之可得，仙人之无种"（《至理篇》）。这种信念只有勤求道业者才能体会在心，而一般人对于仙道，大多不能真心去学，自力修为，《至理篇》慨叹"闻之者不信，不信者不为，为主者不终"，而且以此认定"天下果无仙道"。在魏晋的道教初兴的阶段，苛求、质疑者必不在少，因而一些具有远见的仙道中人也早就有所警惕，他们深知常人在修炼时常无坚强的毅力，稍一尝试，就想求速效，一无速效，就捐丸散而罢吐纳，而反云道之无益，《极言篇》引述一段发人深思的话，并加以阐述：

故曰：非长生难也，闻道难也；非闻道难也，行之难也；非行之难也，终之难也。良匠能与人规矩，不能使人必巧也。明师能授人方书，不能使人必为也。夫修道犹如播谷也，成之犹收积也。厥田虽沃，水泽虽美，而为之失天时，耕锄又不至，登稼被垄，不获不刈，顷亩虽多，犹无获也。

前一句后来也常见于道书中，应该是当时道书常用的劝诫之语，强调自力修为之难及修道成功之难。

二、立志、明师与口诀

学道之要，首在立志，所以葛洪在《论仙篇》中，先论辩神仙的存在，就阐明求仙的要件："求长生，修至道，诀在于志，不在于富贵也。苟非其人，则高位厚货，乃所以为重累耳。"因而以帝王人君好尊贵，也不一定能修成仙果，秦皇、汉武二主"徒有好仙之名，而无修道之实"，就是未能立志修道之故。接着《对俗篇》又有疑难：认为神仙是禀之自然，何可学得？葛洪除举例为证，说明实有其事，一般人不信神仙之可得，是因为"仙道迟成，多所禁忌。自无超世之志，强力之才，不能守之。其或颇好心疑，中道而废，使谓仙道长生，果不可得耳"。因仙道是不易求得的，是一门特殊的学问，所以首需具备超乎世俗的大志。《内篇》一开始，就在立志修道一问题，先加以论定。

神仙一事终究不是易事，其后的篇章仍一再提及立志的重要，像《释滞篇》回答"求仙至难"，也以"志之不立，信之不笃"

为常人所患的毛病。而《极言篇》为解答仙人"由学以得之，将特禀异气耶？"详细说明求仙需具超世之志，强力之才，也因而"为者如牛毛，获者如麟角"，他以世间万事为喻，采类比推理之法阐说农、工、商之有成，在于勤劳，最后推至于仙道："若乃人退己进，阴子所以穷至道也。敬卒若始，羡门所以致云龙也。"以阴长生、羡门高为证，自是明证，因而有"我志诚坚，彼何人哉？"的信念。

立志勤求至道，其传授的要件就在"明师"与"口诀"，两者一体，密不可分。仙道的传经授诀，基于古来巫术、方术的传统，具有浓厚的秘传性格。道的授受讲究的是明师与高徒之间的关系，师要明师，而弟子也是经简择而来的，这就是道门所用以解说的机缘。道法至为隐秘，因而勤求明师为首要目标：

欲求神仙，唯当得其至要……不值明师，不经勤苦，亦不可仓卒而尽知也。(《释滞篇》)

"明师"的明，可有两层意义：一是明智、明哲之明；二是盟，盟约、盟誓始得明师。葛洪在《金丹篇》说明金丹要法，"不值明师，无由闻天下斯妙事也"。至于弟子，为师的也需要一番简择的过程，始能找到传人：

夫道家宝秘仙术，弟子之中，尤当简择，至精弥久，然后告之以要诀。(《辨问篇》)

师弟的遇合讲究机缘的凑合，与相互简选的问题，在当时的师受过程中是颇受重视的，所以葛洪特予提出。

葛洪在《抱朴子》中多次详述简选弟子，需要多加试炼。"试炼"在仙道的师受中，由于其本身具有师徒的伦理关系，又加上一层宗教的秘传性，因而特别发人深省。葛洪先说明弟子如何择师，《抱朴子》一再以激烈的语气批评伪道士、伪仙人，因为虚妄的道士自居为师，让求道者以假当真，耗时损财，有害无益。《勤求篇》就公开批判诸虚名道士的虚妄：

> 诸虚名之道士，既善为诳诈，以欺学者；又多护短匿愚，耻于不知，阳若以博涉已足，终不肯行求请问于胜己者，蠢尔守穷，面墙而立；又不但拱默而已，乃复憎忌于实有道者而谤毁之，恐彼声名之过己也。此等岂有意于长生之法哉？为欲以合致弟子，图其财力，以快其情欲而已耳。而不知天高听卑，其后必受斯殃也。夫贫者不可妄云我富也，贱者不可虚云我贵也，况道德之事实无，而空养门生弟子乎？凡俗之人，犹不宜怀妒善之心，况于道士，尤应以忠信快意为生者也，云何当以此之憾然函胸臆间乎？人自不能闻见神明，而神明之闻见己之甚易也。

虚名道士为合致弟子、图其财力，因而善为诳诈，以欺学者，这是当时道教实态的反映，为极珍贵的道教史料。他向世间伪道提出警告：妄言妄语，必受天殃，并以"忠信快意"相勉。采用"神明"的说法是神道设教的方式，对于传授道法有警惕效果。

《祛惑篇》说明承师问道，必得明师之理，极为恳切：

承师问道，不得其人，委去则迟迟冀于有获，守之则终已竟无所成，虚费事妨功，后虽痛悔，亦不及已。世间浅近之事，犹不可坐知，况神仙之事乎？虽圣虽明，莫由自晓，非可以历思得也，非可以触类求也。诚须所师，必深必博……所从学者，不得远识渊潭之门，而值孤陋寡闻之人，彼所知素狭，源短流促，倒装与人，则靳靳不舍，分损以授，则浅薄无奇能，其所宝宿已不精，若复料其粗者以教人，亦安能有所成乎？

他率直指陈一些虚伪道士，"多行欺诳世人，以收财利，无所不为矣。"诸如古强、蔡诞、项曼都以及白和等，都是荒诞道士，假造虚名，荒唐可笑。《抱朴子》喜用以古刺今的手法，他较少直接指名道姓地批评当世之人，而《祛惑篇》只有项曼都好道学仙的事例，取自《论衡·道虚篇》，其余倒都是现成的实例：古强为扬州嵇使君（疑为嵇含）所迎请的八十许老翁；蔡诞为成都太守吴文所说的实人实事；而白和也是耸动时人，竞往奉事的，均为当时实有之事，让葛洪公开地指谪，则其愤慨之情已极强烈。篇中以生动的文笔描述伪道士的虚伪作态，极为传神。其中有一段叙述自己所见的杂散道士，如何专令从者作为空名，云其已四五百岁；又写问其年纪，如何先伴不闻，含笑俯仰，然后自言修道经过，确是荒诞可笑。葛洪曾流连道路十余年，所见所闻，自是广博，故能刻画生动，入木三分地写出一些爱好者"烟起雾合，辐辏其门"的景象。求道者如以类似的杂散道士为师，自是费事妨功，安能有所成事？

明师既是明哲，简择弟子需加以试炼。葛洪显然有意建立道法传授的师徒伦理，因此特别加强求道者的应事态度，在消极方面，他以锐利的口气批评一些不当的心态：

世间或有欲试修长生之道者，而不肯谦下于堪师者，直尔蹴迮，从求至要，宁可得乎？夫学者之恭逊驱走，何益于师之分寸乎？然不尔，则是彼心不尽；彼心不尽，则令人告之不力；告之不力，则秘诀何可悉得邪？不得已当以浮浅示之，岂足以成不死之功哉？亦有人皮肤好喜，而信道之诚，不根心神，有所索欲，阳为曲恭，累日之间，怠慢已出。若值明智之师，且欲详观来者变态，试以淹久，故不告之，以测其志。则若此之人，情伪行露，亦终不得而教之，教之亦不得尽言吐实，言不了则为之无益也。

这段文字都描述求道者的"变态"，几乎道尽人性中较为丑恶、虚伪、现实、肤浅等毛病，这是他长久观察的结果，显示当时道法初兴，求者众多，而持有经诀者也多矜秘其事，因而求道者也无所不用其极。"情伪行露"，就是经不起试炼。在积极方面，有一条《抱朴子》佚文最能表现弟子对于明师的规矩：

专心凭师，依法行道，济身度世，利在永亨，事师尽敬，得道为期，承间候色也。不尽力明师道，有罪不可除也。学道得明师事之，害乱不得发也。(《御览》六百五十九引)

类此整齐的句式，如非后人引述特意改写，就是葛洪原文已是这种风格，属于盟约起誓之用。《抱朴子》一书的价值，就是在道教史中公开表明，想要建立一套严谨可法的理论，师受的伦理即为其中之一。他虽有取法儒家的传道授业的师道传统之处，但也广参道书中传授法诀的规诫，糅合自己身体力行的心得，组成一套教育规范。

有关弟子事奉师长之礼，葛洪自不忘使用其例证之法，作为学道者的示范。"试炼"是极富于趣味的题材，常成为后世仙道小说的重心，发展为点化、度脱以及试炼的情节。在试炼未成之例中，充分反映人性中的弱点，诸如七情六欲的诱惑，或强烈好奇心的驱使，令其破戒之类，有两则佚文，据信即为《抱朴子》所佚[②]：

薛振，字季和，燕代人。周武王时，学道于钟山北河，经七试而不过者，由淫洗鄙滞败其试耳。(《御览》六百六十六引)

范零子，少好仙道，如此积年，后遇司马季主。季主同入常山，积七年，入石室（当有脱字）瓮。季主出行，恳戒之曰：慎勿开。零子忽发视之。季主还，乃遣归。后复召至，使守一铜匣，又戒勿发。零子复发之。季主乃遣之，遂不得道。(同上)

两段叙述，是引录者简录，抑为原文，殊不易判断。范零子两次违戒开视，完全表露人类在强烈好奇心的驱使之下，常不能守戒，为仙道小说中违戒的精彩情节；至于薛振所试的"淫洗鄙滞"，并未具体描写，可对照《神仙传》中张道陵七试赵升的传说，衍为话本小说的精彩段落，其中幻化神奇，将人性潜意识中的本能欲望化装出现，其中多是宗教体验中的幻境，佛教经典传入中国后，佛陀成道的叙述必有相当的启发性。

《勤求篇》所述的则为师弟遇合的佳例，借以阐明"明师之恩，诚为过于天地，重于父母多矣"。因为"人生先受精神于天地，后禀气血于父母，然不得明师，告之以度世之道，则无由免死"。这是极为显豁的话：生之者父母，成之者明师，在仙道思想中也形成这种传统，就是在不完全违背儒家孝道的伦理下，特别强调师道的尊贵，有时还阐发道家离弃情感的绝情、无情的境界。七试中有些幻象就是要完全弃绝情、欲，达到无情无欲的空无之境，这是道家对于人性的透彻观察之后，所提出的撤去一切、回归本无的哲学。道教则以具体的宗教体验，运用幻象显露放出一切意识压抑下的本能，属于深度的宗教心理学。

葛洪对于师弟的关系，一面借助于实例，一面借己身经验阐述：

陈安世者，年十三岁，盖灌叔本之客子耳，先得仙道。叔本年七十皓首，朝夕拜安世曰：道尊德贵，先得道者则为师矣，吾不敢倦执弟子之礼也。由是安世告之要方，遂复仙去矣。(《勤求篇》)

《登涉篇》有仙人陈安世，当是同一神仙。灌叔本拜佣童为师的传说并见于《神仙传》中，类此运用仙传以传述求道的记载，遍见于六朝仙传中，杨、许等所录真诰，被陶弘景辑录于《真诰》，并被转录于《洞仙传》的就有多篇专述试炼的过程③。

《抱朴子》中曾提起自己拜于郑思远门下的事，执弟子之礼甚为恭谨。《极言篇》一开始所说，神仙并非特禀异气而是积学而成，就是一段以自己拜师的经验写出的弟子事师须知：

彼莫不负笈随师，积其功勤，蒙霜冒险，栉风沐雨，而躬亲洒扫，契阔劳艺，始见之以信行，终被试以危困，性笃行贞，心无怨贰，乃得升堂以入于室。或有怠厌而中止，或有怨恚而造退，或有诱于荣利，而还修流俗之事，或有败于邪说，而失其淡泊之志，或朝为而夕欲其成，或坐修而立望其效。若夫睹财色而心不战，闻俗言而志不沮者，万夫之中，有一人为多矣。

求道的过程，先有信行、终被试炼，其间稍有意志不坚，就前功尽弃。魏晋时期道教特重师礼，反映出道经的禁秘、口诀的秘奥，为道教内尊师重道传统的确立。

明师与弟子之间的授受，就是经诀。经诀的传授，道教自有异于儒家的传统，就是血盟。登坛歃血为极隆重的事，道教传承的是古人订盟与巫师传法的仪式，而予以道教化。以血为盟，具有浓厚的巫术性，其本身所有的象征律，显示它有生命传续，并有违戒将受可怕谴责的禁忌作用，葛洪多次强调血盟的仪式性：

是以道家之所至秘而重者，莫过乎长生之方也。故血盟乃传，传非其人，戒在天罚。先师不敢以轻行授人，须人求之至勤者，犹当拣选至精者乃教之，况乎不好不求，求之不笃者，安可衔其法以告之哉？（《勤求篇》）

五经之事，注说炳露，初学之徒，犹可不解。岂况金简玉札，

神仙之经，至要之言，又多不书。登坛歃血，乃传口诀，苟非其人，虽裂地连城，金璧满堂，不妄以示之。(《明本篇》)

当传而不传，不当传而传，都违反天的戒律。葛洪所见的道书中，并未有明科一类，至于《遐览篇》也未著录，或只随道书而表出。而当时上清经派显然已有"科禁"，《汉武内传》常提起"科"；其后《四极明科经》更广泛搜罗各种明科，且常有"旧科"等字眼。这里所说的"科"，正是明科、盟科、科禁等意义，阐述传经授诀的须知事项④。

有关师弟之间的明科，《汉武内传》转述的话最为显露，因为此传就是为教育奉道者而作，其言曰："传非其人，是为泄天道；可授而不传，是为闭天宝；不计限而妄授者，是为轻天老；受而不敬，是为慢天藻。泄、闭、轻、慢四者，取死之刀斧，延祸之车乘也。"这是借用西王母之口所传述的科禁。泄、闭是明师的责任，轻、慢是弟子的责任，将经诀的出世归诸神秘的天上仙真，因而违反盟约也将受天罚。葛洪"传非其人，戒在天爵"，也当是有所据而云然，《汉武内传》的说法是："泄之者身死道路，受土形而骸裂；闭则目盲耳聋于来生，命凋枉而卒没；轻则钟祸于父母，诣玄都而考罚；慢则暴终而堕恶道，生弃疾于后世，复有愈兹罪者则宗断而族灭。"⑤证之于《四极明科经》，可信是旧科中的起誓之词。类此源于巫术的咒誓，道教化以后成为约束师、徒的宗教禁制力，借以维护宗教的薪传不绝，为中国秘方禁术传授的传统。

从葛氏道的立场言，最为矜秘的口诀多与金丹有关，口诀较诸道经尤为禁秘，因为这是口传心授才得传授，《勤求篇》特别阐说口诀的重要性：

> 古人质正，贵行贱言，故为政者不尚文辨，修道者不崇辞说。风俗衰薄，外饰弥繁，方策既山积于儒门，而内书亦兾掌于术家。初学之徒，即未便可授以大要。又亦人情以本末殷富者为快。故后之知道者，干吉、容嵩、桂帛诸家，各著千所篇，然率多教诫之言，不肯善为人开显大向之指归也。其至真之诀，或但口传，或不过寻尺之素，在领带之中，非随师经久，累勤历试者，不能得也。杂猥弟子，皆各随其用心之疏密，履苦之久远，察其聪明之所逮，及志力之所能辨，各有所授，千百岁中，时有尽其囊枕之中，肘腋之下，秘要之旨耳。

口诀的授受，禁秘之至，与世风日下有关，反映当时道门的复杂情况。葛洪在《金丹篇》、《黄白篇》极力说明炼丹非由口传心授，随文指点则不能彻底了解，因为其中多隐名："凡方书所名药物，又或与常药物同而实非者，如河上姹女，非妇人也；陵阳子明，非男子也；禹余粮，非米也；尧浆，非水也……近易之草，或有不知，玄秘之方，孰能悉解。"隐秘的口诀，在六朝炼丹史上为一特色，因为当时矜为隐秘已极的丹药变化，确是复杂的化学变化，至唐以后，才逐渐放弃隐名，直接记录其炼丹的材料。

《抱朴子》一书所述，最多盟约的仪式，尤以《金丹篇》为其典型：

按《黄帝九鼎神丹经》曰……黄帝以传玄子，戒之曰：此道至重，必以授贤，苟非其人，虽积玉如山，勿以此道告之也。受之者以金人金鱼投于东流水中以为约，喢（shà）血为盟，无神仙之骨，亦不可得见此道也。

《金液经》云：投金人八两于东流水中，饮血为誓，乃告口诀，不如本法，盗其方而作之，终不成也。凡人有至信者，可以药与之，不可轻传其书，必两受其殃，天神鉴人甚近，人不知耳。

这段文字极为可信，其仪式中，使用金人、金鱼，是与炼金有关的象征性巫术；而投于水中，则指水为誓，违约当如东流之水；喢血而盟、饮血为誓，则是以血为神秘的盟约方式。有些更记载，炼成之后，需取其中药金置于市中，分与他人，可知其禁秘。《金丹篇》说自己亲事郑氏门下，潜授经文，"乃于马迹山中立盟受之，拜诸口诀"，所受的就是《太清丹经》、《九鼎丹经》、《金液经》等丹经。其他在《登涉篇》、《杂应篇》也多有口诀，《释滞篇》说房中之法，"乃真人口口相传，本不书也。"《登涉篇》说三五禁法："当须口传，笔不能委曲矣。"都是口传心授的显证。

《上清经》的传授，《四极明科经》常引用"旧科"记载骨相奇特的可传，且需具备盟信之物，如此才有真神护卫，而经诀的传授，多少年可传，传法有一传、三传等不同，一旦传授，需谨遵盟约，否则就有刀火地狱之苦，因此本句常以"明慎奉行"作结。从此可知上清经派对于明科的逐渐形成，是颇具规模的。北周编《无上秘要》就是有计划抄录整理六朝古道经有关盟约的资料，卷三十四有《授度品》，提到"学当师受，学不师受，不可以教人"。有《法信品》，引用《洞真太如飞行羽经》说受经时，要"先歃血累坛，剪发立盟，为不宣不泄之信誓。后圣以歃血犯生炁之伤，剪发违肤毁之犯，谨以黄金二镒代割血之信，青柔之帛二十二尺，当割发之约"。可知传授道经诀要，其中的盟约形式是有演变的：歃血剪发是较素朴的原始形式，后来可代以黄金、布帛等为信物。葛洪所录的《仙经》，保持的是早期的盟约形式。

大概言之，求道修道在道教初期已是郑重其事，葛洪即是出于道法相承的金丹道派，自非杜撰有关师受的规矩，而是有所依据而云然，一方面可提升道书的尊贵，奠定道教的地位；一方面可提醒参与论辩神仙思想者，仙法并非特禀异气，或值星宿而已，需要强力勤求，始能修得。在养生论中，这是内行的话，自易奠定其论辩的力量。

三、仙道的宗教伦理：功德与纪算

葛洪常被尊为善书《太上感应篇》的劝善说的启发者，这是因为他首先有意建立道教的宗教伦理，作为养生成仙的要件。道教对于中国社会具有其不可忽视的社会功能，其中通俗化的道德观念备受宗教学者的注意，因儒家、道家等一些睿智之士所提出的道德规范，透过经书或子书，成为中国伦理思想中的大传统；而乡民社会自有其通俗化、浅俗化的道德条目，作为日常生活中待人处世的规则，维护着广大社会的秩序，可谓为小传统，大、小传统间具有相互依存的关系。道教在初期所提出的道德观念，广泛吸收儒道各家，以及民间本有的生活规范，作为奉道者、修道者的道德条目，葛洪即在这些基础上有所建树。

《太平经》的通俗化道教色彩，表现在司命、司过以及天算、校算说，借神力以劝善，有助于约束其奉道之民的行为。太平道、五斗米道等道派都是具有民众基础的宗教，因而提出的道德条目，大多依循通俗化、简单化的原则，其中自有浓厚的民间信仰的色彩。葛洪的金丹大道并非属教民众多的普化宗教，而较倾向于清修的性质，但仍采取功过之说，与儒家的忠孝和顺仁信等道德，组成其宗教伦理观。

《抱朴子》论修道者的伦理道德多集中于《对俗》、《微旨》两篇，所据的多属汉代纬书的说法。首先要说明的是"功德"的观念，道教典籍中葛洪是最早融合纬书、《仙经》，而提出"为道者当先立功德"一观念加以阐说的，是道教教理史上珍贵的资料：

> 按《玉钤经·中篇》云，立功为上，除过次之。为道者以救人危使免祸，护人疾病，令不枉死，为上功也。欲求仙者，要当以忠孝和顺仁信为本。若德行不修，而但务方术，皆不得长生也。行恶事大者，司命夺纪，小过夺算，随所犯轻重，故所夺有多少也。凡人之受命得寿，自有本数，数本多者，则纪算难尽而迟死，若所禀本少，而所犯者多，则纪算速尽而早死。（《对俗篇》）

所谓纪算，与汉代盛行的司命神信仰有关，就是监管人间过失的神，依人的行为，增减其纪算，作为寿命长短的审判标准。《玉钤经》反映的正是两汉乡民社会的通俗信仰，此外还引用《易内戒》、《赤松子经》、《河图记命符》等，说明欲修长生之道者的禁忌：

按《易内戒》及《赤松子经》及《河图记命符》皆云，天地有司过之神，随人所犯轻重以夺其算，算减则人贫耗疾病，屡逢忧患，算尽则人死，诸应夺算者有数百事，不可具论。又言身中有三尸，三尸之为物，虽无形而实魂灵鬼神之属也。欲使人早死，此尸当得作鬼，自放纵游行，享人祭酹。是以每到庚申之日，辄上天白司命，道人所为过失。又月晦之夜，灶神亦上天白人罪状。大者夺纪，纪者，三百日也；小者夺算，算者，三日也。(《微旨篇》)

首先要说明的是纬书所保存的汉世通说，《易内戒》属易纬，《河图记命符》属河图纬，纬书佚失甚多，幸赖《抱朴子》保存一小部分——后来日本《医心方》卷二十六中也引述，虽则葛洪在《自叙》中自承"《河》、《洛》、图纬，一视便止"，但仍依所见的取用其中的一部分，因而保存纪算之说。现存的还有《河图握矩记》说："黄帝曰：凡人生一日，天帝赐算三万六千，又赐纪二千。圣人得三万六千七百二十，凡人得三万六千。一纪主一岁，圣人加七百二十。"又说："孝顺二亲，赐算二千，天司录所表事，赐算中功。"由这些记载可以推知：功是因行为的立善程度，而有上功、中功及下功，有功则可增算增纪，延长寿命。反之，则夺算夺纪，削减寿命，所以算纪之说为当时民间的功德思想。

其次司命、司过之神，是一种星辰信仰。儒家经注也载有这些说法，郑玄注《礼记·祭法》："小神居人间，司察小过，作谴告者。"《史记·天官书》正义也提及：司命在卢北，主葬送；司非二星在危北，主潜过。类似的稽查人间过失的小神，就是三尸、灶神及主持审判的司过之神等。有关三尸的传说，从汉到西晋逐渐发展形成，《论衡·商虫篇》提到人腹中有三虫；《三国志·魏志》卷二十九名医《华佗传》载有漆叶青黏散可驱除三虫的药方，而葛洪则称为"三尸"，他所撰《神仙传》中刘根的传中也说："神人曰：必欲长生，先去三尸。三尸去即志意定，嗜欲除也。"所谓三虫，据研究古医书者认为就是指人体中的寄生虫，有胃虫、长虫、寸白虫，或长虫、赤虫、蛲虫等记载，可见中国医学对于寄生虫的认识已极发达。将三虫的寄生虫的观念转化为三尸，也是汉人的通俗说法，被神仙道教派吸收之后成为主管人之寿命的三尸信仰。与葛洪时代相近的上清经派也承袭汉人旧说，袭用三虫说的有东晋华侨撰《紫阳真人周君内传》：

虫有三名，一名青古，二名白姑，三名血尸，谓之三虫。在内令心烦满，意志不开，所思不固，失食则饥，悲愁感动，精志不至，仍以饮食不节断也。虽复谷断，人体重滞，奄奄淡冈，所梦非真，颠倒翻错，邪俗不除，皆由于虫在其内，摇动五脏故也。

而用三尸说，则有东晋末造构的《汉武内传》，汉武帝向西王母请求解脱三尸，寻求长生之法。

三尸又称三彭、三姑，据道教经典载：上尸名彭倨，居人头；中尸名彭贺，居人腹；下尸名彭矫，居人足。这是后来的说法。由于三尸被神格化，能在庚申日上天白人过失，因而逐渐形成庚申日守候不令上天的习俗，称为"守庚申"，盛行于唐代，甚至流传于日本，成为"庚申信仰"。⑥葛洪在《抱朴子》保存的是早期较素朴的说法，如《遐览篇》所录的《三尸集》之类。而《微旨篇》也说："身中有三尸，三尸之为物，虽无形而实魂灵、鬼神之属也，欲使人早死。"有关三虫、三尸，当时医学既已有医方医疗，华佗所配药散为草本方；而葛洪则相信金丹方，在《金丹篇》中记录了一种小丹法：

《小丹法》：丹一斤，捣筛，下淳苦酒三升，漆二升，凡三物合，令相得，微火上煎令可丸，服如麻子三丸，日再服，三十日，腹中百病愈，三尸去；服之百日，肌骨强坚；千日，司命削去死籍，与天地相毕，日月相望，改形易容，变化无常，日中无影，乃别有光也。

运用药物的服食借以驱除人身的寄生虫，在当时的科学水平，已是相当进步的观念。葛洪自有神化丹法之处，强调服丹可去三尸，可由司命削去死籍而成仙，这是金丹道派立场的说法。

从葛洪的理论架构推演，他必须先肯定灵魂之说及有神论，始能完成其天神监察人间的审判说。基本上，《微旨篇》流露出"吾亦未能审此事（三尸）之有无"的犹疑，可见他仍有理性主义的态度，但在理论上不能不接受宗教上的假设：

然天道邈远，鬼神难明。赵简子、秦穆公皆亲受金策于上帝，有土地之明征。山川草木，井灶洿（wū）池，犹皆有精气；人身之中，亦有魂魄；况天地为物之至大者，于理当有精神，有精神则宜赏善而罚恶，但其体大而网疏，不必机发而响应耳。

既有神明的稽查、审判，就对学道者的行为有审核的标准，《对俗》、《微旨》两篇所论，成为宋朝《太上感应篇》、《太微星君功过格》及众多善书、功过格的依据：

> 《玉钤经·中篇》……又云：人欲地仙，当立三百善；欲天仙，立千二百善。若有千一百九十九善，而忽复中行一恶，则尽失前善，乃当复更起善数耳。故善不在大，恶不在小也。虽不作恶事，而口及所行之事，及责求布施之报，便复失此一事之善，但不尽失耳。又云：积善事未满，虽服仙药，亦无益也。若不服仙药，并行好事，虽未便得仙，亦可无卒死之祸矣。（《对俗篇》）

这段文字有从积极上说积善之效，消极上说作恶之弊，只是发端之辞，《微旨篇》才列出纲目。

《微旨篇》的价值就在于所列的道德条目，对于后世的功过格极有启发性；而六朝道经已开始出现一些道戒，目前辑录于宋张君房编的《云笈七签》中，就有假托元始天尊、太上老君所教的"十戒"、"老君二十七戒"、"妙林经二十七戒"及"老君说百八十戒"等（卷三十八、三十九），就是详列戒规的条举式。因此颇疑葛洪当时所搜罗的道书，在《遐览篇》所列书名中，如

《立功益算经》一卷、《道士夺算律》三卷，就是条目式的形式，而《微旨篇》所引述的经、戒，也属于同一性质的戒律。他所强调的立善道戒，如功过格所说的"功格"：

> 览诸道戒，无不云欲求长生者，必欲积善立功，慈心于物，恕己及人，仁逮昆虫，乐人之吉，愍人之苦，赒人之急，救人之穷，手不伤生，口不劝祸，见人之得，如己之得，见人之失，如己之失，不自贵，不自誉，不嫉妒胜己，不佞谄阴贼，如此乃为有德，受福于天，所作必成，求仙可冀也。

其实，功德诸种善事，也不能狭义地说是受儒家传统的道德规范的影响，而是传统中国社会共通的人伦轨则。大传统中睿智的哲人，其所订的伦理道德，与小传统的乡民社会的行为准则，是相互依存的关系，而并非谁影响谁的问题，是中国农业社会共同遵守的行为规范，道士的道戒，或百姓的善书、功过格，只是把它明确地宗教化、通俗化而已。

对于恶德，功过格称为"过律"，葛洪也分别列举如格言、戒条式的四字一句的叙述法，从葛洪相当讲究雕饰的文字风格言，显然是引用的文字，且可能即是《夺算律》一类道戒，这是一段珍贵的早期功过格，值得全录：

> 若乃憎善好杀，口是心非，背向异辞，反戾直正；虐害其下，欺罔其上，叛其所事，受恩不感；弄法受赂，纵曲枉直，废公为私，刑加无辜；破人之家，收人之宝，害人之身，取人之位；侵

克贤者，诛戮降伏，谤讪仙圣，伤残道士；弹射飞鸟，刳胎破卵，春夏燎猎，骂詈神灵；教人为恶，蔽人之善，危人自安，侥人自功；坏人佳事，夺人所爱，离人骨肉，辱人求胜；取人长钱，还人短陌，决放水火，以术害人；迫胁尪弱，以恶易好，强取强求，掳掠致富；不公不平，淫佚倾邪，凌孤暴寡，拾遗取施；欺绐诳诈，好说人私，持人短长，牵天援地；咒诅求直，假借不还，换贷不偿，求欲无已；憎拒忠信，不顺上命，不敬所师，笑人作善；败人苗稼，损人器物，以穷人用，以不清洁饮饲他人，轻秤小斗，狭幅短度，以伪杂真，采取奸利，诱人取物，越井跨灶，晦歌朔哭。

过律所及，其范围之广遍及方内、方外，并非仅限于道士。大凡人类因七情六欲所犯的过错均已罗致其中，它并非如儒家经典的原则性规范，而是详细列举的道德条目。其中可见与庶民生活的密切关系，如"弹射飞鸟，刳胎破卵，春夏燎猎"与狩猎有关；"败人苗稼，损人器物"，与农稼有关；"轻秤小斗，狭幅短度，以伪杂真，采取奸利"，与经商有关；"决放水火，以术害人"，与术数有关；"弄法受赂，纵曲枉直，废公为私，刑加无辜；破人之家，收人之宝，害人之身，取人之位；侵克贤者，诛戮降伏"等开始一段最长的戒规，根本就是官箴、官戒，由此反映居于四民之首的士，其为官吏所应遵守的戒规，远多于农、工、商。可见其为恶的机会也远多于其他阶级。至于其他有关日常生活的习惯，几乎遍及生活细节，已是一张极详尽的生活公约。大概而言，《礼记·曲礼》等所列的生活规范，代表先秦至汉初，儒家学者的道德标准，但在庶民生活中也有通俗化、简易化的生活规范。通俗化的需求是因为它不需要形上的伦理，而只要适应生活需求的条目，所以简易化为必然的趋势，因为易于遵行。宋、明时期三教思想对于中国社会的影响，在宗教伦理的部分，为数众多的善书、功过格就是秉持通俗化、简易化的原则，涵融三教，而不断断于释儒，抑或道释，这正是庶民道德所具有的变通性格，具有充沛的生命力[7]。

葛洪在《微旨篇》所述，是否已受佛教的果报思想的影响，是佛道交涉史的一大疑案；但可信他的报应观念是较素朴的道教初期的思想，得诸传统中国社会的成分居多，基于因果律，他阐述算纪说与生命的因果关系：

凡有一事，辄是一罪，随事轻重，司命夺其算纪，算尽则死。但有恶心而无恶迹者夺算，若恶事而损于人者夺纪，若算纪未尽而自死者，皆殃及子孙也。诸横夺人财物者，或计其妻子家口以当填之，以致死丧，但不即至耳。其恶行若不足以煞其家人者，久久终遭水火劫盗，乃遗失器物，或遇县官疾病，自营医药，烹牲祭祀所用之费，要当令足以尽其所取之直也。故道家言枉煞人者，是以兵刃而更相杀。其取非义之财，不避怨恨，譬若以漏脯救饥，鸩酒解渴，非不暂饱而死亦及之矣。其有曾行诸恶事，后自改悔者，若曾枉煞人，则当思救济应死之人以解之。若妄取人财物，则当思施与贫困以解之。若以罪加人，则当思荐达贤人以解之。皆一倍于所为，则可便受吉利，转祸为福之道也。能尽不犯之，则必延年益寿，学道速成也。

这段解说纪算的文字，蕴有严峻的天算思想。值得注意的是其中的"祸延子孙"之说，由子孙承受先人的祸殃，这种具有宗教意义的律法思想，在民间社会中可补法令之不足。而他的解救之道，基本上是增算赐算的说法，但却与佛教的业报说有相互发明之处。佛教的传入中国，至东晋初，已逐渐流传于世，其间或有相互呼应之处。

对于道士学道必须守戒律，其中最大的考验，就是果报不易明验，葛洪深知"善事难为，恶事易作"，因而一般人常怀疑"天地之不能辨臧否"，对于这一疑问，他仅能强调天神的无所不能、无所不知的能力，所谓"天高而听卑，物无不鉴，行善不怠，必得告报"。天神所具的观察力，以及司命、司过的审判力，三尸、灶神的伺察力，构成中国社会的阴律。礼教有道德的规范作用，需经由社会共同体的运作；而刑法则是法律强制的规范，在汉以后逐渐形成的外儒内法的统治思想中居于主流。汉晋之际各种宗教的勃兴，将民间信仰与外来、新兴的教义结合，成为民间社会的道德律，无远弗届，普及而深入，葛洪将它与长生说结合，是养生学史的里程碑之一。

【附注】

① 参王明《太平经合校》，163、282、287、288、342、372、408、409、410 等页。

② 王明引录于《抱朴子内篇校释》之后，严可均辑《全晋文》已引用。

③　参见《洞仙传之著成及其内容》，刊于《中国古典小说专集》(1)(台北，联经，1979)。

④　吉川忠夫，《师受考》，收于《六朝精神史研究》(京都，同朋舍，1984)，425-461页。

⑤　参见《汉武内传的著成及其流传》，刊于《幼狮学报》十七－二。

⑥　洼德忠，《庚申信仰》(东京，山川，1956)，191-240页。

⑦　详参酒井忠夫，《中国善书的研究》(东京，国书刊行会，1972)。

第九章 《抱朴子》的养生术：
辟谷、服气与房中术

  葛洪在《抱朴子》中所述的养生术，为东晋以前神仙家论养生之法的总结，属于博综主义者。《微旨篇》说："凡养生者欲令多闻而体要，博见而善择，偏修一事，不足必赖也。"他的养生思想是有主有辅而兼采众说，因此批评偏执一说的养生法：

  好事之徒各仗其所长，知玄、素之术者，则曰唯房中之术，可以度世矣；明吐纳之道者，则曰唯行气，可以延年矣；知屈伸之法者，则曰唯导引，可以难老矣；知草木之方者，则曰唯药饵，可以无穷矣；学道之不成就，由乎偏枯之若此也。浅见之家偶知一事，便言已足，而不识真者，虽得善方，犹更求无已，以消工弃日，而所施用，意无一定，此皆两有所失者也。

  由于葛洪在二十余岁以后，有十余年的流离岁月，遍见各地的杂散道士，因而深知道士所秘重的各种道法，都有偏修之弊；加以他师承所自，遍参道书，因而眼界较广，见识较深，自然不同意偏执的做法。

既然他在养生术的原则是博采众说，"犹世主之治国焉，文武礼律，无一不可也"。他所包罗的方法，《至理篇》提及"道引行气、还精补脑、食饮有度、兴居有节、将服药物、思神守一、柱（柱）天禁戒、带佩符印"等几大项，综括了内养、外养及法术三类。其中前六项为与人体有关的项目，《对俗篇》又举其中四项为例："服丹守一，与天相毕；还精胎气，延寿无极，此皆至道要言也。"葛洪又依凭师承所自，建立"服丹守一"的金丹道派的道法：

> 夫长生仙方，则唯有金丹；守形却恶，则独有真一，故古人尤重也。《仙经》曰：九转丹，金液经，守一诀，皆在昆仑五城之内，藏于玉函，刻于金札，封以紫泥，印以中章焉。

古道经的出世常具有神秘色彩，依托于仙真或仙境，这是道教内部自差矜重其经戒的说法。由于道法的秘传性，葛洪所说的金丹，后世称为外丹，属于炼丹术；而真一，进一步发展为内丹，属于丹鼎派，都是道教最至要的道法。

因此论述葛洪养生术的大要，先要阐说其消极的原则：不伤不损，道家所论的养神之法，诸如祛情寡欲、斋心静虑等，俱属于养生的基本涵养，所以葛洪并不排斥老庄道家的养生说，只是批判其有所不足。"养性守一"可视当时道教具体化的方法，兼含宗教性的体验：思神历腊，行一三田，为精神集中术的修炼。至于养形的功夫，其消极原则也是不伤不损，故兼取众术，尤其法术防身，更是辟祸除厄的构想；而在实际修为上，则有辟谷食炁，凡导引吐纳、行气胎性、房中宝精均属之。而最重要的则为服食仙药，金丹黄白为至要，兼服用各类仙药，包括矿物、动物、植物等。大体而言，葛洪的养生思想，体系完备，方法众多，为魏晋养生说的一大总结，对于前此诸说固博综之，为集大成者，更深具启发性，影响后来道派踵事增华，发展为更精致的养生术，在道教史上具有里程碑的地位。

一、不伤不损，虚心静虑

葛洪的养生思想，其基本观念就是气化思想，因而对于气血与人体的关系，首要的就是强调不伤不损、虚心静虑，这就是《抱朴子》及《肘后方》等书的病因医学思想和预防医学思想[①]。

在《至理篇》所作的广义的病因学分析，指出"人所以死者，诸欲所损也，老也，百病所害也，毒恶所中也，邪气所伤也，风冷所犯也"六害，将人体多种致病因素，都归结为某种可知的物质性原因，这是相当科学的认识。在《极言篇》中，他还注意到同一病因对不同人、不同情况的不同反应："设有数人，年纪老壮既同，服食厚薄又等，俱造沙漠之地，并冒严寒之夜……则其中将有独中冷者，而不必尽病也，非冷气之有偏，盖人体有不耐者耳。"他说明"风冷与暑湿不能伤壮实之人也，徒患体虚气少者，不能堪之，故为所中耳"。（《极言篇》）这是分别论证人体致病的素质（内因）和外界条件（外因），以及外界条件对人体素质发生作用的关系，尤其特别注意人体本身的气血状况，可说是病因学思想深化的结果。

《抱朴子》也对预防医学思想有杰出的认识，他强调预防的重要，《地真篇》曾阐述治身如治国的道理，这是汉晋之际河上公注《老子》常见的治身治国一体说的老学思想，将治身之术与治国之术齐一看待②；葛洪强调人之养生，"常如人君之治国，戎将之待敌，乃可为得长生之功"。又说："一人之身，一国之象也……故知治身，则能治国也。夫爱其民所以安其国，养其气所以全其身。"主张疾病未发生之前就加以消灭——"至人消未起之患，治未病之疾，医之于无事之前，不追之于既逝之后。"从医学思想的发展考察，葛洪是承继《内经》有关"治未病"的思想，作进一步的发展，也是后世中医学讲究"防重于治，以防为主"思想的雏形。

其次强调善于养生者，不伤不损，《极言篇》说："治身养性，务谨其细，不可以小益为不平而不修，不可以小损为无伤而不防。"又引《仙经》说"养生以不伤为本"。他列出许多项目，类似养生宝鉴之类，提醒修道者注意"人生之体，易伤难养"：

> 且又才所不逮，而困思之，伤也；力所不胜，而强举之，伤也；悲哀憔悴，伤也；喜乐过差，伤也；汲汲所欲，伤也；久谈言笑，伤也；寝息失时，伤也；挽弓引弩，伤也；沉醉呕吐，伤也；饱食即卧，伤也；跳走喘乏，伤也；欢呼哭泣，伤也；阴阳不交，伤也；积伤至尽则早亡，早亡非道也。

以上所列的致伤之病，多属日常生活中常有的现象。过度的消耗是违反养生的原则，"久则寿损"。因此他列出日常生活一些应注意的细节，作为起居的座右铭：

是以养生之方，唾不及远，行不疾步，耳不极听，目不久视，坐不至久，卧不及疲；先寒而衣，先热而解，不欲极饥而食，食不过饱，不欲极渴而饮，饮不过多。凡食过则结积聚，饮过则成痰癖。不欲甚劳甚逸，不欲起晚，不欲汗流，不欲多睡，不欲奔车走马，不欲极目远望，不欲多啖生冷，不欲饮酒当风，不欲数数沐浴，不欲广志远愿，不欲规造异巧。冬不欲极温，夏不欲穷凉，不露卧星下，不眠中见肩，大寒大热，大风大雾，皆不冒欲之。

从文章风格言，这段以四字为句的条目式文字，应是录自他所搜集的道书，如《王乔养性治身经》三卷之类，确是简单易行，行之有效的养生之道。

葛洪精于医学，所阅读的医书也被引用为养生之方，像"五味入口，不欲偏多，故酸多伤脾，苦多伤肺，辛多伤肝，咸多则伤心，甘多则伤肾，此五行自然之理也"。将阴阳五行配合五味、五脏，作为医学的思考原则，汉人已经表现于医书中。《素问·五脏生成篇》就说："多食咸则脉凝泣而变色，多食苦则皮槁而毛拔，多食辛则筋急而爪枯，多食酸则肉胝䐢而唇揭，多食甘则骨痛而发落，此五味之所伤也。"中国医学的发展，方士、道士居功厥伟，这是归因于他们对于养生具有深刻的认识。摄生之法，凡日常起居、偃仰运动、补泻气血等都是必备的常识，葛洪深信，"先将服草木以救亏缺，后服金丹以定无穷，长生之理尽于此矣"。所以本草学是养生成仙的初步功夫。

葛洪论养生之方，较不喜作玄虚之谈，但并不否认精神修养的重要性。庄子之论养生，多从哲理立论，将其实际的体验提升至心灵的自由、逍遥的境界。魏晋人士论养生，由于养神之说，庄子已多精义，又加以两汉以下养形的医术与方术获得进展，因此转而着重养形的功夫：嵇康初发其端，葛洪承续于后，因此他们二人兼论形神的修养，对于养神之说，也从较实际的身心修养着手，这是魏晋养生说的一大特色。

对于心性的修养，首重祛除情欲的干扰："薄喜怒之邪，灭爱恶之端。"（《道意篇》）"忍怒以全阴气，抑喜以养阳气。"（《极言篇》）喜怒爱恶等人类的七情，会干扰内心的宁静，将其排除，"无忧则寿"，这是从医学观点所作的解说，与玄学观点解庄是不尽相同。《论仙篇》所说的"学仙之法，欲得恬愉淡泊，涤除嗜欲，内视反听，尸居无心"，也是仙道观点的养神说，与庄子所描述的心斋坐忘诸说作一比较，确有异趣。

精神的修养为一切养生术的基础，《抱朴子》一再以秦皇、汉武阐述养神的重要性，因为在求仙的传说中，秦皇、汉武以帝王之尊，而求仙不成，是道教中人需要多加辩解的事。《论仙篇》多方说明帝王的作为每多违反神仙的修养术："仙法欲静寂无为，忘其形骸。""仙法欲令爱逮蠢蠕，不害含气。""仙法欲止绝臭腥，休粮清肠。""仙法欲溥爱八荒，视人如己。"而帝王则重责在身，政务繁忙，又多用心机，征伐时出；至其生活享受，烹肥煮鲜，旨嘉餍饫，根本就不合仙家的恬愉淡泊等心神的涵养之方。所以二主徒有好仙之名，而无修道之实，自不可长生。

《抱朴子》中说明道家的优点，使人精神专一，动合无形，而且高隐山林，有助修养，《自叙》说："古之修道者，必入山林者，诚欲以违远欢哗，使心不乱也。"在葛洪的观察中，道家隐逸之流是修道之人，也最易于得长生之道，因此他们最近于仙道："历览在昔，得仙道者，多贫贱之士，非势位之人。"富贵之人，不信不求，自是命不可延、仙不可得。从养生论史的发展考察，嵇康以至葛洪，并非是从精神之养降而求形体之养，而应该说是在庄子的养神说之上，配合当时进步的医学技术进而作养形功夫，这是进步之处。他之所以评《庄子》为不急之书，一方面是庄子全以养神说为主，较属玄谈；另一方面魏晋谈玄之士，尤多空论，故为葛洪所批评，这是谈玄风尚的一种反动。

二、辟谷食气法

仙道的养生法，首先说明辟谷法，又称断谷、绝谷等，为流传久远的不食百谷的养生法门。在古代巫师的修行经验中，采用断谷不食的绝食，配合暗示的方式，在集中精神的训练过程，常会出现恍惚状态，因而产生幻觉，此为原始的巫教信仰（Shamanism）。庄子据此神话与原始宗教传统，而有"不食五谷，吸风饮露"的神人之说；而方术之士也继续古巫的辟谷之方，辟谷行气成为道家、方士的修行方法。所以《吕氏春秋》载单豹辟谷行气；《史记》载张良道引不食谷，两汉社会辟谷食气之风，可从马王堆三号汉墓所出帛书中，就有"却谷食气"的资料，得知西汉初的情况[③]。而王充《论衡·道虚篇》的批评也可得而知之，他说:"道家相夸曰:真人食气。以气而为食,故传曰:食气者寿而不死,虽不谷饱,亦以气益,此又虚也。"因为流行之故,故王充疾而刺之。至于汉末,方士者流多精于辟谷之术,且为帝王所考验,如甘始、郄俭之流,均使用此法,而有奇效。

道教兴起之后,吸收神仙、方士之术,并结合三尸信仰,进一步说明断谷为长生之法的基础。《太平经》就有多条提及不食或少食:

是故食谷者命有期,不食者与神谋,食气者神明达,不饮不食与天地相卒也。(《太平经》一百二十六)

问曰:上中下得道度世者,何食之乎?答曰:上第一者食风气,第二者食药味,第三者少食,裁通其肠胃。又云:天之远而无方,不食风气,安能疾行,周流天之道哉!又当与神吏通功,共为朋,故食风气也;其次当与地精并力,和五土,高下山川,缘山入水,与地更相通,共食功,不可食谷,故饮水而行也;次节食为道,未成固象,凡人裁小别耳,故少食以通肠,亦其成道之人。(《太平经》一百四十五)

《太平经》虽经南北朝末期重编,但其中多保存汉人的思想。所论食谷与断谷的经验,正是巫师、方士辟谷与民间通俗信仰的结合,深信不食、少食可产生奇特的宗教体验。葛洪同一时期的上清经派也吸收断谷法,魏华存所传授的《黄庭内景经》就说:"百谷之实土地精,五味外美邪魔腥,臭乱神明胎气零,哪从反老得还婴?""三魂忽忽魄糜倾,何不食气太和精,故能不死入黄宁。"谷物本是维持身体的食物，但由于谷物也是三虫、三尸所依赖，所以上清经派仙传《紫阳真人内传》要"先服制虫细丸，以杀谷虫"。后来道经多说明辟谷的理由，《三洞珠囊》卷三引《大有经》："五谷是刳命之凿，腐臭五脏，致命促缩，此粮入口，无希久寿，汝欲不死，肠中无滓也。"

葛洪深知断谷之法，而有《杂应篇》的写作，引用道书之说：

> 欲得长生，肠中当清。欲得不死，肠中无滓。
> 食草者善走而愚，食肉者多力而悍，食谷者智而不寿，食气者神明不死。

此外《辨问篇》有断谷清肠、《道意篇》有吞气绝谷诸说，《抱朴子》认为是行气者一家的偏说。辟谷是有效益，但只是养生法中的一种而已。他说明断谷的方法及效用：

> 断谷，人止可息肴粮之费，不能独令人长生也。问诸曾断谷积久者，云差少病痛，胜于食谷时。其服术及饵黄精，又禹余粮丸，日再服三日（按日当作者），令人多气力，堪负担远行，身轻不极。其服诸石药，一服守中十年五年者，及吞气服符饮神水辈，但为不饥耶，体力不任劳也。（《杂应篇》）

对于断谷的效用，葛洪采取较平实的论断，认为可作为仙药服用的补助手段；而上清经派则特别强调饮食的缺点，成为道教饮食文化的反对观念，陶弘景《养性延命录·教评编第一》引用

《陈纪·元方》："百病横夭，多由饮食，饮食之患，过于声色，声色可绝之逾年，饮食不可废之一日，为益亦多，为患亦切。"《杂应篇》认为断谷法的缘由："若遭世荒，隐窜山林，知此法者，则可以不饿死。"是其时地之宜："若未便绝俗委家，岩栖岫处者，固不成遂休五味，无致自苦，不如莫断谷而节量饥饱。"所以不食、少食是道家的饮食文化之外的另一种养生说。

有关断谷的传说，《杂应篇》说明断谷时，需有方法配合，大多服药、饮符水，或是食气，乃可以令腹中有物，或补益气血。像洛阳道士董威辇、张太元举家与弟子及中岳道士郗元节等都辟谷而服用他物，可长久不食；一旦要食谷，就服用葵子猪膏或葵子汤使药、石泄出，回复正常。根据葛洪自己所亲见的情形，有断谷人三年两年之久，都能"身轻色好，堪风寒暑湿，大都无肥者"。又他的老师郑思远，在铜山中，绝谷两年多，本性饮酒不多，却可饮酒数斗不醉。

有关断食的禁忌，《抱朴子》未加详载，《三洞珠囊》引用《金简玉字经》说："服食断谷者，忌食酒肉及五辛之菜，皆当沐浴洁衣烧香也。"六朝的道派逐渐具有规模之后，原有的养生术就更具有宗教色彩，这是必然的现象，尤其断谷之法与除三尸之术，是上清经派将其合并的修道之法。

三、导引吐纳法

导引、行气为中国古代的身体文化（Physical Culture），在葛洪的书中，被纳入道教的养生体系中，加以理论化、仙道化，成为道士养生术之一。据《抱朴子·遐览篇》所著录，导引类道书，凡有《按摩经》一卷、《导引经》十卷两种；服气类则有《食日月精经》、《食六气经》、《丹一经》、《胎息经》、《行气治病经》各一卷，凡五种，可知葛洪为行气导引的集大成者。

导引、行气两者常相提并论，比较其要点，可说导引为人体的动作，而行气则为人体呼吸作用的现象及其功能，两者之间具有密切的关系。中国最早有关导引的记载，见于《庄子·刻意篇》所说"吹呴呼吸，吐故纳新，熊经鸟申，为寿而已矣。此导引之士，养形之人，彭祖寿考者之所好也"。李颐注"导气令和，引体令柔"，就是说明导引是与行气有关的动作，是由方术之士所遵行，而庄子后学自认为养神，与其偏重养形者有别，从这种急于辩白的说法，可知战国晚期养神、养形常有被一同看待的情形。"熊经鸟申"只是导引的两个代表性动作，需辅以西汉初方士集团编纂的《淮南子》，其中《精神训》说："是故真人之所游，若吹呴呼吸，吐故内新，熊经鸟申，凫浴蝯躩，鸱视虎顾，是养形之人也。"又多了"凫浴蝯躩，鸱视虎顾"四个动作。这些名称有其深刻的意义：一是基于弗雷泽（Sir Frazer）、韦伯斯特（Webster）所说的巫术性思考原则，根据交感巫术的象征律、模仿律，由模仿动物的动作，而传达其神秘的力量，乃是先民观察动物而获致的灵感；另一层意义，则是由于先民在长期发展的身体文化中，发现最有功能的动作，依象征性原则，赋予动物动作的名称，强调其特点并便于记忆。

汉初的导引实况，现在幸因马王堆三号汉墓的发掘，而有

《导引图》的出土④，凡有四十余幅，均整齐地分绘成行，上下凡四层，每层平列十至十二人不等。图侧附有标题，字数多至五六字，少至一二字，其中可分作三类：题有病名的，如烦（心胸烦闷）、聋（耳聋）、膝痛、胠积、潒厥、颓（癫疝）、戾中、温病、病明；题有动物形象的，如鹞背、（鸟）伸，沐猴欢引戾中、鹳、猿墟（呼）、熊经鹤□；其他名称标题的，如以杖通阴阳、仰呼、坐引八绱（维）。从导引图可知其为呼吸运动和躯体运动相结合的一种医疗体育方法，因而医经如《黄帝内经》说明"导引行气"是医疗方法之一，对于因低湿所形成的痿、厥、寒、热等症有治疗效果；其次方士之流竞相倡导，而为众人所从，如甘陵有甘始，能行气导引，而"众人无不鸱视狼顾，呼吸吐纳"。（《典论》）汉末最具突破性的是名医华佗、张仲景也重视导引疗法，尤其华佗在继承前代有关导引的理论和实践的基础上，归结为五种方法，名为"五禽戏"，即虎戏、鹿戏、熊戏、猿戏、鸟戏，由于它能比较全面地概括导引疗法的特点，而且简便易行，因此对后代医学和保健有推进的作用。他还提出导引的理论，说："人体欲得劳动，但不当使极耳。动摇则谷气得消，血脉流通，病不得生，譬犹户枢，终不朽也。""为导引之事，熊经鸱顾，引挽腰体，动诸关节，以求难老。"（《三国志·魏书》本传）都能在科学的方法上促进人体的健康。

葛洪吸收前此的导引图籍，其中是否有《汉书·艺文志》所著录的《黄帝杂子步引》十二卷、《黄帝岐伯按摩》十卷的成分，已不可知。但强调导引为养生之一法，《微旨篇》说："知屈伸之法，则曰唯导引可以难老矣。"《至理篇》也提及华佗之法：

有吴普者，从华佗受五禽之戏，以代导引，犹得百余岁。此皆药术之至浅，尚能如此，况于用其妙者耶？

从金丹道的立场，虽不承认导引术可以长生，但确可延年。现传《抱朴子别旨》应是后人整编之本，其中提到许多动作名称，像伸屈、俯仰、行卧、倚立、蹒跚、徐步、吟息等动作，与《杂应篇》所说聪耳之道的龙导、虎引、熊经、龟咽、燕飞、蛇屈、鸟伸、天俯、地仰、猿躅、兔惊等名称，都与导引有关，可作为治疗的运动。因为"导引疗未患之疾，通不和之气。动之则百关气畅，闭之则三宫血凝，实养生之大律，祛疾之玄术"。(《别旨篇》)功效甚大，不止聪耳而已。

葛洪之后，导引行气为道士养生之法，陶弘景有《导引养生图》一卷，《隋志·医方》有《导引图》三卷（立一、坐一、卧一）；隋巢元方等编《诸病源候论》引《养生方导引法》等导引书，对各种疾病所应用的导引，有近三百种体式及操作法，其中模拟动物的名称，如龙行气、蛇行气、蛤蟆行气、鸷行气、雁行气等，都是由导引术衍生的。张君房编《云笈七签》卷三四引《太清导引养生经》也有蛤蟆行气法、龟鳖行气法等。大概有关导引的导引图、导引书都在六朝逐渐增益而成，越变越复杂，至隋唐以后，衍化派生出的各种保健运动方式，尤为繁复，如八段锦、十二段锦；及与拳术结合，而有太极拳等拳法，成为气功、拳术的各种体式⑤。

大概说来，导引是结合呼吸运动、躯体运动而形成的医疗体育方法，与方士、道士的养生术有密切的关系，但也是普遍化的运动，可以治病疗疾，可以锻炼气功。由于道教中人对于气的深刻认识，加以追求长生的理想，从葛洪综合其方法以后，江南道教或华北道教均曾倡导服气导引法，更可见道教对中国传统的身体文化的贡献。

四、行气胎息法

中国气功修炼的技术是独特的身体文化，它与导引有关，但偏重于气的锻炼，目前所知最早的资料，是战国初期的一篇《行气玉佩铭》，刻在一十面体小玉柱上，铭文凡四十五字，释文是：

行气，深则蓄，蓄则伸，伸则下，下则定，定则固，固则萌，萌则长，长则退，退则天。天几春在上，地几春在下。顺则生，逆则死。

这段铭文疏释后，可以知道当时行气运动的全部过程和作用，大意是说：吸气深入则多其量，使它往下伸长，伸长则定而固，然后呼出，如草木之萌芽，往上成长，与深入时的经路相反而退，退到绝顶。这样，天机便朝上动，地机便朝下动。顺此行之则生，逆此行之则死⑥。可知当时对气的体认已颇深刻，在导引术中常出现"吹呴呼吸"、"吐故纳新"等词句，都是运动呼吸，已渐成专门之学。两汉时期服气、导引为道家、方士的养生术，《太平经》认为最上的度世法就是食气；而且《老子河上公注》及相关的老学，诸如《老子想尔注》、《老子节解经》也多强调服气法。

葛洪在《极言篇》阐述气对人体的重要性说：

> 或年老为道而得仙者，或年少为道而不成者，何哉？彼虽年老而受气本多，受气本多则伤损薄，伤损薄则易养，易养故得仙也。此虽年少而受气本少，受气本少则伤深，伤深则难救，难救故不成仙也。

气即是维系人命的根本，因此如何长养、补益之道，就成为葛洪所关切的养生术。他举出一原则性的问题："夫吐故纳新者，因气以长气，而气大衰者则难长也。服食药物者，因血以益血，而血垂竭者，则难益也。"行气、服气正是因气以长气的方法。《至理篇》说服药虽为长生之本，若能兼行气，则效果更快，所以行气是补助的手段。

《抱朴子》著录多种行气的道书，但抄录于书中的只有一段，也是早期有关行气法的珍贵资料：

> 初学行炁，鼻中引炁而闭之，阴以心数至一百二十，乃以口微吐之，及引之，皆不欲令已耳闻其炁出入之声，常令入多出少，以鸿毛着鼻口之上，吐炁而鸿毛不动为候也。渐习转增其心数，久久可以至千，至千则老者更少，日还一日矣。夫行炁当以生炁之时，勿以死炁之时也。故曰仙人服六炁，此之谓也。一日一夜有十二时，其从半夜以至日中六时为生炁，从日中至夜半六时为

死炁，死炁之时，行炁无益也。(《释滞篇》)

这段行炁的练习法，特别提到生炁、死炁的时间，是基于中国人对宇宙的观察，宇宙之气充满生命力。因而人的修炼需与之配合，遵循宇宙循环的原则，这是中国哲学有机的宇宙观。《三洞珠囊》卷三引《三皇斋仪》说："修道之人，日中一食，夜半生炁时食。此日夜两食，皆取生炁时，避死炁时也。"也是同一构想，现代身心医学依据地球与人体的关系，有科学的解说；而古之道士者流则依据经验，深刻体验大气的运行与生理的密切关系，为一种呼吸生理学[7]。当时的炼气士还特别创造一"炁"字，表明先天之气发动之后的状态，以与一般的"气"有所区别。至于行气的禁忌，他也注意到：凡有心情安静，戒多躁；不欲多食及食生菜肥鲜之物，以免炁强难闭；禁恚怒，否则炁乱、发咳；又需知阴阳之术，以免劳损，行气难得力。这些都是极为合于气功修行的生理知识，至今仍为炼气家奉为座右铭。

有关行气、服气的理想，就是"胎息"——得胎息者，能不以鼻口嘘吸，如在胞胎之中，则道成矣。胎息，也就是龟息，从巫俗观点论，近于原始巫术性思考原则，模仿动物而传达其功能，就是《对俗篇》所说的："知龟鹤之遐寿，故效其导引以增年"，"学其导引以延年，法其食气以绝谷。"所用"效"、"学"、"法"就是"模仿律"的原则。葛洪从方术秘籍中相信龟鹤是长寿之物：

《玉策记》曰：千岁之龟，五色具焉，其额上两骨起似角，解人之言，浮于莲叶之上，或在丛蓍之下，其上时有白云蟠蛇。

千岁之鹤，随时而鸣，能登于木，其未千载者，终不集于树上也，色纯白而脑尽成丹。如此则见，便可知也。然物之老者多智，率皆深藏邃处，故人少有见之耳。

类此叙述自是已经神化，而形成一种信念。本来交感巫术就是基于信念所形成的一种原始的素朴的思考方式。但龟鹤的长寿，与呼吸的缓慢有关，为今人皆知的科学的证验。

葛洪的证验法，多采自载籍，如引述《史记》之言：

《史记·龟策传》云：江淮间居人为儿时，以龟枝床，至后老死，家人移床，而龟故生。此亦不减五六十岁也，不饮不食，如此之久而不死，其与凡物不同亦远矣，亦复何疑于千岁哉？《仙经》象龟之息，岂不有以乎？

有关龟能长寿，为笔记小说常见的记载，古人经由观察得知，因此兴起"象龟之息"的养生术。《抱朴子》所记模仿龟息之事凡有二种：一见于《对俗》，一见于佚文，事迹相似，可以互证：

故太丘长颍川陈仲弓，笃论士也。撰《异闻记》，云其郡人张广定者，遭乱常避地，有一女年四岁，不能步涉，又不可担负，计弃之固当饿死，不欲令其骸骨之露。村口有古大冢，上巅先有穿穴，乃以器盛缒之，下此女于冢中，以数月许干饭及水浆与之而舍去。候世平定，其间三年，广定乃得还乡里，欲收冢中所弃女骨，更殡埋之。广定往视，女故坐冢中，见其父母犹识之甚喜。

而父母犹初恐其鬼也，父下入就之，乃知其不死。问之从何得食，女言粮初尽时甚饥，见冢角有一物，伸颈吞气，试效之，转不复饥，日月为之，以至于今。父母去时所留衣被，自在冢中，不行往来，衣服不败，故不寒冻。广定乃索女所言物，乃是一大龟耳。女出食谷，初小腹痛呕逆，久许乃习，此又足以知龟有不死之法，及为道者效之，可与龟同年之验也。（《对俗篇》）

城阳郤俭少时行猎，堕空冢中饥饿。见冢中先有大龟，数数回转，所向无常，张口吞气，或俯或仰。俭亦素闻龟能导引，乃试随龟所为，遂不复饥。百余日，颇苦极。后人有偶窥冢中，见俭而出之。后竟能咽气断谷。魏王召置土室中，闭试之，一年不食，颜色悦泽，气力自若。（《艺文类聚》七十七，《御览》七百二十，又九百三十一）

所谓试效之、试随其所为，为模仿律。而实际的气功修炼也证明，经明师指点之后，经由入静、集中精神及深呼吸，形成深、悠的吐息，进入潜呼吸的状态。人体自然前伏如龟状，而气息深潜，获致类此胎息的现象，这是科学家已证明的身心医学。

服气术在六朝的发展，是极可注意的一项成就，因为原有的服气传统，经道教的深化，又吸收印度输入的佛经服气法，成为更具体系的养生术。上清经派的《黄庭内景经》、《黄庭外景经》及后出的《黄庭中景经》，阐述服息与身体经络的关系，而陶弘景时，以茅山为中心的江南道教，在他所撰集的《真诰》、《登真隐诀》中，就有多种服气的神仙术。陶氏本人就善于辟谷导引之法，年逾八十而有壮容；北魏寇谦之所倡行的华北道教，虽在清整天师道，排除房中术，却倡行服气、导引、辟谷的养生术。寇氏本人在崇山修道，托言曾见太上老君，授以服气导引之诀，故能辟谷，气盛体轻。服气为南、北道法中共同重视的养生术，至孙思邈时，有推步导养之术，在《备急千金要方》中载有调息导引法，《道藏》所录有《存神炼气铭》、《保生铭》、《孙真人摄养论》，都有行气调息之说。《云笈七签》辑录服气胎息法多种：卷三五胎息法，卷五八茅山贤者服内气诀、胎息根旨要诀、胎息口诀，卷九九大威仪先生玄素真人要用气诀，可谓为集大成。金元以后道教南北宗所倡行的修行法，更发展出一套精致而高深的炼气炼丹的道法。

五、宝精行气法

房中术为葛洪养生术之一，与行气有关，也属于补助修炼、避免劳损的阴阳之术。房中术的源流，大多依托于古帝王或方士，见于史志，则《汉书·艺文志》所著录已有房中八家，一百八十六卷之多。其中《容成阴道》等在东汉方士之间极为盛行，《后汉书》方术家传记所载：冷寿光"与华佗同时，寿光年可百五六十岁，行容成公御妇人法"。（《华佗传》）又有"甘始、东郭延年、封君达三人者，皆方士也。率能行容成御妇人术，或饮小便，或自倒悬，爱啬精气"。（《甘始传》）大概房中术为宫闱秘法，汉朝，尤其东汉诸帝多不长寿，特别讲究此类御女之法。但方士者流则以之为导养术，葛洪所搜集的《玄女经》、《素女经》、《彭祖经》、

《陈赦经》、《子都经》、《张虚经》、《天门子经》及《容成经》等，凡八种，据《释滞篇》所说：房中之法十余家、房中之术还有百余事，则他搜罗的确有多种。

房中术的倡行，据《汉志》所说是节制以求健康的方法，"房中者，情性之极，至道之际，是以圣王制外乐，以禁内情，而为之节文。传曰：先王之作乐，所以节百事也。乐而有节，则和平寿考，及迷者弗顾，以生疾而陨性命。"葛洪所录的传说中，一为黄帝与玄、素二女，一为彭祖：《极言篇》说"黄帝论导养则资玄、素二女"，《微旨篇》又有御千二百女升天之说；而彭祖则有殷王遣彩女从受房中之术之说。所以房中家都有依托于此数人的书名。葛洪对于房中术的态度，全基于养生的立场，他承认"男女饮食，人之大欲存焉"。(《辨问篇》)因而需正视其道，节制而有法，自有辅养、顺畅的效益：

阴阳不交，则坐致壅阏之病，故幽闭怨旷，多病而不寿也。任情肆意，又损年命，唯有得其节宣之和，可以不损。(《释滞篇》)

人不可以阴阳不交，坐致疾患。若欲纵情恣欲，不能节宣，则伐年命。善其术者，则能却走马以补脑，还阴丹以朱肠，采玉液于金池，引三五于华梁，令人老有美色，终其所禀之天年。(《微旨篇》)

对于人的本能，仙道中人采用这种节宣的态度，是合理的。他引用"玄、素谕之水火，水火煞人，而又生人，在于能用与不能耳",是相当精辟的比喻。

对于养生家,懂得运用房中术,可以补益,所谓"房中之法十余家,或以补救伤损,或以攻治众病,或以采阴益阳,或以增年延寿,其大要在于还精补脑之一事耳"。(《释滞篇》)有关还精补脑的效用,依葛洪的金丹道立场,"高可以治小疾,次可以免虚耗而已"(《微旨篇》)而不能致神仙。因此,对于房中之事,"可单行致神仙,并可以移灾解罪,转祸为福"诸说,一律斥之为"巫书妖妄过差之言"或"奸伪造作虚妄"。这是因为房中之法,"乃真人口口相传,本不书也"。(《释滞篇》)因而口诀多不流传,不易尽知其秘,连他承郑师之言,也仅知大要而未尽其诀。所以宝精行气都是神仙家的主要之法,但葛洪在《抱朴子》中也只是提示原则,而不宣示其诀要。

神仙家对于性的态度,基于气为人身之宝的养生观念,诚如葛洪所说:"宝精爱炁,最其要也。"(《微旨篇》)汉晋之际,爱养精气之说为通行之说,老子学派中《老子河上公注》、《老子想尔注》都以神仙家阐述《老子》,一再强调啬精、爱精的观念[⑧]。天师道在传教时,由于以蜀汉地区的民众为对象,大多因人的本能加以节宣,教导相关的技术,以适应庶民生活。但南北朝清整运动时,拯于佛教中人常以"男女合气之术"为攻击的目标,因而加以修正:北魏寇谦之高举新天师道,对于旧法中的男女之术极力抨击;而陶弘景在《真诰》中一再说明男女合气、中黄之道只是中下的修行法,所成的仙真也只是秽浊之仙,并非高真。因为上清经派讲究清修,自不满房中诸术。大概房中术本可作为人体的医学,日本丹波康赖撰《医心方》所杂引的,经叶德辉辑于

"双梅景暗丛书"，犹可见其概。至于道教所倡阴阳双修，犹有其余法，但均不为正统道派所重视。

【附注】

① 丁贻庄，《试论葛洪的医学成就及其医学思想》，刊于《宗教学研究论集》。

② 参见拙撰《魏晋南北朝文士与道教之关系》（台北，政大中文所博士论文，1978），58-128 页。

③ 唐兰，《马王堆帛书〈却谷食气篇〉考》，《文物》1975年第 6 期。

④ 中医研究院医史文献研究室，《马王堆三号汉墓帛画导引图的初步研究》，《文物》1975 年第 6 期。

⑤ 参苏雄飞，《五禽戏的历史和动作》，刊于《国民体育季刊》四五期（1980）。樊正治，《论吐纳导引》，刊于《亚洲体育》三卷一期（1980）。坂出祥伸，《导引考》，刊于《池田末利博士古稀纪念，东洋学论集》（1978）。

⑥ 郭沫若，《古代文字之辨证的发展》，刊于《考古》1972年第 3 期，转引自《马王堆三号汉墓帛画导引图的初步研究》。

⑦ 马伯乐（Maspero）原著，川胜义雄译《道教》（日本，东海大学，1966），98-99 页；又李约瑟《中国之科学与文明》（二），223 页。

⑧ 见《魏晋南北朝老学与神仙养生说》，收入《魏晋南北朝文士与道教之关系》。

第十章 《抱朴子》的服食说：金丹与仙药

　　葛洪的养生既是采取博综主义者，"盖借众术之共成长生也"。因而《微旨篇》说众术中有小有大，其至要之大者，《地真篇》指出凡有两种：就是金丹与真一，守真一之术是守形却恶的法术，而"长生仙方，则唯有金丹"。在《抱朴子》中，他一再表明其金丹道的立场，认为金丹是至上的长生之方，《极言篇》说："不得金丹，但服草木之药及修小术者，可以延年迟死耳，不得仙也。"《微旨篇》也在比较众术中，认为兼知众术外，仍以金丹为至要之事，所以论葛洪的养生术，自需熟知其炼丹术。

　　中国炼丹术的发展在前道教时期已有长远的历史，战国晚期还在寻求海上的不死药或上泰山封禅，到汉朝已逐渐有方士以人工制造黄金的构想，淮南王刘安的方士集团，汉武帝所眷宠的方士均为炼丹的先驱，而且已渐有炼金的秘籍流传。刘向据传说既有之且曾试炼。东汉末叶是具有突破性发展的阶段：魏伯阳所撰《周易参同契》，就是宝贵的炼丹记录，他提及有"火记"等一类图籍；最值得注意的是左慈所传下的金丹道法，经葛洪保留在《金丹篇》《黄白篇》的资料，是目前所知最可靠的炼丹史料。依据他们听闻的炼丹、炼金事迹，汉末已有道士尝试炼丹、炼金：

诸如成都内史所说的道士李根，在四川一带炼丹，《神仙传》所载张陵得九鼎丹法、作《太清金液神丹经序》等事，不一定可靠，但反映出四川有炼丹之事。又有汉黄门郎程伟好黄白术，娶方家女为妻，能化作水银；又有庐江太守华令思能销铅化作水银。再配合仙传如《马明生真人传》、《阴真君传》所载的丹经，可以推知东汉已有变化劣金属为贵金属的技术，从四川到江北一带，均曾秘密流传①。

葛氏的金丹道传统正是从左慈传下，句容地区的上清经派也曾提及神丹之事，魏华存是避难南下，除了黄庭经注等，杨、许所知的神丹方应也是从江北带来的，依《真诰》所录，它的成仙功效还在《大洞真经》之下。葛洪则特别重视金丹道统，在《金丹》、《黄白》两篇中一再强调其师承，可见他是极尊重左慈传授丹经一事：

昔左元放于天柱山中精思，而神人授之金丹仙经，会汉末乱，不遑合作，而避地来渡江东，志欲投名山以修斯道。余从祖仙公，又从元放受之。凡受《太清丹经》三卷及《九鼎丹经》一卷、《金液丹经》一卷。余师郑君者，则余从祖仙公之弟子也，又于从祖受之，而家贫无用买药。余亲事之，洒扫积久，乃于马迹山中立坛盟受之，并诸口诀之不书者。江东先无此书，书出于左元放，元放以授余从祖，从祖以授郑君，郑君以授余，故他道士了无知者也。

左慈精思得经的天柱山，凡有多处：有在浙江省杭州市余杭

233

区西的，为天下七十二福地之一；又有安徽省潜山的最高峰；在江北的则有山东平度市北、陕西山阳县东南等。《神仙传》《后汉书》说他是庐江人——庐江也有多处，均在今安徽省境：在今庐江县西、或今潜山市，都是汉时所置。从他的籍贯所在，较近的精思之处应指江南的二处天柱山。将金丹仙经的出世托诸神授，自是道教内部的神秘说法，应是他在安徽、浙江一带所搜得的炼丹秘籍。其后曾挟技周游各地，曾为曹操所招，又曾在荆州，刘表以为惑众要杀他，因而渡江至孙吴，孙策先要杀他，后来为孙权所礼重[②]，传授丹法应该是在东渡之后。左慈因江北不适炼丹作药才渡江，后来果然有机会试炼，《黄白篇》说："余昔从郑公受九丹及《金银液经》，因复求受《黄白中经》五卷。郑君言，曾与左君于庐江铜山中试作，皆成也。"郑思远曾与左慈在庐江铜山试炼——铜山也有多处，在江苏、浙江、江西等，但也可作产铜之山解。由此可知左慈传下的丹法，是具有实际操作的作业，并非只是理论。

葛洪颇为自得于丹经的传承，但在撰述《抱朴子》之时，他并没有很多实际的试炼经验。因为金丹的烧炼，需要备妥众多资财，才能够制作丹炉，购置材料；对于一般道士，是一件行之匪易的事。《金丹篇》说郑思远传授丹经后，"余受之已二十余年矣，资无担石，无以为之，但有长叹耳"。《黄白篇》更进一步说自己之所以勤勤于翰墨，令将来有好奇赏真之士见之而具论道之意，就因亲身体验，"贫苦无财力，又遭多难之运，有不已之无赖，兼以道路梗塞，药物不可得，竟不遑合作之"。这是当时的实情，想要合作丹药，非平常道士所能完成，郑思远就曾以谚语"无有肥仙人、穷道士"勉励其他一般道士要获得金银之不易,所以设法采取贱金属以炼金或炼丹,为重要的事。

葛洪在《抱朴子》所整理的炼丹资料,大多是左慈、郑思远实际操作的经验,而非他自己所实践而得,直到晚年入罗浮山才展开较具规模的炼丹,在此之前,只有小规模的试炼。依书中所列,一为冶金术的、化学的实验,研制药用的人造黄金或白银,二为医学的、矿物学的工作,利用各种无机物(包括金属和矿物),经化学处理,制作长生之药。葛洪曾广泛说明其炼制的准备情形、理论依据及炼制方式与结果,为中古世纪珍贵的炼丹史料。

一、炼丹的禁忌、名山与醮祭

炼丹、炼金之术虽是中古世纪的化学操作,但在科学萌芽的时代,由于复杂的化学变化尚非人力所能控制,在这种情况下,需要借助于宗教、法术等的帮忙,用以满足其心理的需要。因而炼丹的拟似科学(pseudo-science)作业常与宗教、法术结合在一起,成为极具神秘色彩的事情。葛洪之前炼丹就以神圣而慎重的态度展开试炼,到他的手中更进一步与其他方术配合,博采众要,形成一套繁复的冶炼程序,这是研究早期炼丹史、化学史所需知的社会、文化背景,有助于了解科学史在演进的过程中,是如何得益于宗教、法术,又如何从宗教的迷雾中,逐渐走向实证的、较精确的科学之路。

炼丹一事,在炼丹士的观念中是神圣的作业,故讲究其仪式性。《金丹篇》强调从事炼丹,除需用钱,"又宜入名山,绝人事"。为何要这样慎重其事,实出于巫术性的思考原则,将炼丹视为神秘、洁净的仪式行为。因而首先要远离俗人,《明本篇》详细阐说为道之士,莫不缥缈绝迹幽隐山林的原因:

> 山林之中非有道也,而为道者必入山林,诚欲远彼腥膻,而即此清净也。夫入九室以精思,存真一以招神者,既不喜喧哗而合污秽,而合金丹之大药,炼八石之飞精者,尤忌利口之愚人,凡俗之闻见,明灵为之不降,仙药为之不成,非小禁也。止于人中,或有浅见毁之有司,加之罪福;或有亲旧之往来,牵之以庆吊,莫若幽隐一切,免于如此之臭鼠矣。

这是一段显豁的说明:因为修道炼丹自有异于常人常事之处,故易为人诧为怪诞,招惹不必要的麻烦,为实际的考虑。至于神明降临之事,则与巫术、法术的隐秘性有关,不欲不洁之人污染修真之地,这与"禁忌"观念有密切的关联。《对俗篇》说:"仙道迟成,多所禁忌。"禁忌为炼丹作业的消极方面需知之事,所以《金丹篇》首列为"第一禁":

> 第一禁,勿令俗人之不信道者,谤讪评毁之,必不成也。郑君言所以尔者,合此大药皆当祭,祭则太乙元君、老君、玄女皆来鉴省。作药者若不绝迹幽僻之地,令俗闲愚人得经过闻见之,则诸神便责作药者之不遵承经戒,致令恶人有谤毁之言,则不复佑助人,而邪气得进,药不成也。

俗人毁谤，连逆诸神，为第一禁。其次则忌精怪犯之，坏人好药，为左慈告诚郑思远的话：

言诸小小山，皆不可于其中作金液神丹也。凡小山皆无正神为主，多是木石之精，千岁老物，血食之鬼，此辈皆邪炁，不念为人作福，但能作祸，善试道士，道士须当以术辟身，及将从弟子，然或能坏人药也。

依照古人的禁忌，凡制作一些事物，各行有各行的禁忌，葛洪举两种为例：医家合药膏，不欲令鸡犬小儿妇人见；染彩者不喜恶目者见，怕失美色；类此禁忌，大多因技术控制有所不易，因而依咒术性思考原则，不让不净者接触，以免传达恶气；神仙大药的合作技术尤难，因而禁忌特多，这是消极的辟犯祸害。

炼丹士深信合作神药，必入名山，不止凡山之中。入山就需知登涉术，他另立一《登涉篇》专门说明其法；因为"入山而无术，必有患害"。《遐览篇》所列道书、符术有多种就是用以登涉山水的，留于法术变化一章再详述，此处只说明择日选时的方法，也是他录自一些择日书，大概汉代方术中常用的术数，首先说明禁忌之曰：

五岳有受殃之岁，如九州之地，更有衰盛，受飞符煞炁，则其地君长不可作也。按《周公城名录》，天下分野，灾之所及，可避不可禳，居宅亦然，山岳皆尔也。又大忌不可以甲乙寅卯之岁，正月二月入东岳，不以丙丁巳午之岁；四月五月入南岳，不以庚辛申酉之岁；七月八月入西岳，不以戊巳之岁；四季之月入中岳，不以壬癸亥子之岁；十月十一月入北岳，不须入太华、霍山、恒山、太山、嵩高山，乃忌此岁，其岳之方面，皆同禁也。（《登涉篇》）

　　这是有关入五岳的禁忌，《遐览篇》有《入山经》一卷、《五岳经》五卷，大概均载有一些入山须知。

　　《登涉篇》曾引《玉钤经》："欲入名山，不可不知遁甲之秘术。"遁甲正是汉代术数之一，《后汉书·方术传》说："推六甲之阴，而隐遁也。"《易纬乾凿度》有太乙行九宫之法，以十二干支中的乙丙丁为三奇，戊己庚辛壬癸为六像，而以甲统之，以配九宫。按照加临的吉守，作为趋避的参考，称为奇门遁甲。葛洪自承少有入山之志，因而学习遁甲书，凡有六十余卷，又抄集其要为《囊中立成》，见于史书著录中。他摘出其中数条禁忌：

　　入山之大忌，正月午，二月亥，三月申，四月戌，五月未，六月卯，七月甲子〔甲衍〕，八月申子〔巳〕，九月寅，十月辰未〔辰衍〕，十一月己丑〔辰〕，十二月寅〔酉〕。入山良日：甲子、甲寅、乙亥、乙巳、乙卯、丙戌、丙午、丙辰，巳上日大吉。

　　这段文字多有讹错。汉人以寅、午、戌逆行于正、五、九月；亥、卯、未顺行于二、六、十月；申、子、辰之于三、七、十一月亦逆行；巳、酉、丑之于四、八、十二月亦顺行，而各忌之[3]。

至于入山良日外，又有忌讳：

按《九天秘记》及《太乙》《遁甲》云：入山大月忌：三日、十一日、十五日、十八日、二十四日、二十六日、三十日；小月忌：一日、五日、十三日、十六日、二十六日、二十八日。以此日入山，必为山神所试。又所求不得，所作不成。不但道士，凡人以此日入山，皆凶害，与虎狼毒虫相遇也。

《遁甲经》除指示禁忌须知，葛洪也引用其中合适的入山时日，作为登涉者的参考：

《遁甲中经》曰：欲求道，以天内日天内时，劫鬼魅，施符书；以天禽日天禽时入名山，欲令百邪虎狼毒虫盗贼，不敢近人者。出天藏，入地户。凡六癸为天藏，六己为地户也。又曰：避乱世，绝迹于名山，令无忧患者，以上元丁卯日，名曰阴德之时，一名天心，可以隐沧，所谓白日陆沉，日月无光，人鬼不能见也。又曰：求仙道入名山者，以六癸之日六癸之时，一名天公日，必得度世也。

《登涉篇》又引："《灵宝经》云：入山当以保日及义日，若专日者大吉，以制日伐日必死。"所说的保、义、专、制、伐之说，采诸五行生克，以定吉守。《淮南子·天文训》说："水生木，木生火，火生土，土生金，金生水。子母生曰义，母生子曰保，子母相得曰专，母胜子曰制，子胜母曰困。"类似说法通行于两汉，

《灵宝经》所云，见录于道藏《灵宝五符序》卷下。虽然《遐览篇》未录《五符经》，但可信是葛氏传下的道书。有关五行生克在日数的运用上，他另有一段阐说于后：

> 《灵宝经》曰：所谓宝日者，谓支干上生下之日也，若用甲午乙巳之日是也。甲者，木也。午者，火也。乙亦木也，巳亦火也，火生于木故也。又谓义日者，支干下生上之日，若壬申癸酉之日是也。壬者，水也。申者，金也。癸者，水也。酉者，金也，水生于金故也。所谓制日者，支干上克下之日也。若戊子己亥之日是也。戊者，土者。子者，水也。己亦土也，亥亦水也，五行之义，土克水也。所谓伐日者，支干下克上之日，若甲申乙酉之日是也。甲者，木也。申者，金也。乙亦木也，酉亦金也，金克木故也。他皆仿此，引而长之，皆可知之也。

葛洪曾说："三月、九月，此是山开月，又当择其月中吉日佳时。"其他月份，则需选择日时。对于月日的讲究，为汉人对于干支、阴阳五行及易数的广泛运用。《灵宝经》就是综合汉纬及各种养生术而成的古道书之一，因而保存较为朴素的早期择日说。

名山为合作神药之所，是葛洪炼丹术的中心思想之一，一方面将古来的山岳信仰逐渐仙道化，成为仙山之说；另一方面将缥缈云海的昆仑、蓬莱落实，成为中国境内的仙山，就是新的名山。葛洪按照仙经所列"可以精思合作仙药者"，分作两类叙述：第一类是广及大江南北：其中以在今浙江省为最多，长山（金华）、太白山（金华）、大小天台山、四望山、盖竹山、括苍山，又有鳖祖山（疑为鳖子山），在浙江入海处。因汉晋之际，江南次第开发，浙江的风物最为优胜，因而最多名山，他说"江东名山之可得住者"，在东阳的长山、太白，在会稽的四望山、大小天台山、盖竹山、括苍山，就多在浙江省境内，所以仙境小说也与浙江名山有关。其次在河南省，凡有嵩山、少室山（嵩山西峰）、女几山（在宜阳县）、王屋山（在济源，为三十六洞天之首），因为河南为中原文化的发源区，自多名山。同样有四座名山的是四川省境：青城山（在灌县，今属都江堰市，为十大洞天之一）、峨眉山（在峨眉县，今峨眉山市）、绥山（在峨眉山西南）、云台山（在苍溪县），因四川为天师道的传教区，名山常为道治的所在。其余教见于各省：陕西有华山、终南山；山东有泰山、安丘山（在安丘）；安徽有潜山、湖北有黄金山、广东有罗浮山、江苏有地肺山、福建有霍山，山西有抱犊山、恒山。以上所述的诸名山中，有传统的五岳，也有新发现的仙山，均为名山，故可以合药：

　　此皆是正神在其山中，其中或有地仙之人。上皆生芝草，可以避大兵大难，不但于中以合药也。若有道者登之，则此山神必助之为福，药必成。

　　地仙栖集的名山，为新起的三品仙说。
　　蓬瀛仙岛系的则有"海中大岛屿"，在会稽郡内，凡有东翁洲、亶洲及纻屿，其中亶洲，依《吴志·孙权传》所载：因长老传言，徐福即止此洲，故在黄龙二年，遣卫温等将甲士万人，浮海求之，为当时喧腾的海上仙岛。又有徐州境内的莘莒洲、泰光洲、郁洲等，到海岛炼丹，也是取其远离人世的优点。

在炼丹家的信仰中，炼丹是神圣而洁净的作业，自需配合一些仪式性行为：一为斋戒，一为祷祭。葛洪曾引述《黄帝九鼎神丹经》，并说明受经的盟约，接着强调合丹时须知的事项：

> 合丹当于名山之中，无人之地，结伴不过三人，先斋百日，沐浴五香，致加清洁，勿近秽污及与俗人往来，又不令不信道者知之，谤毁神药，药不成矣。成则可以举家皆仙，不但一身耳。（《金丹篇》）

类似的说法多次出现："斋戒百日，不食五辛生鱼，不与俗人相见，尔后可作大药，作药须成乃解斋。"斋戒是一种洁净的过渡仪式，从俗转圣的阶段，净化身心，肃穆从事。这种情形也见于《黄白篇》中：

> 又黄白术亦如合神丹，皆须斋洁百日以上，又当得闲解方书，意合者乃可为之，非浊秽之人，及不聪明人，希涉术数者所辨作也。其中或有须口诀者，皆宜师授。又宜入于深山之中，清洁之地，不欲令凡俗愚人知之。

宗教行法时所应履行的"斋洁禁忌之勤苦"，是身心的试炼；而炼丹前戒慎为之，实因早期炼丹的化学技术有非人力所能控制的因素，需借助宗教仪式的动作，这种情形与原始社会的咒术性思考原则相近，就是借用巫术的超自然力，以辅助技术④。

葛洪对于"斋戒辛苦，故莫克为"的情况，就举史证加以说明：汉武不能"长斋久洁，躬亲炉火，夙兴夜寐，以飞八石"（《论仙篇》），故未能得到丹药；而刘向虽得丹书炼丹，也不能得其要诀，"止宫中作之，使宫人供给其事，必非斋洁者，又不能断绝人事，使不来往也，如此安可得成哉！"（《黄白篇》）

祷祭的祭拜行为，在炼丹之前及事后为之，具有护持与答谢之意，与盟誓同是与神灵存有契约的微妙关系。在金丹大道的传统说法中，合大药当祭，"祭则太乙元君、老君、玄女皆来鉴省"。（《金丹篇》）炼黄白时，"皆立太乙、玄女、老子坐醮祭，如作九丹法，常烧五香，香不绝"。（《黄白篇》）所祭拜的主神元君，就是太清神丹法；因为"太清神丹，其法出于元君。元君者，老子之师也……元君者，大神仙之人也，能调和阴阳，役使鬼神风雨，骖驾九龙十二白虎，天下众仙皆隶焉"。（《金丹篇》）玄女也是黄帝神话中役使神力消除风伯雨师的女魃，《隋志》中有"玄女战经"、"黄帝问玄女兵法"及"玄女式经要法"，为传授战法者。炼丹时醮请玄女，大概因其具有消除风雨的神力，在深山烧炼，这是颇为亟须的法力。

炼成之后，也有酬祭及分人等规矩："金成，取百斤，先设大祭，祭自有别法一卷，不与九鼎祭同也。祭当别称金，各检署之。"凡八十八斤，分祭天、日月、北斗、太乙、井、灶、河伯、社、门户间鬼神清君等。余十二斤，"以好韦囊盛之，良日于都市中市盛之时，嘿声放弃之于多人处，径去无复顾"。《金丹篇》特别提醒炼金者，"不先以金祀神，必被殃咎"。炼黄白成，也有类似的规矩，"先以三斤投深水中，一斤投市中，然后方得恣其意用之耳"（《黄白篇》）。这种酬谢诸神及分惠他人的做法实有宗教的意义。

二、炼丹的变化思想

炼丹术的中心思想就是气与变化，葛洪的思考方法与基本观念，论者称为"古代咒术的末裔，近代化学的先驱"⑤。因中世纪的科学技术，犹不免混同科学与巫术，不能像近世的化学操作，具有复杂的管制统计与分析方法，自是难以区别不同手工操作之间效率的差别。类此萌芽时期的炼丹实验，称为"拟似科学"（pseudo-science），仍不尽恰当，因魏伯阳、葛洪等人已可分清在何种情况，人类有支配自然、役用自然的能力。只是丹药烧炼的过程所产生的复杂变化，确有炼丹家难以控制之处，故常有运用咒术性的思考原则的痕迹，易于让人形成科学与巫术混淆的印象⑥。

葛洪将气化、变化思想作为《金丹》、《黄白》两篇的理论依据，是当时金丹大道所提出的最完整的理论架构，颇具代表性。因而李约瑟在析论中国科学思想，特别移译了《黄白篇》的一大段文字，并注出其合乎科学观察之处：

夫变化之术，何所不为。盖人身本见，而有隐之之法。鬼神本隐，而有见之之方，能为者往往多焉。水火在天，而取之以诸燧。铅性白也，而赤之以为丹。丹性赤也，而白之而为铅。云

244

雨霜雪皆天地之气也，而以药作之，与真无异也。至于飞走之属，蠕动之类，禀形造化，既有定矣。及其倏忽而易旧体，改更而为异物者，千端万品，不可胜论。人之为物，贵性最灵，而男女易形，为鹤为石，为虎为猿，为沙为鼋，又不少焉。至于高山为渊，深谷为陵，此亦大物之变化。变化者，乃天地之自然，何为嫌金银之不可以异物作乎？譬诸阳燧所得之火，方诸所得之水，与常水火，岂有别哉？蛇之成龙，茅糁为膏，亦与自生者无异也。然其根源之所缘由，皆自然之感致，非穷理尽性者，不能知其指归，非原始见终者，不能得其情状也。

李约瑟称葛洪"因耽于其事，而深信万物无奇不有"[7]。其中所说的变化，基于天地变化、物理变化，与变化神话传说、昆虫变化及物魁变化，乃兼涵精确的科学经验与不正确的生物观察，混杂了虚诞的传说与真实的判断，正是论者所说中世纪学科技术萌芽时期的实态。

葛洪的变化思想中，承认万物"受气皆有一定"，所以鸡之为蚕，雀之为蛤；或者死而更生，男女易形，都只是气的变化而已。他相信物与物间是可以相互变化，并非截然不可逾越其界限，这是基于神话传说的生命信念与错误的生物观察，所形成的素朴的学科理念。进一步推衍，他又指出自然生产与变化形成的是相同的，所谓"鸡化为蚕，雀化为蛤，与自然者正同"。类此的观察，现存《抱朴子》佚文中尚有两条：

有自然之龙，有蛇蜧化成之龙。(《初学记》三十、《白孔六帖》九十五、《御览》九百二十九。)

田地既有自然之鳝，而有荇茎芩根土龙之属化为鳝。(《御览》九百三十七，又一千引蓤根化为蘚，当即此。)

可见当时之人确有一种信念：生产与变化俱为生命的形式，两者且有相似之处，这是原始的、素朴的民间的生物知识。葛洪吸收之后，作为造作之金与自然之金正同的依据。

炼丹术之所以能在道士手中达到一定的成就，并非全基于荒诞的变化神话与错误的生物观念，而是根据早期手工业所逐渐积累的操作技术，获得科学技术的把握：包括制陶、冶金、酿酒、染色等百业，尤其是相关的金属冶炼技术，从出土的考古文物可以证明先秦至两汉，对于铜、铁的冶炼就有长足的进步，一些重要的冶炼地区及其制作集团多能制作炼炉，并逐渐控制其中的复杂技术。魏伯阳在《周易参同契》中阐明炼丹的可能性与合理性，就说："自然之所为兮，非有邪伪道。山泽炁相蒸兮，兴云而致雨；泥竭遂成尘兮，火灭化为土；若檗为黄兮，似蓝成绿组；皮革煮成胶兮，麴蘖化为酒。同类易施功兮，非种难为巧。惟斯之妙术兮，审谛不诳语。"其中提及的生产技术，包括了染色、熬胶、酿酒等早期工业；又说同一物类的变化比较容易，而不同种类的变化比较困难，乃是对于物质变化所归纳而得的原则。由此推知秦始皇时，巴蜀寡妇就已知道使用丹穴，而始皇陵墓中运用水银"为百川、江河、大海，混相灾输，上具天文，下具地理"。(《史记》)经秦皇陵墓的发掘，确证有水银的运用。两汉字书之解说"丹"字，就是表现当时已掌握了丹砂的采集与烧炼的操作技术，从丹砂制作水银，水银即为炼丹的重要原料，可见这些实际的技术让魏伯阳、葛洪深信丹药的变化事实⑧。

葛洪具有民间手工操作知识，所以论辩神仙变化之事，就曾列举一些博物知识作为证验："外国作水精碗，实是合五种灰以作之，今交、广多有得其法而铸作之者，今以此语俗人，俗人殊不肯信，乃云水精本自然之物、玉石之类。况于世间，幸有自然之金，俗人当何信其有可作之理哉！愚人乃不信黄丹及胡粉，是化铅所作；又不信骡及駏驉，是驴马所生，云物各自有种，况乎难知之事哉！"（《论仙篇》）其次是《至理篇》阐述善于保养，得以延生，也多举事例为证。其中也有以生产技术为例：

> 泥壤易消者也，而陶之为瓦，则与二仪齐其久焉。柞楢速朽者也，而燔之为炭，则可亿载而不败焉。

这段文字与佚文相似，"烧泥为瓦，燔木为炭，蜂窠为蜡，水沫为浮石，凡此皆其柔肥，变为坚刚"。（《御览》五一）他举用制作水精碗、化铅作黄丹、胡（糊）粉，及烧瓦、烧炭等经验，说明物质经操作之后，可以改变其属性（颜色、质地），增加其功能（坚硬、不腐）。这些物质变化才是积极而有力地促使他相信炼丹、炼金的可能性，他说："陶冶造化，莫灵于人，故达其浅者，则能役用万物；得其深者，则能长生久视。"（《对俗篇》）役用万物正是科学技术的基本精神，而炼金、炼丹则为炼丹士所探求的不死的愿望。

在葛洪之前，既已有炼丹士尝试炼丹，并写下其操作经验，葛洪曾摘录其精要之语，借以自励，并论辩人工制作黄金、丹药的可能，《黄白篇》解说"真人作金，自欲饵服之致神仙，不以致富也"，说明道士炼金术的目的不是为了黄金，而是因制作的黄金有优于自然黄金之处：

> 又化作之金，乃是诸药之精，胜于自然者也。《仙经》云：丹精生金。此是以丹作金之说也。故山中有丹砂，其下多有金。且夫作金成则为真物，中表如一，百炼不减。故其方曰：可以为钉。明其坚劲也，此则得夫自然之道也。故其能之，何谓诈乎？诈者谓以曾青涂铁，铁赤色如铜；以鸡子白化银，银黄如金，而皆外变而内不化也。夫芝菌者，自然而生，而《仙经》有以五石五木种芝，芝生，取而服之，亦与自然芝无异，俱令人长生，此亦作金之类也。雉化为蜃，雀化为蛤，与自然者正同。

从这段叙述可知当时既有人造金的真假辩论：到底变化是内外俱变，还是外变而内不化，其争论确可证明中古时期已具有不错的科学知识。又如山中有丹砂，其下多金，与《管子·地数篇》所载的上古采矿术有关："上有丹砂者，下有黄金；上有慈石者，下有铜金；上有陵石者，下有铅锡赤铜；上有赭者下有铁，此山之见荣者也。"这是矿物共生的现象，近世科学已探知并运用于采矿。可见葛洪是承袭众多的科学知识，因而深信丹药烧炼之术。

在《金丹》、《黄白》两篇中，葛洪一再引述《仙经》之言证明自然之金与化作之金，确可制成，且外形相近。基本上，这是一种信念，坚强的宗教信念，用以鼓励自己及其他炼丹的道士，这些精要之语极具典型性，诸如：

> 故《仙经》曰：流珠九转，父不语子，化为黄白，自然相使。
>
> 又曰：金银可自作，自然之性也，长生可学得者也。
>
> 《玉牒记》云：天下悠悠，皆可长生也，患于犹豫，故不成耳。凝水银为金，可中钉也。
>
> 《铜柱经》曰：丹砂可为金，河车可作银，立则可成，成则为真，子得其道，可以仙身。
>
> 黄山子曰：天地有金，我能作之，二黄一赤，立成不疑。
>
> 《龟甲文》曰：我命在我不在天，还丹成金亿万年。

对照《遐览篇》所列的道书，其中与金丹、黄白有关的，应有《太清经》、《龟文经》、《魏伯阳内经》、《三十六水经》、《黄白要经》、《八公黄白经》各一卷，《枕中黄白经》五卷等，这些丹经中已有金丹变化的理论，启发葛洪完成其变化说。

丹药服食，之所以具有度世、长生的奇效，乃是基于炼丹的巫术性的思考原则；从当时的逻辑辩论言，近于类推法；但更近于巫术的属性传达原理，也就是弗雷泽（Sir Frazer）在《金枝》（*The Golden Bough*）中所论的巫术，交感巫术中的模拟巫术（Imijative magic）与接触巫术（Contagious magic），二者俱根据交感原则而运作。前者基于类似律（Law of simiarity）或象征律（symbolism），能够同类相生（Like cause like）或同类相治（Like cures like）；后者则基于接触律（Law of contact）或传染律（Law of contagion）可传达两不同物之间的属性，韦伯斯特（Webster）

在"巫术"（Magic）中，称为"属性传达原理"⑨。由于炼丹的初期尚多笼罩在神秘的气氛中，其复杂而剧烈的化学变化，鲜艳而奇特的丹药成品，确易于与巫术混淆，因而有巫术性的思考方式。

魏伯阳、葛洪都是根据同类相辅的巫术原则，作为金丹服食的基本原则；《参同契》说："欲作服食仙，宜以同类者：植禾当以粟，复鸡用其子。以类辅自然，物成自陶冶。"葛洪则根据《淮南子》所说的"狸头愈鼠，鸡头已瘘，虻散积血，斫木愈龋，此类之推者也。"（《说山训》）这是民间的类推巫术，以同类之物接触之后产生相治的力量。葛洪则说是《老子》言，所取譬则相同："以狸头之治鼠漏，以啄木之护龋齿，此亦可以类求者也。"鼠就是瘰字，为漏创；啄龋虫，为民俗疗法。同类相辅同求，《参同契》说："巨胜尚延年，还丹可入口。金性不败朽，故为万物宝。术士服食之，寿命得长久。"此外又强调其奇效："金砂入五内，雾散若风雨。熏蒸达四肢，颜色悦泽好。发白更生黑，齿落出旧所。老翁复丁壮，耆妪成姹女。改形免世厄，号之曰真人。"凡此皆因为服食之后，传达其不败不朽的属性。魏伯阳只发其大端，而葛洪则阐述其所以然：

夫金丹之为物，烧之愈久，变化愈妙。黄金入火，百炼不消，埋之，毕天不朽。服此二物，炼人身体，故能令人不老不死。此盖假求于外物以自坚固，有如脂之养火而不可灭，铜青涂脚，入水不腐，此是借铜之劲以扞其肉也。金丹入身中，沾洽荣卫，非但铜青之外傅矣。（《金丹篇》）

所谓"假求于外物以自坚固",为古来相传的道理。《抱朴子》佚文提及有一古葬棺中凡有云母厚尺许、白玉璧三十双以藉身，怀中有尺玉，又两耳及鼻孔中皆有黄金，"此则骨骸有假物而不朽之效也"。

炼丹士相信凡金丹的烧炼，愈能多烧多转，愈有奇效。《参同契》所论金丹之变，三变而成，金液还丹，始可入口，令人长生，其余草木之药仅能却病，实与《抱朴子》为同一观念。《金丹篇》言九转金丹，九转者，言其变化数次极多，因为"其转数少，其药力不足，故服之用日多，得仙迟也；其转数多，药力盛，故服之，用日少而得仙速也"。中世化学知识实尚幼稚，其飞升变化，反应剧烈，为当时所惊诧不迭者。魏伯阳说"三物相含受，变化状若神"，"禀和于水银，变化由其真"，都强调其多变化。吉田光邦即解释：白黑颜色的变化，犹老少的形状的变化，乃素朴的类感咒术⑩。炼丹过程及炼成金丹，其颜色变化与鲜艳色彩，依巫术原理言，乃最具法力者，最易被渲染。又魏伯阳论及金丹的属性："金入于猛火，色不夺精光。自开辟以来，日月不亏明，金不失其重。"如果依据交感巫术原理，同类相生。金为纯气，太清刚气，百炼不消，《参同契》说："人所禀躯，体本一无；元精云布，因气托初。"人体充溢元气，天生而然，所谓："须以造化，精气乃舒。"造化禀气，易损易消。若服食金丹，可借以产生元气。

葛洪自是相信黄金的不朽属性，虽则他在用药时博采多方，但却比较其高下，认为"草木之药，埋之即腐，煮之即烂，烧之即焦"，因而推崇具有不败不朽性质的神丹。《金丹篇》表现其深知丹砂与水银互相变化的原理，因而说："丹砂烧之成水银，积变又还成丹砂。"变化次数既多，其效益自能因气补气，长生不老；而其他药物则只能补血健身，"服他药万斛，为能有小益，而终不能使人遂长生也。故老子之诀言云：子不得还丹金液，虚自苦耳"。这是醮祭对象之一的老子，为神仙家的老子；而还丹金液则是他从众术中所推为至要的，所以《金丹篇》开头句即说：

抱朴子曰：余考览养性之书，鸠集久视之方，曾所披涉篇卷，以千计矣，莫不皆以还丹金液为大要者焉。然则此二事，盖仙道之极也。服此而不仙，则古来无仙矣。

三、炼丹的方法与功效

葛洪对于炼丹、炼金之术，大多承续传统的习惯，其中值得注意的有两点：一为秘传的隐名传统，《黄白篇》首即说明：

《神仙经·黄白之方》二十五卷，千有余首。黄者，金也。白者，银也。古人秘重其道，不欲指斥，故隐之云尔。或题篇云庚辛，庚辛亦金也。然率多深微难知，其可解分明者少许尔。世人多疑此事为虚诞，与不信神仙者正同也。

使用"黄"或"庚辛"以隐"金"，只是不欲指斥；至于使用隐名的药方，更深微难知：他所举的医家之方，至后代就多用本名：如后宫游女（萤火虫）、僻侧之胶（桃胶）、金商芝（楸木耳）——俱见梅彪《石药尔雅》、伏龙肝（灶中对釜月下黄土）、白马汗（覆盆子）、浮云滓（云母）、龙子丹衣（蛇蜕或虾蟆皮）、夜光骨（烛烬）、百花醴（蜜）。至于炼丹药物尤多隐名：后世如《石药尔雅》及《本草》等始予注明：河上姹女（水银）、陵阳子明（水银）、禹余粮（白余粮，为矿物药，非米也）；又有龙胆（草药，叶似龙葵，味苦如胆）、虎掌（草药）、鸡头（芡）、鸭跖（治寒热的草药）、马蹄（香草）、犬血（草药）、鼠尾（治赤白痢的草药）、牛膝（治寒湿痿痹的草药），均非血气之物；又有缺盆覆盆（似莓的草药）、大戟（主治蛊毒十二水等病的草药）、鬼箭（主治女子崩中下血的草药），也非铁瓦之器；又有胡王使者（草药白头翁，或独活）、野丈人（白头翁）、守田公（粮莠之草）、戴文浴（草药戴文玉）、徐长卿（草药名），也只是用人的姓名。草药喜用隐名，金丹之药，尤尚玄秘，故需明师口诀。再其次炼丹仍与医药有密切的关系，草木药虽列为下品，而金丹居上，实际上烧炼时常需用到草木之药，以产生复杂的化学作用。

葛洪对于炼丹的重要成就，首为认识矿物所含的化学性质；其次是整理出不同的炼丹方法。丹药的主要成分为硫化汞与硫化砷，其所搜罗的炼丹材料，诸如丹砂、硫黄等物，加以反复实验，自然深刻了解其变化的特性。在方士、丹家的长期试炼中，从丹砂（硫化汞）冶炼汞（水银）的技术，战国末期至秦已逐渐发展，汉初刘安的方士集团撰写《淮南万毕术》，就有"丹砂为澒"的记录，这类冶炼经验表现于字书，许慎《说文解字》就解"澒，丹砂所化为水银"，澒也就是汞。葛洪将前此丹家的心得，归纳

为"丹砂烧之成水银",到陶弘景时更用生、熟来说明人造水银与天然水银的区别。现代的化学反应式就是:

$$HgS + O_2 \rightarrow Hg + SO_2$$
$$Hg + S \rightarrow HgS$$

在化学实验中,对于水银的特性及其运用,约有二项:流动性与挥发性。魏伯阳叙述水银的流动性,出之以隐喻手法:"汞白为流珠","太阳流珠,常欲去人"。当时丹家为了控制其流动,就需要其他物质相互作用,像铅:"卒得金华,转而相因,化为白液,凝而至坚。"据考即为铅汞齐;后来陶弘景说水银"能消化金银,使成泥,人以镀物也"。(《本草纲目》引)也是用金银为汞齐状态,而普遍运用于民间工艺中,炼丹家对于汞齐的认识也是取诸民间手工业者的实际经验,在进一步的反复操作中,而清楚指出其如流珠般的流动性。其次丹家还需克服其挥发性,需与其他金属化合,魏伯阳生动地描述:"河上姹女,灵而最神,得火则飞,不见埃尘。"这是挥发性的情况,因而"将欲制之,黄牙为根"。姹女是喻写水银所具的鲜艳色泽,黄牙即是硫黄,两者化合后,固定为红色的硫化汞,当时称为紫色墨丹,就是人造的银朱、灵砂。葛洪即说丹砂成水银后,接着说"积变又还成丹砂",就是记录这类化学变化。可知当时丹家对于汞、硫、铅等重要元素的化学反应,基于长期的操作,已能妥当地运用。

炼丹术在早期虽是惯用隐名,后来丹经都已辨明,并逐渐扩展其药材,据近人统计炼丹文献,包括无机物和有机物的有六十余种：其中主要元素为汞、硫、碳、锡、铅、铜、金、银等；而其化合物则有氧化物、硫化物、氯化物、硝酸盐、硫酸盐、碳酸盐、硼酸盐、硅酸盐，多种合金混合的石质及醋、酒等有机溶剂等[11]，李约瑟也精细地整理出不同时代所使用的药品，对照近代的化学学名，列出其化学组合，总数达一百八十三种之多。葛洪当时所使用的矿物与炼法虽较粗糙，但已具体而微，颇有规模。就是所谓的"还丹金液"——还丹又称神丹、仙丹，采用火法；金液则采用水法。

火法主要是带有冶金性质的无水加热法，魏伯阳在《参同契》中提到火记六百篇，大概与火法有关；葛洪在《金丹》、《黄白》所整理的九转丹法，多属火法。其主要的设备在唐《丹房须知》一类书中都有说明：丹炉内部安置丹鼎，作为反应室——称为神室、匮或丹合等；而其蒸馏方法，需用石榴匮、甘埚子，作成抽汞器等；将丹材处理的方法，大致包括煅（长时间高温加热）、炼（干燥物质的加热）、炙（局部烘烤）、熔（熔化）、抽（蒸馏）、飞（又叫升，就是升华）、伏（加热使药物变性）等[12]。

葛洪当时所录的方法，较为简单，但大体已备，如九丹法的炼丹华：

第一之丹名曰丹华：当先作玄黄，用雄黄水、矾石水、戎盐、卤盐、礜石、牡蛎、赤石脂、滑石、胡粉各数十斤，以为六一泥，火之三十六日成，服之七日仙。又以玄膏丸此丹，置猛火上，须臾成黄金。又以二百四十铢合水银百斤火之，亦成黄金。金成者药成也。金不成，更封药而火之，日数如前，无不成也。

255

其中六一泥，就是用戎盐、卤盐、礜石、牡蛎、赤石脂、滑石、胡粉七物，捣合如泥，《云笈七签》在六一泥下有"固济"二字，即是密封，就是封药。火的时间达三十六日，则为长时间的加热，将不同的矿物共热，产生复杂的变化，其化合物就成为当时丹家心目中的"黄金"，其实是一种汞齐。丹家对于炉火的观察，极为细腻，如九转丹法：

若取九转之丹，内神鼎中，夏至之后，爆之鼎热，内朱儿一斤于盖下。伏伺之，候日精照之。须臾翕然俱起，煌煌辉辉，神光五色，即化为还丹。取而服之一刀圭，即白日升天。又九转之丹者，封涂之于土釜中，糠火，先文后武，其一转至九转，迟速各有日数多少，以此知之耳。其转数少，其药力不足，故服之用日多，得仙迟也。其转数多，药力盛，故服之用日少，而得仙速也。

其中所说的"神鼎"、"土釜"，以及《黄白篇》所说的"铁器"、"铁筒"、"铁釜"、"铜筒"等，俱为反应器。至于候日精，则是严格计算火的时间，与《参同契》的计时日的方式，俱为当时丹家的方便法。而有关神丹炼成的景象，正是化学变化的现象。由于硫黄等物具有猛毒，需要一再加火伏之，转数多，自可降低其毒性；九转表示其次数之多。

水法炼丹是丹家在炼成固体的神丹外，另一方面将它溶解成液体的方法，葛洪所著录的《三十六水经》一卷，是否即《道藏》所收的"三十六水法"——保存溶解三十五种矿物和两种非矿物的五十四个方子，不能确定；但《金丹篇》、《黄白篇》确有同类的丹方。今人归纳水法约有下列数种：化（溶解，有时也指熔化）、淋（用水溶解出固体物的一部分）、封（封闭反应物质，长期静置或埋于地下）、煮（在大量水中加热）、熬（有水的长时间高温加热）、养（长时间低温加热）、酿（长时间静置在潮湿或含有碳酸气的空气中）、点（用少量药剂大量物质发生变化）、浇（倾出溶液，让它冷却）、渍（用冷水从容器外部降温），以及过滤、再结晶等，可知炼丹家确尝试过多种方法试验。用水法制备药物，首先要备置华池——就是盛有浓醋的溶解槽，醋中投入硝石和其他药物。因它在酸性溶液中提供硝酸根离子，起类似稀硝酸的作用，用以溶解金属矿物⑬。

对于黄金的溶解，由于黄金的化学性质不活泼，不易溶解，葛洪在《金丹篇》中保存了金液方，确是值得注意的史料：

抱朴子曰：金液，太乙所服而仙者也，不减九丹矣，合之用古秤黄金一斤，并用玄明龙膏、太乙旬首中石、冰石、紫游女、玄水液、金化石、丹砂，封之成水。其经云：金液入口，则其身皆金色。

在华池中采用醋、硝石、戎盐等之外，还有"玄明龙膏"——可代表水银，它能溶解黄金；或代表醋（玄明）和覆盆子（龙膏）——由于未成熟的覆盆子果实含有氢氰酸，华池的醋浸液中含有氰离子和其他药物所提供的钠、钾离子，在空气中可慢慢溶解黄金——即是"成水"。这种金液方是炼丹家经过大量实验以后所获得的结果，也许当时尚不易了解其中的复杂变化；但早在汉晋之际就能发现溶解黄金的方法，确是化学史上的一项巨大的成就[⑭]。

《黄白篇》所整理的炼丹法中，尚有多种水法；"作丹砂法"——也见于"三十六水法"中：

> 治丹砂一斤，内生竹筒中，加石胆硝石各二两，覆荐上下，闭塞筒口，以漆骨丸封之，须干，以内醇苦酒中，埋之地中，深三尺，三十日成水，色赤味苦也。

这种方子用醋和硝石以外，加有石胆——就是硫酸铜。因硫化汞在醋酸和硝石的混合液中本来难于溶解，有硫酸铜的存在，闭封之，却可以溶解。依近代化学观点，硫酸铜在反应中起了催化剂作用。所以唐人《黄帝九鼎神丹经诀》特别指出："化丹砂即需石胆。"其他还有"治作雄黄水法"等，都能合乎化学的原理。

水法炼丹的另一发现就是"转化"——水溶液中的金属置换作用，其原意是将贱金属转化为贵金属，如黄金、白银之类。《淮南万毕术》所载的"曾青得铁则化为铜"，葛洪进一步观察到"以曾青涂铁，铁赤色如铜"，是"外变而内不化"，陶弘景又把实验扩及硫酸铜之外，发现鸡屎矾（碱性碳酸铜或碱性硫酸铜），性质与曾青相似，可以合熟铜，这是后来水法冶金胆铜法的起源，也可作为炼丹家对中国科学技术的一项贡献。

火法、水法之外，还有另一系统，为药物学、植物学的立场，将丹与其他物服食，形成不可思议的奇效：

又《取伏丹法》云：天下诸水，有名丹者，有南阳之丹水之属也。其中皆有丹鱼，当先夏至十日夜伺之，丹鱼必浮于水侧，赤光上照，赫然如火也，网而取之可得之，得之虽多，勿尽取也。割其血，涂足下，则可步行水上，长居渊中矣。

基于巫术性思考原则：神丹具有奇效，因而类推"赤光上照，赫然如火"的丹鱼，也当有特殊的效果。又有与植物配合服食的"刘生丹法"：

又《刘生丹法》，用白菊花汁、地楮汁、樗汁和丹蒸之，三十日，研合服之，一年，得五百岁，老翁服更少不可识，少年服亦不老。

其他还有"赤松子丹法"，也用丹与植物汁液混合服用。

关于服丹还有一种不直接服食，而喂食动物再服食的方法，《金丹篇》有三种丹法相类：

"又《石先生丹法》：取乌𪇖之未生毛羽者，以真丹和牛肉以吞之，至长，其毛羽皆赤，乃煞之，阴干百日，并毛羽捣服一刀圭，百日得寿五百岁。

"又《康风子丹法》：用羊、乌鹤卵、雀血，合少室天雄汁，和丹内鹄卵中漆之，内云母水中，百日化为赤水，服一合，辄益寿百岁，服一升千岁也。

"又《崔文子丹法》：纳丹鹜腹中蒸之，服，令人延年，长服不死。"

其中的童鸡、卵及鹜，乃因其具有生命力之物，在巫术性的思考中，本就可传达其神奇的生命力。而《石先生丹法》尤其值得注意：近人曾辩论白居易诗："退之服硫黄，一病迄不瘥。"退之，一般相信是韩愈，韩愈之服食硫黄，其动机为何？其关键在于"如何服食"？或认为是炼丹后服食？或认为是当作本草药材服食？其实俱无直接的文献可以证明。硫黄虽是炼丹的材料，唐代也盛行炼丹的风尚，但并无史料证明韩愈炼丹。至于《本草》有食硫黄也是事实，但不能单服；目前所知唐末五代陶穀《清异录》卷二所载："昌黎公愈，晚年颇亲脂粉，故事服食，用硫黄末搅粥饭啖鸡男，千（一作十）日烹庖，名火灵库，间日进一只焉，始亦见功，终致绝命。"陶穀时代较近，纵使这条资料为羼入者，也不致太晚。"火灵库"的服食法，与石先生丹法为同一系统，其目的是为"得寿五百岁"，退之食硫黄也为了治病延寿，所以白居易接云："微之炼秋石，未老身溘然。杜子得丹诀，终日断腥膻；崔君夸药力，经冬不衣绵，或疾或暴夭，悉不过中年。"从诗意言：秋石、丹诀等都是丹药，硫黄自也是丹药，而且强调未老、不过中年，就是为了延年益寿。大概葛洪所录的"石先生丹法"，普遍流传于唐代士子中，因而有"火灵库"的服食法[⑮]。可见要解决"退之服硫黄"的问题，就要从炼丹史的发展加以解说，才能了解其中的关键。

服食仙丹是为了不死成仙，基于黄金、玉石的不朽属性，依属性传达原理，只要传达其不败不朽的性质进入人身，就可使人获致不败不朽。道士常在考古文物中发现并肯定这些事实："金玉在于九窍，则死人为之不朽。"（《对俗篇》）陶弘景也有类似的看法：

古来发冢见尸如生者，其身腹内外无不大有金玉。汉制王公皆用珠襦玉匣，是使不朽故也。（《本草纲目》八引陶弘景《名医别录》）

因而烧炼黄白，其本身所具的化学变化愈增加其巫术色彩，所成的还丹金液也易于服食，魏伯阳说：

勤而行之，夙夜不休。服食三载，轻举远游。跨火不焦，入水不濡，能存能亡，长乐无忧。道成德就，潜伏俟时，太乙乃召，移居中州，功满上升，膺箓受图。

跨火入水的轻举远游原是远游文学的描述，道士则以较实际的炼丹术探求，葛洪也引述丹经之言为证：

按《黄帝九鼎神丹经》曰：黄帝服之，遂以升仙。又云：虽呼吸导引，及服草木之药，可得延年，不免于死也；服神丹令人寿无穷已，与天地相毕，乘云驾龙，上下太清。（《金丹篇》）

魏晋三品仙说中，葛洪所诠释的三品仙，是基于金丹道的立场："朱砂为金，服之升仙者，上士也；茹芝导引，咽气长生者，中士也；餐食草木，千岁以还者，下士也。"（《黄白篇》）他的信念一方面是类推一般医药的疗效：

> 召魂小丹，三使之丸，及五英八石小小之药，或立消坚冰，或入水自浮，能断绝鬼神，禳却虎豹，破积聚于腑脏，追二竖于膏肓，起猝死于委尸，返惊魂于既逝。夫此皆凡药也，犹能令已死者复生，则彼上药也，何为不能令生者不死乎？（《至理篇》）

这些只是"医家之薄技"，已有活命的奇效，何况是金丹上药。另一方面是基于神仙家对于服丹尸解的观点。由于丹药的构成元素，其中所含的化学成分，在服食之后对于人类的生理、心理产生一定的反应。李约瑟曾据近代的化学知识，比照炼丹家流传的说法，阐说砷、汞、铅、铜、锡、镍、锌等金属化合物，对于人体会产生特殊的反应：像砷有短暂安宁感，汞、铅具有刺激唾液分泌的作用，它使生理上产生错误的引导，以为具有特效。由于长期服用，过量的金属物进入人体，在体内沉积后，使服食者死后形成一些迥异于常人的异常现象：尸体有不同的味道、不腐不烂以及各种木乃伊现象，为道士及当时人士所难以解释，因而将尸解赋予神秘而美丽的说法[16]。

《金丹篇》所列的各种丹法与奇效，现在举两种主要丹法为例，第一例为九丹法：

丹名	成仙日数	黄金及其化合物	功能
丹华	七日	＋玄黄	成仙
神丹	百日		行度水火，以此丹涂足下，步行水上。服之三刀圭，三尸九虫皆即消坏，百病皆愈也。
神丹	百日		以与六畜吞之，亦终不死。又能辟五兵。服百日，仙人玉女、山川鬼神，皆来侍之，见如人形。
还丹	百日	＋水银	朱鸟凤凰，翔覆其上，玉女至傍。以此丹涂钱物用之，即日皆还。以此丹书凡人目上，百鬼走避。
饵丹	三十日		鬼神来侍，玉女至前。
炼丹	十日	＋汞	成仙。
柔丹	百日	＋铅	以缺盆汁和服之，九十老翁，亦能有子。
伏丹	百日		服之即日仙也。以此丹如枣核许持之，百鬼避之。以丹书门户上，万邪众精不敢前，又辟盗贼虎狼也。
寒丹	百日		仙童仙女来侍，飞行轻举，不用羽翼。

而九转丹法，只提及成仙，而未详述其神通表现，较为简要：

一转之丹，服之三年得仙。二转之丹，服之二年得仙。三转之丹，服之一年得仙。四转之丹，服之半年得仙。五转之丹，服之百日得仙。六转之丹，服之四十日得仙。七转之丹，服之三十日得仙。八转之丹，服之十日得仙。九转之丹，服之三日得仙。

九丹或九转丹的服食成仙说与三品仙说的结合，为地仙与天仙的自由去留，《抱朴子》前数篇一直强调类似的理想生活，所以《金丹》也在叙述九丹之后以此作结：

> 凡此九丹，但得一丹便仙，不在悉作之，作之在人所好者耳。凡服九丹，欲升天则去，欲且止人间亦任意，皆能出入无间，不可得之害矣。

自由服食以节行止为葛洪理想中的服丹方式。

四、仙药的服食及其传说

弗莱哲研究巫术发现原始民族特殊的石头，其形状奇特，色彩鲜艳者，即具有特殊的咒术威力。另韦伯斯特《论巫术》一书，亦说明原始社会的咒术者，搜集药用植物，依其形状、色彩分类，可作医药之用[17]。葛洪表现于《抱朴子》之《仙药篇》较诸《金丹篇》、《黄白篇》等尤具巫术色彩。古代巫医本即不分，所谓医巫与萨满（shaman）即以其秘传的医术治病。汉代医书及图纬皆颇载神奇药物及其效能，《仙药篇》说：

> 《神农》四经曰：上药令人身安命延，升为天神，遨游上下，使役万灵，体生毛羽，行厨立至。又曰：五芝及饵丹砂、玉札、曾青、雄黄、雌黄、云母、太乙禹余粮，各可单服之，皆令人飞

行长生。又曰：中药养性，下药除病，能令毒虫不加，猛兽不犯，恶气不行，众妖并辟。又《孝经援神契》曰：椒姜御湿，菖蒲益聪，巨胜延年，威喜辟兵。皆上圣之至言，方术之实录也。

《神农经》乃汉代总辑的医籍，为医书总汇，历代养生家多征引此说，如嵇康、张华等。至于图纬之类：如《诗·含神雾》、《河图玉版》等，多言服白玉膏、玉浆成仙等事，也是反映出古来即流行的服食药方的现象。

葛洪以为"仙药之上者丹砂，次则黄金，次则白银，次则诸芝，次则五玉，次则云母，次则明珠，次则雄黄，次则太乙禹余粮，次则石中黄子，次则石桂，次则石英，次则石脑，次则石硫黄，次则石粕，次则曾青，次则松柏脂、茯苓、地黄、麦门冬、木巨胜、重楼、黄莲、石韦、楮实、象柴"。类似的观念代表汉晋时期的本草思想，将金石药置于上品，而较不能正视草药的价值。六朝的炼丹士多兼擅医术，但医药的应用为医家共通的专业技术；而道士所得意的是金石及一些较奇特的仙药，自然特别推崇一般医生所不能烧炼的丹药。葛洪在《抱朴子》中一再强调将药分品以定出高下之说，因此，《仙药篇》虽已及于平常的本草植物等，却仍偏重于奇特的药类。其后陶弘景整理本草，其实仍不能免除以丹药为上的观点，这是研究本草学所应注意的事。《仙药篇》的基本观念与《金丹》、《黄白》两篇相同，依据巫术性思考原则运用于药物的采集、服食；有些则与医学有关：像引《中黄子服食节度》说："服治病之药，以食前服之"；"养性之药，以食后服之"，因"以药攻病，既宜及未食、内虚、令药力势易行"，因怕食前服药，力未行而被谷驱之下去不得止，则无益，多颇符合药性之理。至于说服药养性，宜与五行相配，则是汉人的说法，出于《玉策记》及《开明经》：

若本命属土，不宜服青色药；属金，不宜服赤色药；属木，不宜服白色药；属水，不宜服黄色药；属火，不宜服黑色药。以五行之义，木克土，土克水，水克火，火克金，金克木故也。

以五行生克，解说人年命之所在，作为服药的依据，自是机械论的说法，葛洪与汉代旧学的关系可想而知。

这一部分就将有关仙药的部分，按照矿物、芝菌及植物略加解说，葛洪是兼取论证合一的笔法叙述：有论述与举例，其例证多采自仙传及杂记，刚好可与六朝流行的笔记小说相与参证。所以以《仙药篇》为主，兼及当时的笔记，借以阐述其服食传说。

（1）玉石的服食传说

服玉之风，源于先秦，《周礼》已有"王齐则共食玉"之说，而《山海经》在西山经部分，凡产玉地区都强调玉可服食，《抱朴子》佚文有"昆仑及蓬莱，其上鸟兽饮玉井（泉），皆长生不死"（《御览》二十），就是古来的服玉说。葛洪引述《玉经》之言："服金者寿如金，服玉者寿如玉。"及"服玄真者，其命不极"——玄真，玉的别名，正是传达玉石的属性：

玉脂芝生于有玉之山，常居悬危之处，玉膏流出，万年已上则凝而成芝，有似鸟兽之形，色无常彩，率多似山玄水苍云也。

亦鲜明如水精，得而末之，以无心草汁和之，须臾成水，服一升得一千岁也。（《仙药篇》）

《山海经》西次三经峚山条云："……其中多白玉，是有玉膏，其源沸沸汤汤。"郭璞引图纬证之，《河图玉版》曰："少室山，其上有白玉膏，一服即仙矣。"《诗·含神雾》曰："少室之山巅，亦有白玉膏，得服之，即得仙道，世人不能上也。"都是葛洪服玉说的渊源。

服玉也有方法，一种是化为水液：

玉可以乌米酒及地榆酒化之为水，亦可以葱浆消之为粕，亦可饵以为丸，亦可烧以为粉，服之一年已上，入水不沾，入火不灼，刃之不伤，百毒不犯也。不可用已成之器，伤人无益，当得璞玉，乃可用也。

璞玉为初出矿之玉，化为液体可以服食。一种是磨为玉屑，作粉末状：

玉屑服之与水饵之，俱令人不死。所以为不及金者，令人数数发热，似寒食散状也。若服玉屑者，宜十日辄一服，雄黄、丹砂各一刀圭，散发洗沐寒水，迎风而行，则不发热也。

服玉的反应，与魏晋盛行的服寒食散相似，应与其所含的药性有关。他强调璞玉，并指明地区如于阗国白玉，与《山海经》

的产玉地区，都因新出的玉具有矿物药的特性，需经指点始可服食，就如五石散（石钟乳、石硫黄、白石英、紫石脂、赤石脂），服食都有禁忌与良法，始可得益，至六朝时期服石者多，服玉之风已较少。

云母凡有五种，为云英、云珠、云液、云母、云沙，也是矿物。其颜色不同，因而服食者宜按季节所属的颜色服用，也是典型的五行说的运用：

五色并具而多青者，名云英，宜以春服之。五色并具而多赤者，名云珠，宜以夏服之。五色并具而多白者，名云液，宜以秋服之。五色并具而多黑者，名云母，宜以冬服之。但有青黄二色者，名云沙，宜以季夏服之。晶晶纯白名磷石，可以四时长服之也。

这些云母石也是具有不败不朽的属性："他物埋之即朽，着火即焦，而五云以纳猛火中，经时终不然，埋之永不腐败，故能令人长生也。"不燃不腐之物要服用时，需化为液体：可以桂葱水玉化之、以玄水熬之、以硝石合于筒中埋之，或以秋露渍之，成为水液，就可服用：一年百病除、三年返老还童、五年可役使鬼神，入火不烧、入水不濡，得见仙人；十年则云气常覆其上，因为"服其母以致其子，理自然也"——又是巫术性思考的方式。

服食较硬之物均需化为水液，道士大抵已能运用一些溶液，引起化合作用。这些溶解法，溶解雄黄：以蒸煮之、以硝石溶化、以玄胴肠（或猪胴）裹蒸之、以松脂和之，溶解以后服食。银则以麦浆化之、以龙膏炼之，或以朱草酒饵之。真珠可以酪浆渍之、以浮石水蜂窠化之、包彤蛇黄合之，将这些硬物溶化、液化，所引起的化学变化，当时道士不易了解，却强调其药效，能使"三尸下"、"九虫悉下"；且可役使玉女，以致行厨。能去体内寄生虫，这是有待进一步验证的事，值得注意。

（2）神芝的服食传说

服芝是仙药中的要法，凡有五大类，类有百许种：石芝、木芝、草芝、肉芝、菌芝。其中详述芝的形状产地及服用方法，《遐览篇》著录有木芝图、菌芝图、肉芝图、石芝图、大魄杂芝图，有图故易于辨识与采取。由于芝的形状、颜色及其中所含的特殊成分，方士、道士早就从实际经验中有所证验，因而形成灵芝的形象。芝的灵验神秘化道士采芝的行为，《仙药篇》在石芝及菌芝分别论述之：

> 非久斋至精，及佩老子入山灵宝五符，亦不能得见此辈也。凡见诸芝，且先以开山却害符置其上，则不得复隐蔽化去矣。徐徐择王相之日，设醮祭以酒脯，祈而取之，皆从日下禹步闭气而往也。
>
> 欲求芝草，入名山，必以三月九月，此山开出神药之月也，勿以山很日，必以天辅时，三奇会尤佳。出三奇吉门到山，须六阴之日，明堂之时，带灵宝符，牵白犬，抱白鸡，以白盐一斗，及开山符檄，着大石上，执吴唐草一把以入山，山神喜，必得芝也。又采芝及服芝，欲得王相专和之日，支干上下相生为佳。

从求芝、采芝、服芝，需择日入山、带灵符、礼物及配合时日，都可见芝的神秘性。灵芝在神仙服食传说中的地位，实与道士对于芝的信仰有关，李约瑟指出，芝菌类可能具有迷幻作用，这些迷幻物质在宗教仪式，或个人修为中曾被使用⑱。从近代药物学解说芝菌的化学成分，必有助于解开灵芝之谜。

石芝凡有九种：石象芝、玉脂芝、七明九光芝、石蜜芝、石桂芝、石中黄子、石脑芝、石硫黄芝、石硫丹等，载于《太乙玉策》及《昌宇内记》中。从葛洪的叙述中，推知石芝仍属矿石类，玉脂芝即为玉脂、石蜜芝即为石钟乳；而石中黄子是破大石中所得的赤黄溶溶的石浆，嵇康与王烈入山，见山石裂开而有石髓，未饮而凝为石。（《晋书》本传）葛洪也说服法，"当及未坚时饮之，既凝则应末服也"，就是研末而服。

木芝凡有十一种：木威喜芝、千岁之栝木、飞节芝、樊桃芝、参成芝、木渠芝、建木芝、黄卢子、寻木华、玄液华、黄檗檀桓芝。其中建木芝传说出于《山海经》，为上下于天的通天大树，故说服之"白日升天"，余均与时间的久远有关：栝木千岁、松树枝三千岁、黄檗千岁，服食这些千岁神木所生的芝菌，就传达其神秘力；至于木威喜芝则万岁茯苓所生，也是久寿之物。《玄中记》曾说："松脂沦入地中，千岁为茯苓，伏神。"又说："枫脂沦入地中，千秋为琥珀。"《列仙传》载服食松脂可成仙，则相关的茯苓、木威喜芝，自也可成仙。

草芝凡载有九种：独摇芝、牛角芝、龙仙芝、麻母芝、紫珠芝、白符芝、朱草芝、五德芝、龙衔芝，服后可得千岁。其中龙仙芝的描述与宋顾欢《道迹经》所录的大体相同：

龙仙芝，状如升龙之相负也，以叶为鳞，其根则如蟠龙，服

一枚则得千岁矣。（《仙药篇》）

　　第一芝名龙仙芝，似蛟龙之相负也，以叶为鳞，其根如蟠龙，得而食之，拜为太极仙卿。（《道迹经》）

　　两条资料是据同一资料，抑或是《道迹经》所抄的《茅君内传》袭用《抱朴子》，不易判断，当是葛洪之说在先，只说得千岁之寿；而《道迹经》依太清药品、太极药品等，列为太极仙卿所服之物[19]。另一种菌芝，生于深山、大木下、岩侧，也有各种形状与颜色，服用也可千岁。

　　木芝、草芝及菌芝三种，性质相近，均属于菌类。因而菌芝，有些是具有毒性，不可服食；有些具有迷幻性，在宗教仪式中使用，灵芝的发现与运用，应源于古之巫师或方士，利用芝菌的迷幻性于其巫医行为中。为了辨识，各类芝图常秘传于方士、道士的手中；而六朝笔记也常神化其说，大多取材于两汉纬书之类，张华的《博物志》说："名山生神芝不死之草：上芝为车马，中芝为人形，下芝为六畜。"（卷一）所以芝常有依形状命名的。上清经派的《海内十洲记》所载元洲、生洲、瀛洲就多生五芝、神芝；王嘉《拾遗记》也载岱舆山有苍芝（卷十），可见草木之芝与海上仙岛结合，为初期仙说常见的传说，为神仙不死的灵药。

　　五种芝之中，以肉芝最为奇特，名为芝，其实是久寿的动物：凡有千岁蝙蝠、千岁灵龟、千岁燕及风生兽等。《对俗篇》载有长寿之物，特别说明是出自《玉策记》及《昌宇经》，《仙药篇》所引述的肉芝图，应有相通之处。服食长寿之物可以成仙，仍是巫师中的属性传达原理。类似的说法遍见于六朝笔记中，可作为

271

当时通行的传说，葛洪只是多读道书，又能赋予理论，置于养生思想的体系中，因而特别杰出。

《抱朴子》说："肉芝者，谓万岁蟾蜍，头上有角，颔下有丹书八字，再重，以五月五日日中时取之，阴干百日，以其左足画地，即为流水；带其左手于身，辟五兵：若敌人射己者，弓弩矢皆反还自向也。"（《仙药篇》）此实古巫术的遗说，故视其形状奇特之物，具巫术作用。《玄中记》所载之物相近：

千岁蟾蜍，头生角；得而食之，寿千岁。又能食山精。

《抱朴子》说："千岁蝙蝠，色白如雪，集则倒悬，脑重故也。此二物（蟾蜍及蝙蝠）得而阴干末服之，令人寿四万岁。"蝙蝠为古来福寿的象征，其飞翔能力为天仙的重要形象，故六朝时期有此虚诞的传说：

蝙蝠，一名仙鼠，一名飞鼠，五百岁则色白，脑重……食之神仙。（《古今注》）

百岁伏翼，其色赤，止则倒县；得而服之，使人神仙。（《玄中记》）

千岁伏翼，色白；得食之，寿万岁。（《玄中记》）

梁有五色蝙蝠，黄者无肠倒飞，腹向天；白者脑重，头垂自挂；黑者如鸟，至千载，形变如小燕；青者毫毛长二寸，色如翠；赤者止于石穴，穴上入天，视日出入，恒在其上。（《拾遗记》）

《山海经》言羽民："其为人长头，身生羽。"(《海外南经》六) 考汉人画仙人的形象：头盖骨突起如瘤，即此类构想，为后世寿星头颅的最初造型。

《抱朴子》又说："千岁灵龟，五色具焉，其雄额上两骨起似角，以羊血浴之，及剔取其甲，火炙捣服，方寸匕日三，尽一具，寿千岁。"龟为四灵之一，汉四兽镜，北玄武即指龟，故称灵龟、神龟，王充曾载汉时的传说："龟生三百岁大如钱，游于莲叶之上，三千岁青边缘，巨尺二寸。"(《论衡》十四) 葛洪所录的也有相似之处："《玉策记》曰：千岁之龟，五色具焉，其额上两骨起似角，解人之言，浮于莲叶之上，或在丛蓍之下，其上时有白云蟠蛇。"(《对俗篇》) 六朝笔记也有类似的记载：

龟千年生毛，寿五千年，谓之神龟，万年曰灵龟。(《述异记》)

西有星池千里，池中有神龟，八足六眼，背负七星，日月八方之图，腹有五岳四渎之象，时出石上，望之煌煌如列星矣。(《拾遗记·员峤山》)

千岁燕，在当时传说中较少见，但另有一种千岁鹤、千岁鹄，也是灵禽。但在神仙传说中常作为坐骑，而不是服食之物：

鹤寿千岁，以极其游。(《淮南子·说林训》)

鹤千岁则变苍，又千岁变黑，所谓玄鹤也。(《古今注》)

所以葛洪也录下有关灵鹤的传说："千岁之鹤随时而鸣，能登于木，其未千载者，终不集于树上也。色纯白而脑尽成丹。"(《对俗篇》)

至于风生兽也是异常之物，普遍流传于当时的笔记中，葛洪也是有所承袭：

风生兽似貂，青色，大如狸，生于南海大林中，张网取之，积薪数车以烧之，薪尽而此兽在灰中不然，其毛不焦，斫刺不入，打之如皮囊，以铁锤锻其头数十下，乃死，死而张其口以向风，须臾便活而起走，以石上菖蒲塞其鼻，即死，取其脑，以和菊花服之，尽十斤，得五百岁。(《仙药篇》)

风生兽传说亦见载于《述异记》。俞樾《诸子平议补录》又录《玉篇》、《广韵》引《异物志》，云有风㷿兽（卷十一）。《十洲记》将其抄入炎洲记事 [20]。因风而活，风即气息即生命力，故服用也可传达其旺盛的生命力。《抱朴子》佚文中还有十七种芝，俱可见芝是重要的仙药。

（3）植物性仙药的服食传说

葛洪在《仙药篇》叙述的植物性仙药不多，且多以服食传说为主，而引述药方较少。因为草木之药在金丹大道的立场，只是治病疗疾之药，而非长生不死之药；而且医家常用，并无长生的事实，自不宜将其神化。其中所举的事例有些也见于魏晋笔记中，可据以考察其间资料的袭用，了解仙道思想对于笔记小说的影响力。

《仙药篇》载两则特殊的饮水，足以延寿，其一为丹砂水，在葛洪的服食物中，"仙药之上者丹砂，次则黄金。"丹砂为天然矿物，功效奇特，因此丹砂水也有妙用。其传闻为"余亡祖鸿胪少卿曾为临沅令"所得的，可用以证明"饵炼丹砂而服之"必有大效。今本《搜神记》卷十三收录，如非后人羼入，则为干宝得见《抱朴子》，因而采入：

> 临沮县有廖氏，世老寿。后移居，子孙辄残折。他人居其故宅，复累世寿。乃知是宅所为，不知何故，疑井水赤，乃掘井左右，得古人埋丹砂数十斛；丹汁入井，是以饮水而得寿。

临沮为临沅之误，属武陵郡。干宝省略首尾的文字，纯作《搜神记》文体，而其他文字则大体袭用。

葛洪又记一则甘谷水，为南阳地区的传闻，叙述的笔调极其平实，且引南阳太守服食其水作证，属于实事，但其事迹与当时流传的仙境小说可以相互启发：

> 南阳郦县山中有甘谷水，谷水所以甘者，谷上左右皆生甘菊，菊花堕其中，历世弥久，故水味为变。其临此谷中居民，皆不穿井，悉食甘谷水，食者无不老寿，高者百四五十岁，下者不失八九十，无夭年人，得此菊力也。(《仙药篇》)

陶潜《桃花源记》有落英缤纷于溪水的情境，可与菊花堕落谷水相媲美，江南地区多川谷，易于产生类似甘谷中人的服食传说，因而王畅、刘宽、袁隗等，每到官皆要郦县月送甘谷水四十斛以为饮食，所患的风痹及眩冒，得以痊愈。菊可服食，汉魏以下，菊花亦为服食品之一。《抱朴子》引："仙方所谓日精更生，周盈皆一菊，而根茎花实异名。其说甚美。"周处《风土记》云："日精、治蘠，皆菊之花茎别名也。生依水边，其华煌煌，霜降之时，唯此草盛茂。九月律中无射，俗尚九日，而用候时之草也。"(《初学记》卷七)则汉末阳九与菊服已联结为民俗。其别名也称"日精"，其食法或为菊花酒：

> 九月九日佩茱萸，食蓬饵，饮菊花酒，云令人长寿。菊花舒时并采茎叶杂黍、米酿之，至来年九月九日始熟，就饮焉，故谓之菊花酒。(《西京杂记》)
> 宣帝地节元年有背明之国来贡其方物，有紫菊，谓之日精，一茎一蔓延及数亩，味甘，食者至死不饥渴。(《述异记》)

九月九日可采菊花，见于崔寔《四民月令》；而魏文帝《九日与钟繇书》阐说芳菊，纷然独荣，"含乾坤之纯和，体芬芳之淑气"，并引"屈平悲冉冉之将老，思餐秋菊之落英"为证，认为"辅体延年，莫斯之贵，谨奉一束，以助彭祖之术"。服食菊花传达纯和、淑气，为巫术性思考方式，而菊本身也确有药效。有关菊花的各种服食盛行于汉晋之际，为服食之物，也是仙道意象，钟会《菊花赋》说："流中轻体，神仙食也。"潘岳《秋菊赋》："泛流英于青醴，似浮萍之随波。"以及写菊花诗最有特色的陶潜，俱有菊花一意象络绎于笔下，这是当时的民俗，文士喜好，一般人士也服食，所以梁宗懔《荆楚岁时记》记载：楚俗九月九日饮菊花酒，菊花的服食已成为岁时节日中极有诗情画意的节目。

松柏为长青植物，神仙家特别强调其所具千岁的特性，松的叶子、果实俱被视为服食之物，葛洪引用秦宫女食柏叶、松实，能不饥不渴，冬不寒、夏不热，至汉成帝时被猎者围捕，已达两百许岁。其事与《列仙传》毛女传说相同，唯汉成帝时为人捕得，稍有不同。干宝也曾引述偓佺传说，也采自《列仙传》：

偓佺者，槐山采药父也。好食松实。形体生毛，长七寸。两目更方，能飞行逐走马。以松子遗尧，尧不暇服。松者，简松也。时受服者，皆三百岁。（《搜神记》）

服食松脂，则有赵瞿传说，葛洪说："余又闻上党有赵瞿者。"则事属传闻，因其人病癞历年，被弃穴中，仙人教以服食松脂，长服之后，身轻体健，夜见彩女，在人间三百许年，后入抱犊山为地仙。《列仙传》也有常食松脂，终成仙人之说。至于柏实，则《列仙传》有赤松子服食，"齿落更生，行及走马"；而较近的食柏传说，则收录于刘敬叔《异苑》中：

汉末大乱，官人小黄门上墓树上避兵，食松柏实，遂不复饥，举体生毛，长尺许。乱离既平，魏武闻而收养，还食谷，齿落头白。（《异苑》）

基于松、柏为长寿的植物，且在战乱中常有不得已以松柏为食的情况，经久适应，而有特殊的生理现象。类似的传说，毛女、宫人之类，大多是同一母题的衍化，流传于不同时地，而形成叙事稍有不同的传说。值得注意的是秦宫女食谷之后二年，"身毛脱落，转老而死"；而宫人"还食谷，齿落头白"，虽是一事的分化，但俱可表现仙道思想中，还食人间之物，重做人间之人，也就重蹈人间的老、死的命运，在叙事的流传中应具有较深刻的象征意义。

葛洪所载的植物性仙药，与本草有关的有一服术传说，也是采自南阳地区，文氏先祖在汉末避难山中，饥困欲死时，有人教以食术，遂不饥，达数十年，也是身轻体健，不惧高险及冰寒，又见仙人博戏等。类此乱世的神话，葛洪采信之，并论证以《神农经》："必欲长生，常服山精。"苍术，一名山蓟，一名山精。其友人嵇含《南方草木状》也有服术之事，《仙药篇》仙人八公中的林子明也服术：

药有乞力伽，术也，濒海所产，一根有至数斤者，刘涓子取以作煎，令可丸，饵之长生。(《南方草木状》)

林子明服术十一年，耳长五寸，身轻如飞，能超逾渊谷二丈许。(《仙药篇》)

《仙药篇》载黄精："黄精一名兔竹，一名救穷，一名垂珠。服其花，胜其实，服其实，胜其根，但花难多得。得其生花十斛，干之，才可得五六斗耳，而服之日可三合，非大有役力者不能辨也。服黄精仅十年，乃可大得其益耳。俱以断谷，不及术。术饵令人肥健，可以负重涉险，但不及黄精甘美易食，凶年可以与老小休粮，人不能别之，谓为米脯也。"这也是乱世神话；一名救穷，就是饥荒岁月的食物。神仙传说中有些修真者是识得药草而服食；但因幽隐山林，采取山中野生植物服食，也有不得已的情况，葛洪自是知道《列仙传》中，有修羊公时取黄精食之的传说，自撰《神仙传》也载服黄精事：

> 王烈者，字长休……常服黄精及铅，年三百三十八岁，犹有少容，登山历险，行步如飞。（《神仙传》六）
> 尹轨者，字公度……常服黄精，日三合，年数百岁而颜色美少……后到南阳太和山仙去也。（《神仙传》九）

神仙传说为葛洪论证的主要材料，《神仙传》为与《抱朴子》相辅相成的仙传，《仙药篇》就有仙人八公事，其中所列仙药又有菖蒲，葛洪传述："韩终服菖蒲十三年，身生毛，日视书万言，皆诵之，冬袒不寒。又菖蒲生须得石上，一寸九节已上，紫花者尤善也。"同时嵇含也有类似的记载，"番禺东有涧，涧中生菖蒲，皆一寸九节，安期生采服仙去。"（《南方草木状》一）嵇含仕广东，采集服食的药物，葛洪也熟知其书。仙传所载，如：

> 商丘子胥者……不娶妇而不老，邑人多奇之，从受道，问其要，言但食术、菖蒲根，饮水，不饥不老如此，传世见之，三百余年。（《列仙传》下）
> 王兴闻仙人教武帝服菖蒲，乃采服之不息，遂得长生。（《神

仙传》十）

《仙药篇》所载的植物尚有多种：桂、胡麻（巨胜）、桃胶、柠木实、槐子，以及玄中蔓方、楚飞廉、泽泻、地黄、黄连之属，凡三百余种，皆能延年；又有灵飞散、未央丸、制命丸、羊血丸等丸散，皆令人驻年却老。葛洪一生饱览前代的医药图籍，且有能力批判其优缺点，因而自己撰述整理多种医书，在医学理论及临床经验上俱极丰富，因能深知药性；论服食药方，神化其效能至于长生，自是神仙家的通说，但一些切实可行的方子，则是本草医学的知识，如胡麻服之，可"耐风湿，补衰老"的叙述笔法，就平实可信。六朝人士所撰笔记，常混淆神话与实事，服食传说就兼具神话的想象力与科学的实证性，为仙道文学的表征。

【附注】

①　张子高，《中国古代化学史》。

②　陈国符，《道藏源流考》，90-92 页。

③　王明，《抱朴子内篇校释》，290 页。

④　弗雷泽（Sir Frazer）在《金枝》（*The Golden Bough*）中，（N.Y.1960）以原始人不能分别超自然巫术与实际技术，因而有拟似科学（Pseudo-science）之说；而马林诺夫斯基（Malinowski）则据特罗布兰德群岛（Trobrand Island）出海捕鱼，已能分清什么情况需用巫术——大多是人力不能控制的情况。本书借以说明葛洪当时之人在炼丹时，尚未能完全控制化学操作的情况，故有类似的行为。此说参李亦园，《宗教人类学》，收于《文化人类学

选读》（台北，牧童，1971 年），240-241 页。

⑤　山田庆儿，《中世的自然观》，收于《中国中世纪科学技术史的研究》（京都）；此文引人类学的观念作解释，颇富启发性，本书曾参考其说，特此注明。

⑥　同④。

⑦　李约瑟，《中国之科学与文明》（三），155 页。

⑧　劳榦，《中国丹砂之应用及其推演》，刊于《史语所集刊》七期（1938 年），张子高，《中国古代化学史》。

⑨　见弗雷泽（Frazer）前引书。

⑩　吉田光邦，《中世的化学与仙术》，收于《中国中世纪科学技术史的研究》。

⑪　参见《古代炼丹术中的化学成就》，收于《中国古代的科技》（上）（台北，明文，1981 年），237 页。

⑫　同上，228 页。

⑬　同上，232-234 页。

⑭　参王奎克，《中国炼丹术中的金液和华池》，收于《科学史集刊》。

⑮　辩论情形参见《诽韩案论战》（台北，东府，1978 年）。

⑯　李约瑟，《中国之科学与文明》（十四）（台北，商务，1982 年），301-349 页。

⑰　见弗雷泽（Frazer）及山田庆儿前引书。

⑱　同李约瑟前引书，226-231 页。

⑲　拙撰，前引《汉武内传之著成及其流传》。

⑳　拙撰，前引《十洲传说的形成及其衍变》。

第十一章 《抱朴子》的存思法术

葛洪在《抱朴子》中推尊为至要的另一道法是守一法。守一为存思的法术，而郑思远传授给葛洪的存思法，大多摘要叙述于《地真》及相关的篇卷，如《杂应》、《微旨》等。当时流行的存思法，依其传授所录，种类颇多，《地真篇》说：

> 吾闻之于师云：道术诸经，所思存念作，可以却恶防身者，乃有数千法。如含影藏形，及守形无生，九变十二化二十四生等，思见身中诸神，而内视令见之法，不可胜计，亦各有效也。然或乃思作数千物以自卫，率多烦难，足以大劳人意。若知守一之道，则一切除弃此辈，故曰能知一则万事毕者也。

却恶防身的道术，凡有数千法，这是郑思远所描述的晋世以前的存思法的情况，可以概知两汉方士已在存思的方法中获致相当的成就。

《遐览篇》所著录的，应属较重要的存思法，大概有十余种，从《内宝经》至《观天图》，凡十七种，各为一卷。而前有《九生经》、《二十四生经》；后有《黄庭经》、《内视经》、《历藏延年经》等，再加上不易从书名判断，但相连著录的总数达二十种之多，可知"不可胜记"，确有其事。葛洪说存思法虽多，也率多烦难，只有守一之道最为至要。因此要了解存思法，需要比较说明当时性质相近的方法，才可显出守一法的特色。

一、从历脏内视到黄庭守一

葛洪在《地真篇》所说的："思见身中诸神，而内视令见之法。"一方面是涵括诸种存思法：举凡《守形图》、《坐亡图》、《观卧别图》、《含景图》、《观天图》及《内视经》、《文始先生经》、《历藏延年经》，都被括于"含影藏形及守形无生"一句中。另《九生经》、《二十四生经》、《九仙经》、《灵卜仙经》、《十二化经》、《九变经》等，则被括于"九变十二化二十四生等"一句，这是颇称完备的一张有关存思法的书目。另一方面书目又隐含着从素朴的历脏内视法，发展到《黄庭经》、《渊体经》、《太素经》等，已逐渐近于上清经派的养生法，其演变是朝向精致而复杂的深化方向。葛洪生存的时地——东晋前后的句容，让他有机缘一睹存思法的进展情形，故一一笔录于书中。

在《抱朴子》中，《论仙篇》叙及养生法，需"掩翳聪明，历脏数息，长斋久洁，躬亲炉火……以飞八石"。历脏数息为身心修炼的基本方法；而在《极言篇》，也提到"带神符，行禁戒，思身神，守真一"，是防御形躯、却除恶鬼的精术；另在《神仙传·老子传》也提及"思神历脏"法的事。葛洪认为历脏思神也是有效的养生法之一，而确实历脏法早已普遍为汉末医家及神仙家所运用。

历脏法与两汉医学对人体脏腑的知识有关，渊源于宫廷与民间的医术，进展至两汉，更有长足的进步，经整理的医书均已能清楚说明五脏与其知觉作用，像《黄帝内经·素问》《黄帝八十一难经》等，都载明心、肝、脾、肺、肾为五脏，这些器官掌管人的知觉，如神、魂、意（或智）、魄及志（或精）等。中国古医学基于长期的经验，累积解剖学的知识与丰富的观察，又使用阴阳五行等思考模式，确也建立一自成系统的医学体系。道术者既然关心养生，自对医药有专精的研究；但也因其所具的宗教、巫术色彩，而另有其发展的方向，历脏内视即为神秘化的五脏说。

将人体的各器官、部位神格化，是神秘化的第一步：纬书《龙鱼河图》说："发神名寿长，耳神名娇女，目神名珠眏，鼻神名勇卢，齿神名丹朱，夜卧三呼之，有患亦便呼之九过，恶鬼自却。"（《御览》八八一）这是《黄庭内景经》"泥丸百节皆有神"所述身神的来源。因而五脏等内在器官也有神名，应也是两汉旧有的说法，因此汉末道经《太平经》吸收其构想，形成一画图存思的修炼法。《太平经》广泛吸取两汉通行的阴阳五行说为其中心思想，结合五方位、五方色及四时五脏，而有画像悬挂于靖室的道法。

《太平经》乙部有"以乐治身守形顺念致思却灾"的方法，说明人神生内而返游于外，故需追还之，其方法是："使空室内傍无人，画像随其藏色，与四时气相应，悬之窗光之中而思之。上有藏象，下有十乡，卧即念以近悬象，思之不止，五脏神能报二

284

十四时气，五行神且来救助之，万疾皆愈。"（王明校本 14 页）[①]
虽然考古资料仅能证明汉人有悬像于壁的习惯，却未见五脏神的
相关文物。但经中描述靖室悬像，极为详尽，"男思男，女思女，
皆以一尺为法，随四时转移：春，青童子十；夏，赤童子十；秋，
白童子十；冬，黑童子十；四季，黄童子十二"。童子各按季节、
方色，共有五十二幅；而"二十五神人、真人共是道德、正行
法"，则是各季各方各为五人。其法大约将五位神人、真人悬为
主神；旁有各方色童子依其数侍立，依男思男，女思女，画成一
尺长的神像，悬挂于靖室窗光之中。在空室安静的情形下思之不
止，按照近世研究巫师的修习情况，自会产生恍惚状态，而有见
神的经验。历脏法的宗教、巫术性，即是古巫与神交通的进一步
发展。

《太平经》戊部三"真道九首得失文诀"、戊部四"斋戒思神
救死诀"俱论太平气将至，出授道德，九度中第四为"神游出去
而还反"，五为"火道神与四时五行相类"，在太平道的说法中，
凡五脏神出游不还，就有病象，"欲思还神，皆当斋戒，悬像香
室中，百病消亡；不斋不戒，精神不肯还反人也"。（27、28 页）
因此设法"思念五脏之神"，出游时可与语言，随神往来，不让
其出而不还。其次为身神，"与五行四时相类；青、赤、白、黄、
黑，俱同脏神"，也会出入往来。（282-284 页）《太平经》的中心
思想仍是汉人气化说：因而吸取外在之气以弥补、增益内气，为
食气说的根本。太平道只是将它具象化、神格化，所以斋戒思神
以救死，主要就在食气的"大法"：

四时五行之气来入人腹中，为人五脏精神，其色与天地四时色相应也。

此四时五行精神，入为人五脏神，出为四时五行神精。其近人者，名为五德之神，与人藏神相似。"（292页）

这段诀语所说的方法与前述的大体相近，可以互参："先斋戒居间善靖处，思之念之，作其人画像，长短自在。五人者，共居五尺素上为之，使其好善，男思男，女思女，其画像如此矣。"从以上所述，可以推知五脏神为太平道的重要道法，《太平经》固然也接受医书的五脏与知觉的关系（369、426页），但基于宗教的实际需要，因而构想出在靖室悬像、斋戒存思之法。太平道的教法随其教区的扩张、经典的传布，对于后来的五斗米道及上清经派具有启示作用②。

五脏神说影响及仙道派老学，在老子注中据以为注释的基本观念：《河上公注老子》使用"五神"一词，见三章、五十九章；又强调清心寡欲的修养："人能除情欲，节滋味，清五脏，则神明居之也。"（五章）"治身者当除情去欲，使五脏空虚，神乃归之也。"（十一章）为典型的五脏有神之说，而袭用汉世医学观念的则为第六章"谷神不死"注：

人能养神则不死也，神谓五脏之神也。肝藏魂，肺藏魄，心藏神，脾藏意，肾藏精与志。五脏尽伤则五神去。

守五神、保养五神之说，虽与历脏说不尽相同，但同为汉世

286

五脏神说的产物[3]。

《老子节解经》也采五脏神说,所谓"得道则万神皆来,鸣于腹中,与子相见、言语,知身五神,元气流驰"(十三章),与《太平经》的说法相一致。《节解经》的养神说主要在守一,故说"一出入脾中,化宰变液,去故受新,以养五神"。发展出另一种守一与五脏说结合的新说,稍有异趣。

历脏法虽可作为观想身神,达到治病的自我医疗的效果,但汉末已有批评,较早的荀悦《申鉴》就说:"若夫导引蓄气,历脏内视,过则失中,可以治疾,皆非养性之圣术也。"作为治病的方法是被承认的,但并非是高明的道法,这是不能否认的事实。其最有力的攻击则来自不同道法的道派,天师道系的宝典之一《想尔注》就指谪其为伪伎:

世间常伪伎:指五脏以名一,瞑目思想,欲从求福,非也,去生遂远矣。(十章)

今世间伪伎,指形名道,令有服色、名字、状貌、长短,非也,悉邪伪耳。(十四章)

世间常伪伎,因出教授,指形名道,令有处所,服色,长短有分数,而思想之,若极无福报,此虚诈耳。(十六章)

敦煌写本《想尔注》保存了当时道派发展的部分实态,由其强烈的批评语气,不仅可约略推知图绘神像,以助斋戒存思的方法;而且进一步可据以推知因为流行世间极为广泛,才被指谪为虚诈、伪伎[4]。魏伯阳为建立金丹道法,也曾攻击当时的伪法,其中就有"是非历脏法，内视有所思"。——陈显微解为"闭目内视，而思五脏之精元"。(《道藏》六二八)大概内视、历脏为同一性质的存思身神法，流行于神仙家，并为世间所崇奉。五斗米道重道诫及房中，这种存思法非一般初入道的"鬼卒"所能奉行，而且为建立道派的特色，故加以批评。魏伯阳则以金丹为主，反对当时的道法，如内丹吐纳、房中阴道、服符精思、鬼神祭祀及一般运动方式⑤。葛洪接受这种存思法，但并不认为是最高明的道法。

《黄庭经》承历脏法，而加以精致化、体系化，其形成时代约在魏晋之际，魏华存大概即根据早期流传于道士手中的稿本整理行世，而依托于仙真的降授。现传《黄庭内景经》、《黄庭外景经》大约在西晋末——即三世纪末四世纪初先后行世，根据葛洪引述相关的《黄庭经》事迹，如五原蔡诞所谪咏的《仙经》就有"黄庭"，《遐览篇》著录黄庭，尤其《至理篇》更有一般文字即阐述黄庭经义，可证《黄庭经》出世流传的时间约在西晋末，而且从陕西到江南都有其传本。《黄庭内景经》较常叙述身神的名称、服色及其功能；而《黄庭外景经》则无。以"黄庭"为名，中央脾脏居黄庭，葛洪所引述的即为《黄庭内景经》；唯《黄庭外景经》也流行于江南文士之间，常被抄写⑥。

葛洪对于《黄庭经》的阐述，是基于人的心神修养，要隔绝外在世界的干扰，进而向内在世界探求，《至理篇》融合老庄养神哲学与神仙家的养形思想，有深入的阐述：

是以遐栖幽遁，韬鳞掩藻，遏欲视之目，遣损明之色，杜思音之耳，远乱听之声，涤除玄览，守雌抱一，专气致柔，镇以恬素，遣欢戚之邪情，外得失之荣辱，割厚生之腊毒，谧多言于枢机，反听而后所闻彻，内视而后见无朕，养灵根于冥钧，除诱慕于接物，削斥浅务，御以愉慔，为乎无为，以全天理尔。

反听内视，玄学家谈老、庄时只当作抽象性的思考，葛洪是反对虚谈的，因而从仙道立场提出另一种证验之道，内在的世界是可体验的。因而引述《黄庭内景经》的内景说，作进一步的阐发：

乃吹吸宝华，浴神太清，外除五曜，内守九精，坚玉钥于命门，结北极于黄庭，引三景于明堂，飞元始以炼形，采灵液于金梁，长驱白而留青，凝澄泉于丹田，引沉珠于五城，瑶鼎俯爨，藻禽仰鸣，瑰华擢颖，天鹿吐琼，怀重规于绛宫，潜九光于洞冥，云苍（疑作仓）郁而连天，长谷湛而交经，履蹑乾兑，召呼六丁，坐卧紫房，咀吸金英，晔晔秋芝，朱华翠茎，晶晶珍膏，溶溢霄零，治饥止渴，百疴不萌，逍遥戊巳，燕和饮平，拘魂制魄，骨填体轻，故能策风云以腾虚，并混舆而永生也。

这段文字是典型的葛洪笔法，采用四字、六字的句型铺排而成华丽的雕饰文体，他所依据的不是《黄庭外景经》，而是《黄庭内景经》[⑦]。

葛洪的阐述，是兼取其文字与脏腑说，然后融铸成文："坚玉钥于命门"是"七蕤玉钥闭两扉"、"闭塞命门保玉都"；"引三景于明堂"是"明堂金匮玉房间"、"内侠日月列宿陈"、"三明出华生死际，洞房灵象斗日月"；"长驱向而留青"是"齿坚发黑不知白"；"凝澄泉于丹田"是"玄泉幽关高崔巍，三田之中精气微"；"潜九光于洞冥"是"九幽日月洞空无"、"七曜九元冠生门"；"召乎六丁"是"真人既至使六丁"；"咀吸金英"是"含漱金醴吞玉英"；"拘魂制魄"是"和制魂魄津液平"、"魂魄内府不争竞"，因为葛洪娴熟《黄庭经》，因而能巧妙融化其辞语于其行文中，表达内在世界的充沛活力。

葛洪既夙习辞章，而《黄庭经》又以七言韵语写成，其撰者虽不详，但可信是能文的高道。葛洪在《微旨篇》又曾因"愿闻真人守身炼形之术"之问，而有一段回答，也是采用《黄庭经》的文字叙述，他说是"先师之口诀"知之者不畏万鬼五兵，则是郑思远的手笔：

> 夫始青之下月与日，两半同升合成一。出彼玉池入金室，大如弹丸黄如橘，中有嘉味甘如蜜，子能得之谨勿失。既往不追身将灭，纯白之气至微密，升于幽关三曲折，中丹煌煌独无匹，立之命门形不卒，渊乎妙矣难致诘。

解说吸收日、月的精华，在体内结成金丹，其状大如弹丸、其色如黄橘，煌煌然，这是道教史叙述内丹极为珍贵的资料，描述得亲切而生动，是炼内丹的高道所有的实际体验。

《遐览篇》所提的存思法道经，多与《黄庭经》有关：《含景图》的景字，与《黄庭内景经》、《黄庭外景经》，都使用景字描述存思的状态；原来"景"字，有多种含义；在字源上训为"日光"（《说文》）或"竟，所照处有竟限也"，也就是光明之处；又可训为象，景象表示有形之象。道教使用景字，多与存思之法有关，所以《黄庭内景经》的释题说："外象喻，即日月星辰云霞之象也。内象喻，即血肉筋骨脏腑之象也。心居身内，存观一体之象色。故曰内景也。"由于《黄庭经》存思内景，是神灵所居的光明之处，所以务成子注"景者神也"。其实，道教存神的修行法，含景是存思体内光明之处，也就是存思身神，所以《含景图》、《守形图》乃至《内视经》都有相类之处。

《汉书·郊祀志》提到"化色五仓之术"，李奇注："思身中有五色，腹中有五仓神。五色存则不死，五仓存则不饥。"被认为是存思五脏神最古的例子⑧。在汉代存思的方法有多种，后来为《黄庭经》所吸收的，还有《内视经》、《二十四生经》，《内视经》大概是叙述内视令见身中诸神之法。《崇文总目》道书类三著录《老子黄庭内视图》一卷，《道藏》有《太上老君内观经》一卷（伤字号、优字号），采用内视、内观的名称，大概也是基于同一构想，加上老子、太上老君只是尊老子为神格化的道教之神，或崇慕老君，但与黄庭有关，则因内视身神为其主要的修行法。

《二十四生经》可有两种意义：一是指体内的身神，《黄庭内景经》说："治生之道了不烦，但修洞玄与玉篇，兼行形中八景神，二十四真出自然。"将人体分为上中下三丹田，每一部分有八景神，就有二十四神，《云笈七签》卷八十有"洞玄灵宝三部八景二十四住图"——续藏有"洞玄灵宝二十四生图经"、《道藏阙经》目录有"灵宝三部八景二十四生录"，所以住为生之误。

类此三八景二十四神的名字服色及形长，见于上清经系、灵宝经系中，所以《二十四生经》是与三八景二十四神有关的道经。但道书之名题为"二十生经"，而不作"二十四景"或"二十四神"，应另有缘故。

《二十四生经》疑为《二十四星经》，将三丹田说与存星之道结合。《地真篇》一再出现存星解厄之说："即出中庭视辅星，握固守一"或"但止室中，向北思见辅星"；上清经派的《大洞真经》最能阐述三八景二十四神与存星的关系：就是在心内存二十四星，又存每星中有婴儿之形。存星之法就是星由口入身中黄庭，又存星化成二十四真。这样，二十四生也就是二十四星，仍是二十四真、二十四神的黄庭经系的说法。

大概说来，从历脏内视发展到黄庭守一，形式是从五脏神扩张为三丹田八景神二十四真，而在存思的方法上，由于上清经派对于神仙谱系愈加庞伟，就其精致化、复杂化言，确已建立一内在的身神世界。《大洞真经》的多种古上清经，均一再强调存思之法，且多与《黄庭经》有关，葛洪之后可说有更可观的进展。

二、守一说的渊源与演变

葛洪在存思法中视为至要的"守一"法，多保存于《地真篇》；以地一括举天一、人一；而真则是二十四真，故名地真。所谓"守形却恶，则独有真一"；而守一诀与九转丹、金液经，"皆在昆仑五城之内，藏以玉函，刻以金札，封以紫泥，印以中章焉"。都根据道经的神秘出世,强调守一为当时道经中被矜为禁秘的一种。要了解守一在东晋前后句容地区的传布情形,就需追溯其长远的发展过程,乃是融合道家哲学及古巫、方士以下的存思法,至道派纷起之后被赋予新意,因而展开守一之说。

守一说为道家转变为道教,在养神说中的最佳例证。因为老、庄所发展出的本体论,一直是后世道家之徒的主要依据,但进路却大有异趣:魏晋玄学家如王弼、何晏等,以玄学观点解说宇宙的本体,大多偏于虚玄的清谈。葛洪则从仙道立场反对,所有的神仙家并不是不读《老》《庄》,而是从宗教哲学的观点重加阐述。真一之法就以老子之言为据再赋予新解:

余闻之师云:人能知一,万事毕。知一者,无一之不知也。不知一者,无一之能知也。道起于一,其贵无偶,各居一处,以象天地人,故曰三一也。天得一以清,地得一以宁,人得一以生,神得一以灵。金沉羽浮,山峙川流,视之不见,听之不闻,存之则在,忽之则亡,向之则吉,背之则凶,保之则遐祚罔极,失之则命凋气穷。老君曰:忽兮恍兮,其中有象;恍兮忽兮,其中有物。一之谓也。(《地真篇》)

将老子"昔之得一者,天得一以清,地得一以宁,神得一以灵,谷得一以盈,侯王得一以为天下贞".之句,略加更动;又吸收汉帝封禅,"祠神三一:天一、地一、太一"(《史记·封禅书》),将哲学意义的"一"宗教化,成为与玄、道相近,具有生命力的神秘来源:"一能成阴生阳,推步寒暑。春得一以发,夏得一以

长，秋得一以收，冬得一以藏，其大不可以六合阶，其小不可以毫芒比也。"(《地真篇》)

郑思远、葛洪将老子"道"衍生"一"的生成论道教化，又接受道家的知一、守一说：《吕氏春秋·季春第三》论反诸己之道，要"适耳目，节嗜欲，释智谋，去巧故，而游意乎无穷之次，事心乎自然之涂，若此，则无以害其天矣"。这样，才能知精、知神、知一，能够知一知本，则可复归于朴，与天地精神得一大和谐。《淮南子·精神训》所说"天地运而相通，万物总而为一，能知一则无一之不知也；不能知一，则无一之能知也"，尤为知一说之所出。大概《淮南子》的原道，对于宇宙本体的道、玄、一，均启示葛洪论畅玄、地真的形上观念，也是由道家转向道教的关键。

葛洪守一说的直接渊源仍在道经，其中以《太平经》为最重要，《遐览篇》著录有《太平经》五十卷，以初期《太平经》的流行，郑、葛师徒必注意这部道经；今本虽经梁时上清经派改编，而大体保留其原有的思想。守一说为其中心思想，即以篇名就有清身守一法（卷十五）、修一却邪（二十一）、守一明法（二十七）、守一法（三十八）、守一入室知神戒（九十六）、守一长存诀（一百五十三），至于篇中所论足以启发葛洪的：首为一为宇宙形成之说："一者数之始也，一者生之道也，一者元气所起也，一者天之纲纪也，故使守思一，从上更下也。"（王明合校本，6页）其次述守一的方法："当作斋室，坚其门户，无人妄得入，日往自试，不精不安复出，勿强为之，如此复往，渐精熟，即安，安不复欲出，口不欲语视食饮，不欲闻人声。关炼积善，瞑目还观形容，容象若居镜中，若窥清水之影也。"（723页）这是在静

294

室守一之法。守一的体验，《太平经》有极清晰的描述："守一精明之时，若火始生时，急守一勿生；始正赤，终正白，久久正青，洞明绝远，复远还以治一，内无不明也。百病除去，守之无懈，可谓万岁之术也。"又说："守一明之法，明有日出之光，日中之明。"（16页）关于守一的效果，《太平经》极力强调："守一者天神助之……守一者延命。"（12页）又说："圣人教其守一，言当守一身也，念而不休，精神自来，莫不相应，百病自除，此即长生久视之符也。"（716页）郑、葛之矜重守一，当与太平道派的守一法有关⑨。

五斗米道的《想尔注》也强调守一，而且依其崇信老子、《道德经》的教法，对于"载营魄抱一"有其独特注解："一不在人身也，诸附身者。悉世间常伪伎，非真道也。一在天外地，人在天地间，但往来人身中耳，都皮里悉是，非独一处：一散形为气，聚形为太上老君，常治昆仑。或言虚无，或言自然，或言无名，皆同一耳。"（十章）将"一"彻底神格化，其大可遍于宇宙，其小则往来于人身之中，为一种无所不在的力量。五斗米道因神化老子，因而在训注文字中，正式提出"太上老君"的名号，这是道教史上出现较早的一项记载，六朝以后普遍使用——因而怀疑这部老子注不会出现于东汉末。太平道强调道戒，而反对历脏法，同一条注中就说："今布道戒教人，守戒不违，即为守一矣；不行其戒，即为失一也。"将道戒守一结合，确是教导鬼卒的初奉道的教法，流行于五斗米道的教团中。

葛洪的守一说，一再强调是得自"先师"郑思远，因而葛玄所传的道法中也应有守一的道法。目前所知的只有经严灵峰氏辑存的《老子节解经》，柳存仁氏怀疑《节解经》是否能在三国时代出现内丹说⑩，《抱朴子》所引述的守一说可作为论证的资料；此外，同一时代道经也可作旁证。《地真篇》说：

> 故《仙经》曰：子欲长生，守一当明；思一至饥，一与之粮；思一至渴，一与之浆。一有姓字服色，男长九分，女长六分，或在脐下二寸四分下丹田中，或在心下绛宫金阙中丹田也，或在人两眉间，却行一寸为明堂，二寸为洞房，三寸为上丹田也。

葛洪常喜用"仙经"，这种泛称使研究者不能明确知其来源：因为《遐览篇》同时著录的《太平》、《节解经》与《黄庭经》都有守一存思之法。所谓"守一当明"，《太平经》载有"守一明法"——"守一复久，自生光明，昭然见四方，随明而远行，尽见身形容，群神将集，故能形化为神"。（《太平经》圣君秘旨）纵使守一不完全袭用《太平经》之说，《太平经》的守一说也对初期道经具有启发性。

《节解经》的养生思想中，守一说是中心思想，与三丹田说相与结合，成为道教派老学中最具突破性的见解：注中一再说行一、抱一及存一，尤其多处言明守一：凡有十一、二二、四一、四五、五十、五七等章；而将行一与丹田说一并出现的，凡有七、十七、六一等三章的注，袭用上丹田泥丸（在脑）、中丹田绛宫（在心），及下丹田精门（在气海）的术语与作用，又以"一"循环灌注于丹田中：

天长者谓泥丸也，地久者谓丹田也。泥丸下至绛宫，丹田上升，行一上下，元炁流离，百节浸润，和气自生，大道毕矣，故曰长生也。（《老子》第七章天长地久注）

《节解》所注释的《老子》原意，自是神仙家的说法，但葛洪及其师郑思远确曾从葛玄的《节解经》中，承袭守一说，而且葛玄所说的"行一、爱气、惜精，为生之宝"（七十二章），也确是葛洪养生术的基本观念⑪。

葛洪同时及稍后的东晋时期，上清经、传也大量出世，在"上清大洞真经目"中也有古上清经倡行守一说，现存《道藏》的《洞真太上说智慧消魔真经》（内字号），卷三为守一品，解说奉道智慧，始能守一：所谓"智慧者守一，谛定心源，心源习俗，定道难弘，先当服符，服符即验。"如果道民"知一不守，守之不坚，坚不能久，非智慧也"。《智慧经》所述的谛念身神之法，可与葛洪所述行一于三丹田之说比较，代表东晋上清经派的道法：

服佩符后，谛存三一，两眉间上，却入一寸为明堂，二寸为洞房，三寸为上丹田，号泥丸宫……心为中丹田……脐下三寸为命门丹田宫，方一寸，白炁冲天。

其说法正是黄庭经系的三丹田说。道教初起，将两汉医学的人体结构说，与炼气士所体验的人体经络说结合，组织成初具规模的丹田说，作为守一、行一的指示，这是中国人体文化在道教兴起之后，所获致的高度成就。

守一说在东晋时期的道教，由于其中所具的神秘体验，自是一种主要的道法，因而在传授的科禁方面就更加郑重其事：《地真篇》两次强调其传授的科律：

> 此乃是道家所重，世世歃血，口传其姓名耳。
> 受真一口诀，皆有明文，歃白牲之血，以王相之日受之，以白绢白银为约，克金契而分之，轻说妄传，其神不行也。

上清经派自是看重守一法的传授，二许（谧、翙）除由魏华存、杨羲传下黄庭经法，陶弘景《真诰》更以真授的方式强调其传授的神秘性：许谧与云林右英夫人问答，说明"守真一笃者一年，使头不白，秃发更生。"（卷二）许翙则得周紫阳梦授守一法（卷十七）——此事也载于《紫阳真人内传》。《真诰》所录多为杨、许的降真手迹；而《紫阳真人内传》是华侨所撰，也是许谧同时人，且世为姻族。句容的葛、许也有姻亲关系，黄庭守一的道法同时流传于这些江南旧族之家，同时为葛氏道、上清经派的主要道法，确是道教史上的一大盛事。

守一之法常与存星之法同为神仙家所运用，借以发挥神奇法术。葛洪所述的守一存星为典型的存思法术；除前述的出中庭视辅星、向北思见辅星二法，还有一段郑思远所说的口诀：

> "吾闻之于先师曰：一在北极大渊之中，前有明堂，后有绛宫，巍巍华盖，金楼穹隆；左罡右魁，激波扬空；玄芝被崖，朱草蒙珑；白玉嵯峨，日月垂光；历火过水，经玄涉黄；城阙交错，

帷帐琳琅；龙虎列卫，神人在傍；不施不与，一安其所；不迟不疾，一安其室；能暇能豫，一乃不去；守一存真，乃能通神；少欲约食，一乃留息；白刃临颈，思一得生；知一不难，难在于终；守之不失，可以无穷；陆辟恶兽，水却蛟龙；不畏魍魉，挟毒之虫；鬼不敢近，刃不敢中。此真一之大略也。"

前半段所说的名词，可作为身中宫殿，也可视为天上宫殿，正是大宇宙与人身小宇宙的对应关系，将人体与宇宙合一，自可存思于诸星之中，如北极、明堂、绛宫，以及罡、魁等，将星辰的神秘力量吸取在身，自可发挥其不可思议的妙用。

《神仙传》卷十所载《黄敬传》，说黄敬常入中岳，专行服气断谷为吞吐之事，胎息内视。又实行存星法："思赤星在洞房前，转大如火周身。"他将内视、存星的道法教导道士王紫阳："大关之中有辅星，想而见之翕习成。赤童在焉指朱庭，指而摇之炼身形，消遣三尸除死名，审能守之可长生，失之不久沦幽冥。"《神仙传》是与《抱朴子》并行的仙传，一述神仙事例，一说神仙理论，都可相互印证：内视、守一、存星都借存思、冥想的方法，获致长寿的效果。

上清经派所载的存思法中，也常有存星辰的秘法，陶弘景《真诰》所录的杨、许真迹中，就有众多存星法。因为上清经派以《大洞真经》为主，较诸其他神丹之法、房中之法、导引行炁，食草木之药为高，所以常有"大洞真经读之万过，便仙也，此仙道之正经"（卷五第十五）的说法，其中存思丹田、二十四神，常配合存星：如"存日月在口中，昼存日，夜存月，令大如环：

日赤色有紫光九芒，月黄色有白光十芒，存咽服光芒之液，常密行之无数。若不修存之时，恒令日月还面明堂中：日在左，月在右，令二景与目瞳合，炁相通也。"（卷九第十八）这是杨羲所书大帝君的日居诰语，属于存日月之法。又有许谧所书的"步五星之道"——以致五星，降室闭气。（卷九）及裴清灵所诰的存七星之法，知有鬼来试，"则思星在面前，亦可在头上以却之"。类似的存星法散见于杨、许所书《真诰》中，其时代正与葛洪相当，可见句容地区确曾有存思身中诸星的道法，秘行于道士之间。

郑思远传授葛洪的口诀，一再强调"人能守一，一亦守人"，所以守一之法，葛洪所重的法术功能，正是"陆辟恶兽，水却蛟龙；不畏魍魉，挟毒之虫，鬼不敢近，刃不敢中"。也就是具有广泛的"却恶防身"的奇效。《地真篇》另有一段详加阐述，他先说明避害的种类与场所：

白刃无所措其锐，百害无所容其凶，居败能成，在危独安也。若在鬼庙之中，山林之下，大疫之地，冢墓之间，虎狼之薮，蛇蝮之处，守一不怠，众恶远迸。

所述的多与战乱、瘟疫、鬼怪及登涉山林的意外灾祸有关；这些祸害都属非人力所能控制的情况，因而借助守一、存星等法术，具有静定心灵的功用，这是巫术，有满足心灵需要的功能。他曾具体引述两事为例：

若忽偶忘守一，而为百鬼所害。或卧而魇者，即出中庭视辅星，握固守一，鬼即去矣。

若夫阴雨者，但止室中，向北思见辅星而已。

若为兵寇所围，无复生地，急入六甲阴中，伏而守一，则五兵不能犯之也。

这种法术为当时道教的通说，《真诰》所载的传说可作参证：许谧载裴清灵诰语说：闰成子为荆山神所试，成子谓是真人，拜而求道，而为大蛇所噬，殆至于死，赖悟之速，而"存太上，想七星以却之"，取而得免。又记另一段诰语："世有下土恶强之鬼，多作妇女以惑试人。若有此者，便闭炁，思天关之中、衡辅之星，具身神，正颜色，定志意，熟视其规中，珠子浊不明者，则鬼试也。知鬼试则思七星在面前，亦可在头上以却之。"初期上清经派所录的存思法术，所反映的是六朝志怪小说盛行的时代背景。也就是说古来相传的精怪传说，汉晋之际的时代动乱，一再发生的战争与流行的大瘟疫，促使道教以法术产生满足魏晋人心的宗教、巫术功能。

在葛洪的观念中，一般人的养生，"任自然无方者，未必不有终其天年者也，然不可以值暴鬼之横枉，大疫之流行，则无以却之矣。"（《道意》）有关暴鬼横枉、大疫流行的乱世，正是六朝社会的写照，正如《洞渊神咒经》所反映的时代：战争、洪水及痢疾，在道教徒的眼中常被解说为异气流行[12]。从汉末太平道的兴起，到东晋不同道派纷起，都以宗教观点解说时代的剧变与不安，也以宗教法术的方式解决时代的症结。因而守一等法术被说成具有不可思议的功能，无往而不可用：

能守一者，行万里，入军旅，涉大川，不须卜日择时，起工移徙，入新屋舍，皆不复按堪舆星历，而不避太岁太阴将军、月建煞耗之神，年命之忌，终不复值殃咎也。

但在葛洪的养生体系中，其作用也只是"却恶防身"，而不是登仙之道。《道意篇》有明显的区别：

要于防身却害，当修守形之防禁，佩天文之符剑耳。祭祷之事无益也，当恃我之不可侵也，无恃鬼神之不侵我也。然思玄执一，含景环身，可以辟邪恶，度不祥，而不能延寿命，消体疾也。

上清经派就比较重视守一之法，《大洞真经》的诵念功效大于神丹的服食，正是典型的杨、许诸人的观点，强调存思、冥想的修炼方式。陶弘景在《登真隐诀》中所述的登真秘诀，就是守一炼丹之法："其明堂、洞房、丹田、流珠，四宫之经，皆神仙为真人之道，道传于世。"陶弘景所收的道籍，如《太上素灵经》为守一经典，未出世间通行；《丹田经》，"即此守三元真一之道也，根源乃出素灵"。又有《玄丹宫经》，"亦真官司命君之要言，四宫之领宗矣"。同一时期的《紫阳真人内传》就强调守一的功用，许翙曾梦紫阳真人授守一法，并说："然守一炼神，虽非上真之道，亦是中真地仙之好事；亦能朝千山之神，摄川泽之精，吐故于七华之下，纳新于三宫之上。"因为周紫阳就是习《大洞真经》，在这篇内传中表现上清经派重视守一法，认为是登真要道，其传强调："玄丹者泥丸也，其义出于太上素灵经：守三一得为地仙，守洞房得为真人，守玄丹升太微宫也。"由此可见守一是地仙的修炼法。

葛洪倡守一说，自是基于当时道教的养生思想，这种守一思想也在葛洪之后继续流传，甚且与佛教的数息观有所关涉，近代道教学者已多究明其演变过程[⑬]。在六朝道经中，守一说多与老子《道德经》有关，像《西升经》——葛洪《神仙传·老子传》已有《西升经》之名；现行本有《道藏》所收《西升经集诠》（维字号）、《西升经徽宗御注本》（慕字号），托言老子，以守一为成仙之术："吾本弃俗，厌离世间，抱元守一，过度神仙。"（《邪正章》七）又比较养生之法，认为"丹书万卷，不如守一"。（《深妙章》十四）就是守一法重于金丹术；而且与天师道系有关的，就在重视道戒，"吾重诫尔，尔其守焉。除垢止念，静心守一。众垢除，万事毕"。（《戒示章》）对于清净自守的道戒需要奉行，就能守一，与《想尔注》的思想有一致之处，可代表天师道系所阐述的守一说。

刘宋初撰成的《三天内解经》（《道藏》满字号）也与天师道系的守一思神说有渊源，这是西岳道士徐灵期所撰——徐氏曾从葛巢甫受《灵宝经》，因而也受葛洪守一说的启发。由于南北朝初期道教基于统一意识，重加清整，故多排斥不合正道的杂术，而归本于"张陵显明道气"的正法。佛教数息观在修炼方法上，常因与守一有近似之处，而有混同的趋势，清整风气一起，道教中人极力表明自己的特色，因而批评"静坐而自数其气，满十更始，从年竟岁，不暂时忘之"的数气观，只是"沙门道人小乘学者"；而"道士大乘学者，则常思身中真神形象、衣服、彩色，导引往来，如对神君，无暂时有辍，则外想不入，神真来降，心无多事"。又说"大乘之学，受气守一，宝为身资"。自己标榜为大乘，而贬低沙门为小乘，正可想见当时的沙门禅观之法极为盛行，也是冥思性质的炼心法门。道教本就有自身的守一哲学与存思传统，自需显现其"老子守一"的本源，尊视其说，称为正一盟威之道。

由此可见守一法，在老子学中，大多是由仙道派阐述；并影响及道经，成为六朝道教理史的一大成就，葛洪的守一说正是时代风气下的产物。

三、明镜、存星及乘跷诸法

葛洪在《抱朴子》中所录的存思法术，还有多种，大多本于冥想的原则，运用各种辅助性的法器，达到特殊的宗教体验。这是传承巫师、方士的长远传统而来，将萨满（Shaman）的神秘体验，如交通神人通灵能力、预知能力等，加以深化，使巫者所具有的"第二视觉"（second sight）有更精致化的表现。严格言之，高明的道士都可说是道教化的神媒（spirit medium），在仙道文化的熏陶之下，或明师开导之下，修习道业，经过一段时期的修炼和学习之后，就会产生精神恍惚的状态，在迷幻中，出现各种相关的幻视、幻听等现象。道士在这种宗教意义下，可视为古巫、方士之流亚，不管是未经训练或学习的星命注定有仙缘者，或是历经修习者，多能形成具有特殊能力的道士，因此守一、存思等法术，可说是古巫所操持的精致化，这些真诰——神的嘱语，经常表露其内在最基本的社会文化需求，因而葛洪或陶弘景所录的仙真笔录，确可作为道士秘传性的法术秘籍，具有重要的宗教学的价值。

（1）玄一、明镜之法

首先叙述与真一同功，而较容易的玄一法、玄一之道，亦要法也，所以在修炼过程中也颇为玄秘，葛洪仅简录其大概：

初求之于日中，所谓知白守黑，欲死不得者也。然先当百日洁斋，乃可候求得之耳，亦不过三四日得之，得之守之，则不复去矣。守玄一、并思其身，分为三人，三人已见，又转益之，可至数十人，皆如己身，隐之显之，皆自有口诀，此所谓分形之道。（《地真篇》）

洁斋百日是一种洁净仪式，由俗入圣，净化身心，达到集中精神的作用。葛洪仅略示原则，而实际的修法，应是道书所录，或明师所示的口诀，《遐览篇》另有《内宝经》、《四规经》、《日月临镜经》等，当有明确的道法：

师言守一兼修明镜，其镜道成则能分形为数十人，衣服面貌，皆如一也。（《地真篇》）

郑思远所传的道法，是守一兼修明镜，属性质相近的修炼方法。

由于《抱朴子》常只记录道书概要或阐述理论，因而许多道法仍需直接传授道经或口诀始能施用，有关明镜之道的三种道经，其中所述的方法，并非直承老、庄哲学畅论心镜之意，而是吸取其心性修养的道理，或为有道法可循的实践方法。葛洪录于《杂应篇》中，可作为早期的明镜之法，当是录自前述的三种道经，属于综合论述的笔法：

或用明镜九寸以上自照，有所思存，七日七夕则见神仙，或男或女，或老或少，一示之后，心中自知千里之外，方来之事也。明镜或用一，或用二，谓之日月镜。或用四，谓之四规镜。四规者，照之时，前后左右各施一也。用四规所见来神甚多。或纵目，或乘龙驾虎，冠服彩色，不与世同，皆有经图。欲修其道，当先暗诵所当致见诸神姓名位号，识其衣冠。不尔，则卒至而忘其神，或能惊惧，则害人也。为之，率欲得静漠幽闲林麓之中，外形不经目，外声不入耳，其道必成也。三童九女节寿君，九首蛇躯百二十官，虽来勿得熟视也。或有问之者，或有诃怒之者，亦勿答也。或有侍从旿晔，力士甲卒，乘龙驾虎，箫鼓嘈嘈，勿举目与言也。但谛念老君真形，老君真形见，则起再拜也。老君真形者，思之，姓李名聃，字伯阳，身长九尺，黄色，鸟喙，隆鼻，秀眉五寸，耳长七寸，额有三理上下彻，足有八卦，以神龟为床，金楼玉堂，白银为阶，五色云为衣，重叠之冠，锋铤（chán）之剑，从黄童百二十人，左有十二青龙，右有二十六白虎，前有二十四朱雀，后有七十二玄武，前道十二穷奇，后从三十六辟邪，雷电在上，晃晃昱昱，此事出于《仙经》中也。见老君则年命延

306

长，心如日明，无事不知也。

这段文字先说明修炼的方法，其中所说的经图大概就是绘有仙真图像，以悬挂静室中。历脏法中所见的身形有图像，真一也有"姓字、长短、服色"，玄一也是。图像在存思中具有强烈的暗示作用，使用日月镜、四规镜等明镜，有助于产生恍惚状态，进入幻觉，而有见神经验。类此集中精神的修习，"外形不经目，外声不入耳"，是易于产生萨满的迷幻经验，与民间训练童乩的道理相近。道教用以训练谛念的真形，尤其老君真形，应与《想尔注》所说"一散形为气，聚形为太上老君"有密切的关系，道教发展的初期必有悬挂老君图像的习惯，而且老君的相好及其侍从，降真的排场，也多有定制，从两汉神化老子，至天师道崇拜老君，既已逐渐发展出颇具规模的老君信仰，所以存思法中，老君一现具有震压众神的作用[14]。

葛洪所撰《神仙传·刘根传》未明显载及明镜之道，但今已佚失的《刘根别传》却提及这种修法："思形状可以长生，以九寸明镜照面，熟视之，令自识己身形，长令不忘，久则身神不散，疾恶不入。"（《太平御览》七一七）也是明镜之道。葛洪所载的分形之法，凡有葛玄及张道陵等：

左君及蓟子训、葛仙公所以能一日至数十处，及有客座上，有一主人与客语，门中又有一主人迎客，而水侧又有一主人投钓，宾不能别何者为真主人也。（《地真篇》）

（张道陵）乃能分形，作数十人。其所居门前水池，陵常乘

307

舟戏其中；而诸道士宾客往来盈庭巷。座上常有一陵与宾客对谈，共食饮，而真陵故在池中也。（《神仙传》四）

分身分形的神通说，汉末佛经传译，即有以一身化无数身的神通术，梁慧皎《高僧传·神异篇》载有多位显分身术的高僧，类此身如意通，自身得变现自在的道力，正是"智慧希有"的表现，属方便法，可开导众生，《法华经·宝塔品》言释迦如来为化有缘众生，以方便力，分身十方，广度善缘；普门品说观音应化，也是分身术。因此《高僧传》中，耆域、佛调、杯度、邵硕、法匮、僧慧、保志等，都显现不可思议的神通力[15]。初期佛道相互交涉，神通表现为其中之一，佛教以神力表示稀有的智慧，借以为传教的方便；而道教则以神力表示神通变化，游戏人间。初期中译佛经，为适应中土国情，因而也传译有关六通的法力；而传译既多，也反而影响道教的神学体系，为初期佛道关系史的一大盛事。

葛洪在《地真篇》强调"欲得通神，当金水分形，形分则自见其身中之三魂七魄，而天灵地祇，皆可接见；山川之神，皆可使役也。"仍是道教的本地风光，就是役使神鬼的神通力。以茅山为中心的上清经派，既然以守一法为主，自然也倡行明镜之道，《真诰》卷九载有许谧所录右英夫人诰语，其中有太上宫中歌，歌辞就有"手把八云气，英明守二童，太真握明镜，鉴合四月锋。云仪拂高阙，开括泥丸宫。万响入百关，骄女坐玄房，愈行愈鲜盛，英灵自尔通。"（第十二）其中明镜与守一之法相配合，可以感通神明；所以《登真隐诀》就载明堂中，左有明童真君，右有明女真君，中有明镜神君，共治明堂宫，而神君形象，"并着锦衣绿色，腰带四玉铃，口衔赤玉镜，镜铃并赤色"。（卷上）上清经派的明镜法，为其传统，《上清明鉴要经》所述的最为具体：

> 明镜之道，可以分形变化，以一为万。又能令人聪明，逆知方来之事。又能令人与天上诸神仙见。行其道得法，则天上诸神仙皆来至，道士自见己身，则长生不老，还成少童。

《道藏》另有"洞玄灵宝道士明镜法"（肆字号），说法相似。都是解说明镜之法的神通。唐司马承祯曾铸镜，并撰含象鉴序，都是茅山道法，融合老庄哲学、守一明镜法，成为道教的铸镜哲理。

六朝仙传中得到明镜之法的，葛洪在《神仙传》卷十载有平仲节——又载于《真诰》卷十四，就是从宋君"存心镜之道"，具百神，行洞房事。六朝末《洞仙传》载赵威伯所存明镜，非世间常法。又有长桑公子，得服五星守洞房之道。这位长桑公子的存星之法，传与弟子，又传张始珍，《南岳小录》就明白说是"明镜之道"，能洞达玄通，遐造八极，"夫洞真法中有四规之道，依四时行之，亦与此同体尔"。（虞字号）可知守一存星，与明镜、四规俱有相通之处，基于冥思的原则，发展出性质相近的存思法门。

（2）存星食气法

存思法术与食气有密切的关系，大多以汉代五行哲学为基础：凡五方位、五脏及五季（四季再加上四季之月）等巧妙搭配，成为汉代医学采用五行说的模式解说人体的方式。《黄帝内经·素问》、《黄帝内经·灵枢经》、《难经》等，无不盛言阴阳五行，作为辨识疾病的发生与外界事物的关系。道教大量吸收驳杂的医药、方术，并与存思法结合，因而形成借用星气治疗人体的存星法。

《抱朴子·杂应篇》有断谷之法，借用食气以长生，其中一种即存思星辰之气：

> 或食十二时气，从夜半始，从九九至八八七七六六五五而止。或春向东食岁星青气，使入肝；夏服荧惑赤气，使入心；四季之月食镇星黄气，使入脾；秋食太白白气，使入肺；冬服辰星黑气，使入肾。（《杂应篇》）

五行说广泛影响及汉人学术，凡天文学、医学、色彩学等均有其遗迹。《杂应篇》多引方术之籍，其搭配情形可略如下表：

五行	五季	五方	五星	五色	五脏
木	春	东	岁星	青	肝
火	夏	南	荧惑	赤	心
土	四季之月	中央	镇星	黄	脾
金	秋	西	太白	白	肺
水	多	北	辰星	黑	肾

大概星宿方位的搭配，《淮南子·天文训》说五星既已这样机械地组合，成为富于阴阳五行说色彩的天文学，至两汉医学又将先秦素朴的医学纳入这一繁复的五行体系中。原本医学已讲究五脏各有气，而且会显现于面貌，成为不同的气色⑯。但是要吸取五星之气以补五脏，则具有巫术性思考方式，以传达物的属性

增益某物的能力，五星之具有神秘的能力，依据相配合的季节、方位，经由存思之法，获得感应，因得以吸取其能量，这是典型的道教的存思法术，以气补气，可以长生。

《杂应篇》另有一段叙述辟疫之法，葛洪引用《老子篇中记》及《龟文经》，大概是纬书或古方术书，说大兵之后，金木之年必有大疫，万人余一，如何有辟之之道。依据中国疾疫史，汉末曾有数次大瘟疫流行，对于大流行病的预防与治疗，在预防医学犹未发达的时代，是一件困惑的事。持想行气之法正是方士、道士所预防的方法：

> 仙人入瘟疫秘禁法，思其身为五玉。五玉者，随四时之色，春色青，夏赤，四季月黄，秋白，冬黑。又思冠金巾，思心如炎火，大如斗，则无所畏也。又一法，思其发散以被身，一发端，辄有一大星缀之。又思作七星北斗，以魁覆其头，以罡指前。又思五脏之气，从两目出，周身如云雾，肝青气，肺白气，脾黄气，肾黑气，心赤气，五色纷错，则可与疫病者同床也。或禹步呼直日玉女，或闭气思力士，操千斤金锤，百二十人以自卫。

这段禁法足可代表道士的预防医学：其中五玉、四时、五色及五脏之气，其运用道理与前述食气法相同，只是这段明白使用"思"字——思其身为玉、思五脏之气，较可确定为存思法。《杂应篇》所述的应与《黄庭经》（或其前身）属同一系统，因断谷食气法中也有一法："思脾中神名，名黄裳子，但合口食内气，此皆有真效。"正是存思法，《黄庭内景经》说"脾部之宫属戊巳，中有明童黄裳里"（《脾部章》十三），又说"黄裳子丹气频频"（《灵台章》十七），都可与这段入瘟疫法互参。关于思星缀发，思星覆头，就是存星法；而思力士法，也与明镜之道相通，都是持想之法，其作用是否如巴甫洛夫的条件反射，得到生理上的变化，则是可研究之事⑰。

葛洪所叙述的存思法术凡有多种，且多与黄庭经系有关，都属于中国身体文化中具有仙道色彩的养生术。这些素朴的养生说，在魏晋时期科学刚萌芽，自然与宗教、巫术混淆在一起，但其遵循的精神集中术，多不外放松、入静、深呼吸，颇符合现代的身心医学，作为一种养生法，自有其一定的功效。

（3）乘跷飞行法

道教的存思法术中最为奇特的神通术，就是乘跷之术，属于一种神秘的飞行术。葛洪所搜集的道书中至少有多种与乘跷术有关，《遐览篇》著录有《正机经》、《平衡经》、《飞龟振经》及《鹿卢跷经》、《蹈形记》等，据《神仙传》所载：华子期师角里先生，受仙隐灵宝方：一曰伊洛飞龟秩（帙）；二曰白禹正机；三曰平衡。这里所说的灵宝方，也正是《抱朴子·辨问篇》所说："《灵宝经》有正机、平衡、飞龟授帙，凡三篇，皆仙术也。"三篇各为一卷，三经总名为《灵宝经》。

葛洪的《灵宝经》，其师授为何，《抱朴子》并未载明传授所由，所以有些研究认为不必出自左慈。但从葛巢甫所造构的《灵宝经》常依托于葛仙公，却又表明与葛氏传道有密切关系。《辨问篇》所述的灵宝出世的传说：

吴王伐石以治宫室，而于合石之中，得紫文金简之书，不能读之，使使者持以问仲尼，而欺仲尼曰：吴王闲居，有赤雀衔书以置殿上，不知其义，故远谘呈。仲尼以视之，曰：此乃灵宝之方，长生之法，禹之所服，隐在水邦，年齐天地，朝于紫庭者也。禹将仙化，封之名山石函之中，乃今赤雀衔之，殆天授也。

这段有关夏禹治水的传说，在葛洪之前凡有《越绝书》，及《河图绛象》（《古微书》卷三十二）记载，且较为详尽：夏禹治水得神人授以《灵宝五符》，治水成功之后乃藏之于洞庭包山之穴。至吴王阖闾之时，龙威丈人窃得以献，这是一卷书，凡一百七十四字。最后吴王请仲尼辨识，并警告"得吾书者丧国庐"（《河图绛象》作"今强取出丧国庐"）。这部《灵宝经》，《道藏》有"太上灵宝五符序"（衣字号），葛洪及其后入藏的《灵宝五符》，为道书取材于纬书的最佳例证。

今传河图类纬书，常将其出世依托于夏禹，因为夏禹治水的神话在汉代民间盛传，纬书就是反映这些民间的观念，河图据考原是有图有文，被道教吸收之后，其图文更具宗教的神秘色彩[18]。葛洪所见的《灵宝经》，其真实内容仅在《抱朴子》、《神仙传》中略微提及；而其实际修炼的方法则付之阙如。从现存《灵宝五符》序卷上所述，可知根本就是存思法，而且正是与五行信仰有关："仙人挹服五方诸天气经"就是食五方气；"灵宝五帝官将号"，则列出五帝名：灵威仰、赤飘弩、含枢纽、曜魄宝及隐侯局。"太清五始法"为入靖室存思之法；"食日月精之道"，则为食日月精华，以致长生。类此五方帝名、五方色及五脏五常配五行，并及孤虚王相之法，确是汉人的遗说，而又掺杂后人补益之说。

关于灵宝方的施用法，《神仙传》有所提示：是"按合服之，日以还少，一日能行五百里，能举千斤"。这里所说的"服"，依《灵宝五符·序》卷上所说正是服气；而卷中则有各种植物性草药，如灵宝服食五芝之精、灵宝三天方、灵宝巨胜众方等，属于仙药服食。而卷下则服符，配合服气守一。依《真诰》及《三洞珠囊》所引五符，也大多是服气之法。因此其所显现的神通力，日能行五百里、能举千斤，一岁三易皮如蝉蜕等，都是人类特殊潜能的表现，成为稀有的神通术。

乘蹻术与《灵宝经》并列，基本上也是同属于存思法术，而《杂应篇》的叙述较为详细。可由此参证灵宝方，推知其共通的神通术：

若能乘蹻者，可以周流天下，不拘山河。凡乘蹻道有三法：一曰龙蹻，二曰虎蹻，三曰鹿卢蹻。或服符精思，若欲行千里，则以一时思之。若昼夜十二时思之，则可以一日一夕行万二千里，亦不能过此，过此当更思之，如前法。或用枣心木为飞车，以牛革结环剑以引其机，或存念作五蛇六龙三牛交罡而乘之，上升四十里，名为太清。太清之中，其气甚罡，能胜人也。师言鸢飞转高，则但直舒两翅，了不复扇摇之而自进者，渐乘罡炁故也。龙初升阶云，其上行至四十里，则自行矣。此言出于仙人，而留传于世俗耳，实非凡人所知也。

乘蹻法也是郑思远所授：凡有龙蹻、虎蹻及鹿卢蹻三种，葛

314

洪已明白说明是"服符精思",确是存思法术。

这段飞行术,乃是"登峻涉险,远行不极之道",乘蹻术与"服食大药"之法并列,后者列出"云珠粉、百华醴、玄子汤洗脚,及虎胆丸、朱明酒、天雄鹤脂丸、飞廉煎、秋芒、车前、泽泻散,用之旬日",就可涉远、行疾,是以药方为主,虽然有些药名如天雄鹤、飞廉等,稍具巫术意义,却是以药物为辅助体能的方法。而服符积思则完全属于法术,见诸神话传说:《山海经》卷七《海外西经·奇肱国》,其人"乘文马,有鸟焉,两头,赤黄色,在其旁"。有关奇肱民的飞行术盛传于六朝,至少有三家:郭璞注《山海经》所说:"其人善为机巧,以取百禽,能作飞车,从风远行。汤时得之,于豫州界中即坏之,不以示人。后十年,西风至,复作遣之。"郭璞所据究竟为古注,抑为当时志怪流行的通说?除萧绎《金楼子》卷五《志怪篇》是引郭注,又有《玄中记》(《御览》七五二引)、《洞冥记》(《海录碎事》五引),飞车传说与乘蹻术稍有异趣,但可表现出当时的人们对飞行术的极端憧憬。

乘蹻术"出于仙人而留传于世俗",最佳例证为游仙诗,曹植就有两首提及乘蹻术:一是《升天行》,一是《桂之树行》:

乘蹻追术士,远之蓬莱山。灵液飞素波,兰桂上参天。玄豹游其下,翔鹍戏其巅。乘风忽登举,仿佛见众仙。(《升天行》)

……桂之树,得道之人,咸来会讲仙,教尔服食日精,要道甚省不烦,淡泊无为自然。乘蹻万里之外,去留随意所欲存,高高上际于众外,下下乃穷极地天。(《桂之树行》)

从诗意言，"乘蹻"一意象用以指神奇的飞行术：可追随术士至遥远的蓬莱山，可翱翔于万里之外，去留任意，这是仙真思想逍遥自由、去止随意的具象化[19]。曹植只是运用留传于世俗的仙道传说，借以表达其羡仙、游仙之思，而未能真正洞悉其修炼方法，因为蹻经是"出于仙人"，为神秘家的秘传。

葛洪传述郑思远的口诀，其中特别提到在修炼过程中，确有许多禁忌：

> 又乘蹻须长斋，绝荤菜，断血食，一年之后，乃可乘此三蹻耳。虽复服符，思五龙蹻行最远，其余者不过千里也。其高下去留，皆自有法，勿得任意耳。若不奉其禁，则不可妄乘蹻，有倾坠之祸也。

斋戒是宗教行为中具有洁净身心的过渡性仪式，由俗入圣，在宗教心理上，是进入一种神圣的境界。而服符精思，在道士的信念中，符术具有不可思议之力，其"服"法，可能是服食，或服佩，用以精思，可解为服用。从前引的诸种法具，如枣心木作的飞车，用牛革结环剑以引其机，乃是中国古代的器物，与奇肱飞车有关，李约瑟称为"中国陀螺"——中国旧称"竹蜻蜓"，乃是利用螺旋原理，可使陀螺升空。至于飞行于罡气之中，李约瑟以机械工程学知识解说，罡气，"亦可称为急风，意指自高空大熊星座四大星所来之风，暗含极高风速之意义"[20]。对于葛洪所述的乘蹻记载，李氏深致感佩，认为"此文著于第七世纪之初，堪称惊人之论"。这是从科学史立场所作的解释。

从宗教史观点解说乘跷术，应与巫师的宗教体验有渊源，在集中精神的状态，给予适当的暗示，易生幻觉，而有神游的经验。《庄子》一书所描述的神人、真人，能入水不濡、入火不热，又能远之昆仑，就是基于巫教及其神话。道教综合巫术、方术，进一步深化，且纳入其体系之中；像符法的运用、斋戒的精洁，都能加深其奥妙之处。现在世人多习知印度瑜伽修行者的神通表现，而中国道士的神通术就有不少是独立发展而成。葛洪所描述的五龙跷，正是借用蛇龙交罡而乘之，为一种元神出窍的飞行法。

乘跷可在精思之中，逍遥于名山。葛洪曾在《微旨篇》解说求生之道所需知的"二山"，不是华山霍山，或嵩山岱岳，而是太元之山、长谷之山，这两座山即是缥缈于虚空之中，就只能精思得之：

夫太元之山，难知易求，不天不地，不沉不浮，绝险绵邈，崔嵬崎岖，和气絪缊，神意并游，玉井泓邃，灌溉匪休，百二十官，曹府相由，离坎列位，玄芝万株，绛树特生，其宝皆殊，金玉嵯峨。醴泉出隅，还年之士，把其清流，子能修之，乔松可俦，此一山也。长谷之山，杳杳巍巍，玄气飘飘，玉液霏霏，金池紫房，在乎其隈，愚人妄往，至皆死归，有道之士，登之不衰，采服黄精，以致天飞，此二山也。皆古贤之所秘，子精思之。

这段文字也是古道书中极为珍贵的存思法文献，二山根本是不假外求，只在精思中，所以说"难知易求"，葛洪以雕饰的文字描述二山的高峻、虚渺，极尽魁奇之能事。事中所述的醴泉、黄精，可作隐喻意象观，象征仙境中的仙物；也可作人身的某种神秘体验，乃是自家身上所有。

精思名山的文学，是典型的道教文学，仙道之士将类似的宗教体验借用文学形式表达出来，就成为六朝杂传、笔记中的仙道类著述。上清经派将五岳真形图及所谓昆仑、钟山、蓬莱山与神州真形图，结合夏禹神话，而有《汉武内传》、《十洲记》，其中保留有夏禹乘跷治水之说，正是介于真实与神话的叙述笔法；但有一相通之处，就是获得真形图，可周流名山五岳，除了真形图之具有入山指南与护符效用，可以登涉五岳诸名山，其他缥缈云海间的名山，大多仍是神游。《汉武内传》所说"传章道士执之经行山川，百神群灵尊奉亲迎"，可作为护符性质的真形图解说；而上清经派所出的道经，如"玄览人鸟山真形图"就是冥思修行，发展为"妙气既降，肉身能飞"的精思法[21]。

上清经派对于乘跷术，基于其重视冥思的传统，自有其传承；《紫阳真人内传》周真人所受的道书目录就有《寻峦先生龟跷经》；而《汉武内传》依托汉武所述的传经戒仪，在武帝陪葬书目中，也特别列出《灵跷经六卷》。这两部仙传都与存思或真形图有密切关系，由此可相互参证乘跷术是精思法术中的飞行法，魏晋时期曾以秘传的方式流传于道士的手中，为中国原始巫教的迷幻经验的道教化。可与当时佛经所输入的五通、六通诸神通说与呼应，激荡为一重视神通表现的神异气氛，这是中国佛道关系史上值得探讨的课题。

【附注】

① 王明，《太平经合校》（台北，鼎文书局，1979 年 7 月）。

② 《太平经》的著成年代及今本的问题，大多认为梁时编修，但其中仍保存汉人的观念。相关论文请参考福井康顺，《太平经》，收于《道教的基础的研究》（东京，书籍文物流通会二九五八）；吉冈义丰，《敦煌本太平经和佛教》，收于《道教和佛教》（二）（东京，国书刊行会，1959）。

③ 参拙撰《魏晋南北朝老学与神仙养生法》，收于《魏晋南北朝文士与道教之关系》。

④ 参饶宗颐，《老子想尔注校笺》（香港，选堂丛书，1956）。

⑤ 王明，《周易参同契考证》，刊于《中研院史语所集刊》第十九本（商务，1938 年）。

⑥ 王明，《黄庭经考》，刊《史语所集刊》二十本（商务，1948 年）；又有麦谷邦夫，《〈黄庭内景经〉试论》，刊于《东方文化》六十二号，有进一步的研究。

⑦ 王明，《抱朴子内篇校释》引《外景经》作注，见 106 页；而麦谷邦夫则引《内景经》，阐释较佳，见 52-53 页。

⑧ 康德谟（Max Kaltenmark），《"景"与"八景"》，刊于《福井博士颂寿记念东洋文化论集》（1969）。

⑨ 吉冈义丰有多篇精彩的论文，专论守一法，收于《道教和佛教》（二）中。

⑩ 柳存仁，《论道藏本顾欢注老子之性质》，收于《和风堂

读书记》，273-286 页。

⑪　同④，78-91 页。

⑫　宫川尚志，《晋代道教的一考察》，刊于《中国学志》等五本（东京，泰山文物社，1969）。

⑬　吉冈义丰博士前引文。

⑭　详参拙撰《魏晋老子神化与仙道教之关系》，刊于《中华学苑》二十一期（台北，政大中研所，1978 年 6 月）

⑮　参拙撰《慧皎〈高僧传〉及其神异性格》，刊于《中华学苑》二十六期（台北，政大中研所，1978 年 12 月）。

⑯　李汉三撰，《先秦两汉之阴阳五行学说》（台北，维新书局，1981 年 4 月再版）。

⑰　范行准，《中国预防医学思想史》（1953），23-24 页。

⑱　陈槃庵，《古谶纬研讨及其书录解题》（五），刊于《中研院史语所集刊》，四十四分册（1973 年 2 月）。

⑲　参拙撰《六朝道教与游仙诗的发展》，刊于《中华学苑》（政大中研所，1983 年 12 月）。

⑳　李约瑟，《中国之科学与文明》（九）（台北，商务，1973 年），69 页。

㉑　参拙撰《十洲传说的形成及其衍变》，刊于《中国古典小说论集》（六）（台北，联经 1983 年 7 月）。

第十二章 《抱朴子》的法术变化说

葛洪的法术论，是养生思想中不伤不损的原则的运用。在汉晋之际，志怪思想极为发达，乃是张大汉代"物久成精"的民俗谭；而道教的法术除妖说因而大盛，这是将两汉社会中巫师、方士的各种法术吸取而成。所以妖怪论、变化论为一体的两面，葛洪强调道士乃至一般人均需防患各种精邪。在宗教学上，这是一种必要的假设，当时人用以解说一些不可解的现象，而知识分子又加强理论化。他所搜集的除妖辟邪的法术，大概有名字法术、法器法术、文字法术、经图法术以及气功法术等，大概已将古来法术包罗殆尽，而后世道士的作法，实也不能逾越其范围，只是更为繁复而有规模而已。

一、魏晋时期的精怪变化说

魏晋时期的知识分子承袭汉代气化思想以及异征变化等休征观念，加以综合条贯为一种妖怪理论，并举民间流传的传说为例证。其主要背景之一，即为儒学在历经汉朝长期的谶纬化、神秘化之后，逐渐中衰，因而异端的方术、道术等思想能为知识阶层所接受。汉朝以批判为学的王充，曾在《论衡》中保存不少流传于当时社会的迷信观念，目的是作为批判之用；另外王符《潜夫论》也依据气化哲学，解说阴阳二气及天地正变等现象；此类理论至魏晋文士的手中多转变为正面解说的一套道理，干宝《搜神记》的"妖怪论"与葛洪《抱朴子·内篇》所引方术秘籍，都基于气化原理与异征变化，构造为奇特的妖怪说[①]。

王充《论衡·订鬼篇》指摘汉代流行的精怪、鬼灵之说，曾引"一曰：鬼者老物之精也。物之老者，其精为人；亦有未老，性能变化、象人之形。人之受气有与物同精，则其物与之交；及病，精气衰劣也，则来犯陵之也"。此为妖怪变化的传统的说法：物老形变，其实仍基于气的盛衰。葛洪的撰述，本即规抚《论衡》，因而袭用许多资料而加以新的解释，又参用许多方士秘籍，证明物老形变的变化观念。葛洪神仙变化思想乃基于万物皆受天之气，气不变而形可易，变化多因时间的长久而渐渐改变。《抱朴子·对俗篇》曾引《玉策记》及《昌宇经》之说：

千岁松树，四边批越，上杪不长，望而视之，有如偃盖，其中有物，或如青牛，或如青羊，或如青犬，或如青人，皆寿千岁。

其实依精怪说，即为树精，与植物崇拜有关。至于动物精怪，又载一条：

又云：蛇有无穷之寿，弥猴寿八百岁，变为猨；猨寿五百岁，变为玃，玃寿千岁；蟾蜍寿三千岁，骐驎寿二千岁，腾黄之马，吉光之兽，皆寿三千岁；千岁之鸟，万岁之禽，皆人面而鸟身，寿亦如其名。虎及鹿兔皆寿千岁，寿满五百岁者，其毛色白，熊寿五百岁者，则能变化；狐狸豺狼皆寿八百岁，满五百岁则善变为人形；鼠寿三百岁，满百岁则色白，善凭人而卜，名曰仲，能知一年中吉凶及千里外事。

《玉策记》，佚文引作《老君玉策记》，《遐览篇》著录一卷，现已佚失，当是方术图籍。严可均又辑佚文一条：

《老君玉策记》云：松脂入地千年，变为茯苓，茯苓千年，变为琥珀，琥珀千年，变为石胆，石胆千年，变为威喜。千岁之狐，豫知将来，千岁之狸，变为好女，千岁之猿，变为老人。

葛洪解说物久成精，即可变化，主要根据气为宇宙构成说，物的存在既久，不论动物、植物或矿物就具有超乎自然的力量，能够自由变化。《抱朴子》一再引据古来各种变化传统作为论据，说明物与物间，物与人间，并无固定的范畴，万物可以互变。原始的素朴的观物方式，本就相信万物具有精灵，存活时间既久，就会产生变化莫测的能力，这是葛洪在《登涉篇》所说："山无大小，皆有神灵。"有神灵则必有精灵的存在。

干宝搜集当时的民间传闻，其中多数与精怪变化有关，因而特别撰述《妖怪篇》、《变化论》——见于今本卷六、卷十二篇首，也是综合前此诸说，具有集大成意义的重要史料：《妖怪篇》是绅绎卷六、七、八等妖怪传说而形成的理论，也是当时妖怪传说的依据：

妖怪者，盖精气之依物者也。气乱于中，物变于外。形神气质，表里之用也。本于五行，通于五事。虽消息升降，化动万端。其于休咎之征，皆可得域而论矣。

精气依凭于物，是因气乱、气衰之故。宇宙的气有正、乱，代表运行的正常与否；人体（或万物）的气有盛衰，也代表物体的常态与否，汉人的有机的宇宙论，确信人与天具有感应，王符就著论说明气的正常与否，常有不同的征象。干宝就是承用有关气的理论，解说妖怪出现的意义。据此一原则，干宝曾录一大鲲鱼精传说：孔子厄于陈，鲲鱼精化为人形，子贡、子路均不敌，孔子始察而破之，且叙说妖怪成精之理："吾闻：物老则群精依之，因衰而至。此其来也，岂以吾遇厄绝粮，从者病乎？夫六畜之物，及龟、蛇、鱼、鳖、草、木之属，久者神皆凭依，能为妖怪，故谓之五酉。五酉者，五行之方，皆有其物。酉者老也，物老则为怪，杀之则已，夫何患哉！"依托孔子，应是汉朝纬书说或一般民间传闻，而其原则则为汉人妖精说话的共通观念。

干宝编撰"变化"传说及作《变化论》，也是有关万物变化之说，综合变化神话、生物观察以及阴阳五行说，为融铸神话、拟科学、哲学于一的变化思想；凡阳气、清气为正，阴气、浊气为变，因此和气所交，多正常生殖的人、物；异气所产，则多怪物。类此气易形变说，为汉代前后普遍的通说，用来解释神仙变化、生物变态以及一些非当时人所能解释的宇宙现象。王充即据正变观念批评神仙变化说，《论衡·无形篇》的中心思想基于此，所谓："天地不变，日月不易，星辰不没，正也，人受正气，故体不变。时或男化为女，女化为男，由高岸为谷，深谷为陵也。应政而变，为政变，非常性也。"葛洪、干宝等人就是在汉人的气化说的基础上，建立妖怪、变化说。

大体说来，魏晋时期的论辩风尚，使一切问题均可反复阐述，妖怪、变化之说可成为论说的课题，正是凡事求得解说的表现。因此魏晋志怪小说流行，干宝搜神、葛洪集异，俱为志怪的成果，而加以理论化，更是一大特色。

二、名字法术：《白泽图》及其他

葛洪在《抱朴子》中保存自然精怪的厌胜法，多据汉代纬书而立说，当时方士撰述有关妖怪的图籍，作为防身之用，据以识别精怪的原形及名字，消灾解厄。这些奇异的秘籍，不仅存于方士、巫师的手中，也是民间社会的习俗。汉朝本即为一充满迷信、怪异气氛的时代，《淮南万毕术》为汉初纂集，其中部分精怪传说为汉初以及汉以前的旧说，保存朴素的面目；至于古谶纬书中的精怪图籍，如《白泽图》之类，应属于汉朝晚期作品，以历数观念结合精怪传说，作为出门旅游乃至居家日常生活之用。至六朝初期始为道教所容纳、衍化。

魏晋间道教搜集自然精怪资料，且整理为一套厌胜之法，其最显之例当推白泽图说。初期道士所重视的精怪图籍凡有多种，葛洪《抱朴子·登涉篇》论登涉山林之法，其中问辟山川庙堂百鬼之法：

抱朴子曰：道士常带天水符，及上皇竹使符、老子左契，及守真一思三部将军者，鬼不敢近人也。其次则"论百鬼录"，知天下鬼之名字，及《白泽图》、《九鼎记》，则众鬼自却。其次服鹑子赤石丸，及曾青夜光散，及葱实乌眼丸，及吞白石英祇母散，皆令人见鬼，即鬼畏之矣。

论百鬼录，依葛洪所搜集早期道书目录，其中著录《见鬼记》一卷、《收山鬼老魅治邪精经》三卷、《收治百鬼召五岳丞太山主者记》等，应属专记山川精怪及厌胜法之书。至于《白泽图》、《九鼎记》，则《抱朴子》佚文一条云：

案《九鼎记》及《青灵经》言：人物之死，皆有鬼也，马鬼常时以晦夜出行，状如炎火。

《九鼎记》疑又作《夏鼎志》，《宋书·五行记》载："《夏鼎志》曰：掘地得狗，名曰贾。"名为夏鼎，当即古书中说古鼎所铸图形，除装饰作用外，更重要的还有巫术作用，《左传·宣公三年》载楚子问鼎："铸鼎象物，百物而为之备，使民知神奸。故民入川泽山林，不逢不若，魑魅魍魉，莫能逢之。"传说夏禹铸鼎，其中作用之一为辟邪，乃《夏鼎志》、《九鼎记》命名之所由。古图

326

或古代方书图绘图形及记录精怪，《山海经》及《山海图》就是此类具有巫术、旅行等功能的奇书。巫师或登涉山川的旅行者能诵知此类图籍，就可辟邪。此类方士秘籍，至道教形成之后，成为道士登涉术：葛洪《抱朴子·登涉篇》就抄写《白泽图》、《夏鼎志》等，将辟邪巫术予以道教化。

《白泽图》托始于黄帝，葛洪谓黄帝"穷神奸则记白泽之辞"。（《极言篇》）为其神通能力之一。白泽之名则据传与泽兽有关，《宋书·符瑞志》即载其传说：

> 泽兽，黄帝时巡狩，至于东滨，泽兽出，能言，达知万物之精，以戒于民，为时除害，贤君明德幽远则来。

《白泽图》为古谶纬书之一，其图像现在还保存于敦煌残卷中，近人多已考索其形式及内容②。大概道教形成之后，依其含融汉人旧说的习惯，也被引用，成为古谶纬影响初期道教的例证之一；而且《白泽图》之作为辟邪的图籍，流行于六朝社会，一般文士常引述于其文籍中。干宝《搜神记》载孙吴诸葛恪曾见《白泽图》，刘敬叔也曾以《白泽图》知识解释木精；其余葛洪曾引述是图，梁朝萧绎《金楼子·志怪篇》引用多条，《南史·梁简文帝纪》有《新增白泽图》五卷，可见《白泽图》为流传南方的精怪图籍，梁简文帝虽有新增五卷本，但隋唐志著录者为一卷本，敦煌写本近于一卷古本；与葛洪、萧绎所引属同一系统，现在保存于《登涉篇》中的，是借以印证的最佳资料。

《白泽图》的运用，乃依据巫术思考方式中的克治原理：呼名辟邪。就是从图像中熟知其形状、特征与名称，一见之后立加辨识，呼唤其真名，识破其原形，就可克治之，这是近于名字巫术。以下就将群妖图归类说明——其中多参考敦煌残卷之处：

（一）为山精

山精之形，可变化如"小儿而独足，走向后"，"如鼓、赤色，亦一足"或"如龙而五色赤角"，其名分别为蚑、晖、飞飞，可见山精可化为人或动物。

（二）为木精

"山中有大树，有能语者，非树能语也，其精名曰云阳。"

"山中夜见火光者，皆久枯木所作，勿怪也。"

"见秦人者，百岁木之精，勿怪之，并不能为害。"

"称仙人者，老树也。"

（三）为金玉精

"山中夜见胡人者，铜铁之精。"

"称妇人者，金玉也。"

（四）为山鬼

"山水之间见吏人者，名曰四徼。呼之名即吉。"

"山中见鬼来唤人，求食不止者，以白茅投之，即死也。"

"山中鬼常迷惑使失道径者，以苇杖投之，即死也。"

（五）为动物精怪

依十二支计日法，某兽而所称各有不同，依序为虎、狼、老狸（寅）；兔、麋、鹿（卯）；龙、鱼、蟹（辰）；社中蛇、龟（巳）；马、老树（午）；羊、獐（未）；猴、猿（申）；老鸡、雉（酉）；犬、狐（戌）；猪、金玉（亥）；鼠、伏翼（子）；牛

（丑），其排列次序疑与干支以兽为符号有关，其形式如：

"山中寅日，有自称虞吏者，虎也；称当路君者，狼也；称令长者，老狸也。"

"丑日称书生者，牛也。"

其书写形式，常作"以名呼之，即不敢为害"，"呼之即吉"，"但知其物名，则不能为害"属于名字巫术，呼名识破原形，则可辟凶趋吉；至于"以白石掷之"、"以白茅投之"、"以苇杖投之"，也是象征性的辟邪动作，类此辟邪法，尚保留原始巫术的素朴性。《抱朴子》还记载"同类相治"的巫术，也与此相近：

（昆仑山上）内有五城十二楼，楼下有青龙、白虎、蜿蛇……又有神兽名狮子辟邪、天鹿焦羊，铜头铁额、长牙凿齿之属三十六种，尽知其名，则天下恶鬼恶兽，不敢犯人也。（《祛惑篇》）

以神兽的灵威性辟邪，实与方相驱邪异曲同工。

《白泽图》广泛流行于六朝笔记中，干宝《搜神记》卷十二有俁囊的山精、卷十八有彭侯的木精，均言明是《白泽图》上所有，而《抱朴子》未引用。又卷十二引《夏鼎志》说罔象，及木精、金精等；另《玄中记》也有类似的妖怪传说。而当时民俗珍视此类辟邪图籍，成为一种与民间岁时节日配合的风俗，《荆楚岁时记》五月五日，即流传"口称游光厉气四字，知其名则鬼远避"。其实《风俗通》已载此俗："夏至着五彩辟兵，题曰：游光厉气，知其名者无瘟疫。永建中，京师火疫，云厉鬼、野童、游光。"据《白泽精怪图》所述："夜行见火光，下有数十小儿，头载火车，此一物名为游光，下为野童，见者天下多疫，死兄弟八人。"可知其俗流传久远，为民间信守不渝。朝廷也珍视，图绘其形于旗帜上，并整理增补，视为一种瑞图。道教中人重视《白泽图》、《夏鼎志》、《青灵经》等精怪图籍，除作为登涉辟邪之用，并且成为其法术之一，指导民众驱妖辟邪，由此可证道教法术观念颇能与民间习俗相通。六朝《白泽图》类的法术秘籍，自是与整个社会的志怪风尚有所关联，借以解除人类对于不可知世界的怖惧感。道教之成为组织性的宗教，在法术、厌胜方面也有进一步的表现，故能为社会人士所崇奉。

三、法器法术：剑与镜

剑与镜为道教法器中最具威力的器物，其所以能发挥超自然的能力，克治精怪、物魅的变化；实与弗雷泽《金枝》的巫术原理相近，基于"同类相治"的法则，将剑、镜等人间常用的器物法术化、神秘化，自可依据象征的律则，类推其威力，借以厌伏违反常态的怪异之气。剑、镜在前道教时期本就具有特异的作用，这可由剑的饰物及其作为杀人的凶物，帝王服御的威权象征，类推其以凶物治凶物的道理；而镜饰上的星象、四兽等灵异事物，自具有灵异的力量，传达于镜的本身；再愿推其光明鉴物的实用功能，自可产生明鉴精怪的原形的灵威力。道教中人将其吸取，作为法器，也可说是精致化巫师所用器物的例证之一，为道教法术与巫祝巫术合流的具体表现③。

镜与剑之作为法器，实有古远的历史传统，依据现存考古文物的资料，先秦两汉古墓既以镜作为副葬之物，六朝风尚亦沿之成习，《通鉴长编》载："南唐李平尝语潘佑曰：六朝冢多宝剑、宝鉴，佩之可辟鬼。会张泊亦好此说，乃共买鸡笼山古冢地。遇休沐，则具畚锸，破冢，得古传器玩。"此类镜、剑特具有辟邪作用，可证中古世纪以之副葬，乃因其具有神秘的灵力，道教法术思想实具推波助澜之力。将陪葬物的辟邪作用提升于日常之用，镜在汉朝之时，除作为实用之物，又因其光明鉴物的特性，道家系统的典籍，如《庄子》、《淮南子》等，即取心镜，以喻心能照物，不将不迎，应而不藏，具有静定观照之意。而古鉴铭文则多表现神仙谶纬思想，纬书观念中，"镜"为帝王权力的象征，"秦失金镜，鱼目入珠"（《尚书考灵曜》），以镜喻权力，谶纬思想多与政治神话结合，失其玉镜，即失其帝王威权：故暴秦失镜，刘邦握镜，乃喻权力的转移，此种祥瑞思想，愈使镜的神秘性增强。古镜制作，因其化学操作非尽为人力所能控制，冶炼集团多辅以"建许性巫术"。经此制作的镜，多视为神物，《孝经援神契》称："神灵滋液，百宝为用，则玑镜出。"宋均注："大珠有光，可明为镜。"又其镜饰，所谓："百炼清同（铜），上应星宿。"星辰灵威之力，使铜镜深具辟邪除魅的灵力。

古镜的灵威力，道教以象征律解说。当时，道士入山修炼，登涉山林，需以灵感之物自随，古镜即为其中要物。葛洪《抱朴子》即说明登涉之法："又万物之老者，其精悉能假托人形，以眩惑人目，而常试人，唯不能于镜中易其真形耳。是以古之入山道士，皆以明镜径九寸已上，悬于背后，则老魅不敢近人。或有来试人者，则当顾视镜中，其是仙人及山中好神者，顾镜中，故如人形。若是鸟兽邪魅，则其形貌皆见镜中矣；又老魅若来，其去必却行，行可转镜对之，其后而视之，若是老魅者必无踵也，其有踵者则山神也。"（《登涉篇》）镜为照明之物，形真影真，应而不藏；若为精怪幻象，则不能隐其真形，必为镜的威力所慑。葛洪的宝镜辟除精怪，乃依巫术性思考原则类推得此厌胜法则。《登涉篇》即引传说二则为例：

昔张盖蹹及偶高成二人，并精思于蜀云台山石室中。忽有一人，着黄练、单衣、葛巾，往到其前曰：劳乎道士，乃辛苦幽隐。于是二人顾视镜中，乃是鹿也。因问之曰：汝是山中老鹿，何敢诈为人形？言未绝，而来人即成鹿而走去。

林虑山下有一亭，其中有鬼，每有宿者，或死或病，常夜有数十人，衣色或黄或白或黑，或男或女。后郅伯夷者过之宿，明灯烛而坐，诵经。夜半，有十余人来，与伯夷对坐，自共樗蒲博戏。伯夷密以镜照之，乃是群犬也。伯夷乃执烛起，佯误以烛烬爇其衣，乃作燋毛气。伯夷怀小刀，因捉一人而刺之。初作人叫，死而成犬，余犬悉走，于是遂绝。乃镜之力也。

郅伯夷，即汝南郅恽，《风俗通义》载其神异事，《后汉书》有传。《搜神后记》也载这一传说，可信为属于汉末的民间传闻，葛洪本有博征传闻以定论的方法，信其为"真实"，此为传说的特质。既有超常邪怪，自可依类治之。道教据此神化其说，而民间流传之说，遂有照妖镜传说：

淮南陈氏，于田中种豆。忽见二女子，姿色甚美，着紫缬襦青裙，天雨而衣不湿。其壁先挂一铜镜，镜中见二鹿，遂以刀斫，获之，以为脯。（《搜神后记》）

壁悬铜镜，其后流为民间习惯。明人李时珍言其道理："镜乃金水之精，内明外暗，古镜如古剑，若有神明，故能辟邪魅忤恶，凡人家宜悬大镜，可辟邪魅。"（《本草纲目》八）属于后起的观念，而道教法器除妖之说更普遍深入于中国社会，成为民间的习俗。

六朝宝镜传说，道教理论整备为明镜之道，其一即外照精魅的法术性，其一为内思守一的心镜法。葛洪《抱朴子·登涉篇》所述即外照镜道，唐司马承祯《含象剑鉴图》，含象鉴序："应而不藏，至人之心愈显；照而征影，精变之形斯复。"司马承祯述剑鉴哲学为道教理论之集大成。除外照法，《抱朴子·杂应篇》所述则属内视镜道，守一存思，分形变化，其后南朝上清经派精密其法，《道藏》所收《上清明鉴要经》（国字号）、《洞玄灵宝道士明镜法》（肆字号）即此类茅山的清修道法。道教综理古来的镜铭哲学叙述宝镜的灵力："镜铭曰：百炼神金，九寸圆形；禽兽翼卫，七曜通灵；鉴包天地，威伏魔精。名山仙佩，奔轮上清。"（《上清长生宝鉴图》）灵威法力，近于建设性巫术，相信百炼滋液，因其化学变化而类推其法术性；又因镜饰的灵禽异兽，七曜星辰，传达神秘的法力。据象征性的巫术思考原则，以超自然法力厌伏邪魔外力。民间以真实的态度传述其说，道教以神秘的方式深论其理，综合而成宝镜的神异性格。

剑与镜同为道教仪式中的重要法物，其所具的灵威象征较镜鉴为早，为古墓中习见的陪葬之物。考古图籍多著录历世出土的古剑，六朝时期发掘古冢常发现铜剑，如汲郡中得铜剑一枚，长三尺五寸；《西京杂记》载魏襄王冢中石床上有铜剑二枚，犹如新物。（卷六）铜剑为帝王服御之物，象征权势，故为副葬明器之类；唯宝剑特具巫术性，为权贵阶级的葬仪中，厌胜邪魔的巫术信仰的一种表现。

宝剑传说，早期与冶炼巫术有密切的关系。《周官》载："郑之刀，宋之斤，鲁之削，吴越之剑，迁乎其地而不能为良，地气然也。"（《艺文类聚》六○引）吴越冶炼集团铸剑之事，东汉赵晔撰《吴越春秋》、袁康撰《越绝书》均一再强调其宝剑制作的神秘性、灵威性。因古代冶炼技术，实非人力所能完全控制，冶炼时需施以巫术，此种"建设性巫术"自有其功能，而非故神其说，加以吴越本属巫风流行的地域，乃益增强其巫术性格。其中干将、莫邪与欧冶子作剑为流传最广的传说。宝剑的剑饰，多饰以灵威之物，增益其巫术功能：《吴越春秋》载："（伍子）胥乃解百金之剑以与渔者，此吾前君之剑，中有七星，价直百金，以此相答。"北斗七星为古来的星辰信仰，具有灵威，纬书即盛传其神秘的力量，因而类推剑的辟邪功能。其后文士结合道家思想、占星术、谶纬说，成为宝剑哲学。

神仙道教即综括古来宝剑传说，加以体系化、宗教化，主要人物为葛洪（《抱朴子》）、陶弘景（《古今刀剑录》），至唐，司马承祯集大成。主要课题则为冶炼法术及其法术功能。葛洪引述道教秘籍，解说有关"涉江渡海，辟蛇龙之道。"——"《金简记》

云，以五月丙午日日中，捣五石，下其铜。五石者：雄黄、丹砂、雌黄、矾石、曾青也，皆粉之，以金华池浴之，内六一神炉中鼓下之，以桂木烧为之，铜成，以刚炭炼之，令童男童女进火，取牡铜以为雄剑；取牝铜以为雌剑，各长五寸五分，取土之数，以厌水精也。带之以水行，则蛟龙、巨鱼、水神，不敢近人也。欲知铜之牝牡，当令童男童女，俱以水灌铜，灌铜当以在火中向赤时也，则铜自分为两段，有凸起者，牡铜也；有凹陷者，牝铜也，各刻名识之。欲入水，以雄者带左，以雌者带右；但乘船不身涉水者，其阳日带雄，阴日带雌。又天文大字，有北帝书，写帛而带之，亦辟风波蛟龙水虫也。"（《登涉篇》）铸剑之说，《金简记》应为古传的冶炼集团的秘籍，表现神秘的巫术仪式。据《吴越春秋》载干将故事，具体传述古代"冶炼巫术"的过程：

> 金铁之精，不销……莫邪曰：夫神物之化，须人而成，今夫子作剑，得无其人而后成乎？干将曰：昔吾师作冶，金铁之类不销，夫妻俱入冶炉中，然后成物……于是，干将妻乃断发、剪爪，投于炉中，使童女童男三百人，鼓橐装炭，金铁乃濡，遂以成剑：阳曰干将，雌曰莫邪；阳作龟文，阴作漫理，干将匿其阳，出其阴而献之。

中古乃至上古时期，冶炼技术与巫术配合，肇因于技术非人力所能控制时，始需借助冶炼巫术，马林诺夫斯基（B.Malinowski）不赞成弗雷泽的巫术观点——以为原始人不能分清超自然的巫术与实证技术，而提出只有在实证技术不能有效利用的不安全、不

335

确定的情况下才用巫术。吴冶炼集团既困于"金铁之类不销"——实际为碳的成分未达钢铁熔化的状态，但当时未能作此分析。因此采取"建设性巫术"——夫妻入冶或断发剪爪的牺牲，与童男女的装炭，乃以巫术性行为获致科学效果。至于所铸之剑能分其阴阳者，《金简记》具体说明分辨牡、牝铜之法。至于铸剑的择日、配法；使用的择日、佩法，均以战国以下流行的阴阳、五行为据。葛洪杂辑方术图籍，解说宝剑的灵威力。渡江涉海，因剑本具蛟龙变化的特性，因此"利用凶物可以辟除邪怪"的同类相治巫术，可"辟风波蛟龙水虫也"。此即《抱朴子》所宣称的"防身却害，当修守形之防禁，佩天文之符剑"。(《道意篇》)

　　方士、道士集团与中国冶炼技术有密切关系，为道教对中国科学文明的贡献之一。陶弘景所撰《古今刀剑录》一卷，朱剑心以为间存荒诞，不足尽信，然陶弘景撰集历代著名刀剑则确然可信④。所谓荒诞，即宝剑传说部分，为历代传闻。今本有弘景自记，慨叹刀剑小事，记注者寡，"遂使精奇挺异，空成湮没"。所记历世名器，自夏禹以至梁武，强调历代帝王宝剑，或能镇家国，或能镇山河。为国家声威的象征。后人稽考金石，因为所载事涉玄怪，疑多讹误，实则为道教传统的观念。陶弘景曾为梁武帝造剑十三口，为道士的特长之一，至唐司马承祯为弘景后四代宗师，其《景震剑序》，总结道教宝剑思想：

　　夫阳之精者，著名于景；阴之气者，发挥于震，故以景震为名。式备精气之义，是知贞质相契，气象攸通，运用之机，威灵有应。扐神代形之义，已睹于真规；收鬼摧邪之理，未闻于奇制。

此所以剑面合阴阳，刻象法天地，乾以魁罡为杪，坤以雷电为锋，而天罡所加，何物不伏；雷电所怒，何物不催。佩之于身，则有内外之卫；施之于物，则随人鬼之用矣。

述宝剑灵威之力，传达自魁罡，即北辰信仰，据星象说："辰天罡者，当斗星之柄，其神刚强也……天罡主杀伐。"《刀剑录》载陶弘景神剑十三口之七："曰五威灵光，长二尺许，半身有刃，上刻星辰北斗，天市（疑帝）天魁，二十八宿，服此除百邪，魑魅去，厌即伏用之。"以魁罡威力降服鬼神，即"收鬼摧邪之理"。至于"执神代形之义"，则为道教尸解法中的剑解之道，为神秘的尸解成仙的仙道传说。

道教神化剑、镜之后，成为必备的法器，葛洪强调的符剑，可以防身却害，其后也是道士常有的形象；就是"凡学道术者，皆须有剑镜随身。"（李绰《尚书故实》）后世道教艺术中道教与剑镜之结不可解之缘，可谓传承久远。

四、文字法术：符印、咒术

符者，道教秘术的一种。防身却害，守形防禁，符与剑同具法术功能，乃属于文字巫术，与符性质相近者则有图、章等。《抱朴子·登涉篇》尝论述其护卫作用诸术："上士入山，持《三皇内文》及《五岳真形图》，所在召山神，及按鬼录，召州社及山卿宅尉问之，则木石之怪，山川之精，不敢来试人。其次即立七十二精镇符，以制百邪之章，及朱官印、包元十二印，封所住之四方，亦百邪不敢近之也。其次执八威之节，佩老子玉策，则山神可使，岂敢为害乎？余闻郑君之言如此，实复不能具知其事也。"凡符、印、节、策，皆阳间官府权威之物，依象征律，自可传达其灵威，影响于精怪。

符术的渊源，一般都相信早在西汉初期既已有符篆之作，大抵是秦汉间方士所为，而纬书如《龙鱼河图》则托为黄帝得西王母遣道人所授。符书造作，自非黄帝所作，但与汉纬有密切的关系，流传既久，因而天师道乃袭用之，所以俞正燮《癸巳存稿》说："符者，汉时有印文书名，道家袭之，黄老书乃汉人述也；《淮南子·本经训》云：审于符者，怪物不能惑。是守一之文言，非指符录。"（卷十三符条）符书号称张陵始作，《魏书·张鲁传》说"造作道书"——《典略》说"造作符书"，东汉李膺《益州记》又说张陵能行"咒鬼术书"，都显示天师道曾大量运用符术，且成为其道派中的重要法术之一。所以葛洪叙述符书的源流说："符出于老君，皆天文也；老君能通于神明，符皆神明所授。"依托于老君，也是天师道尊崇老君的做法。

其实，符术早在东汉末即已流行，而且最迟不晚于桓帝元嘉元年（151），因近年考古文物出土，在镇墓文上画有符篆，有初平元年一件、元嘉元年一件，定州出土的东汉石刻，标明"西岳神符"；洛阳西郊出土的陶瓶，文末有朱书符；江苏高邮汉遗址有劾鬼文木简，上有符篆。这些出土的文物遍于各地：西北有之，东南亦有之，普遍使用。而且与镇墓文一起使用，表示在地下劾鬼，与劾鬼文一样，敕令鬼物⑤。

这些符箓的形式，多由"日"字形或星象形所组成。葛洪保存在《登涉篇》的十数种符，也是带有日、月及星辰图像者，可确知确为一脉相承的画法。类此日、月、星辰的图形，《遐览篇》引述郑君之言，说是"皆天文"；而《杂应篇》说"吾闻吴大皇帝（权）曾从介先生受要道，云但知书北斗字及日、月字，便不畏白刃"。介先生就是《遐览篇》中能读符文的介象，知书诸种天文，也就是书符之意。在原始宗教信仰中，崇信日、月及星辰，具有神秘的威力，因而书写其文字，自会传达其神秘的灵威之力，正可克治超自然的精怪，这种辟邪、镇魔的作用完全基于巫术性的思考原则。除了作为符的主体，是具有神秘力的天文，连用以书写的颜色及对象也需要讲究。

丹书书符为纬书传统，符应就常是丹书。朱砂书字，丹红的朱砂本就具有巫术性，这是红色在巫术中所特有的血液之色的联想，而且血红的鲜明色彩也易于具巫术性。丹符就是红色，文字的组合。《登涉篇》又强调以丹书桃板或丹书绢上，桃木本身所具有的辟邪作用，见于神荼郁律神话，《癸巳存稿》就以为神荼、郁律，由桃椎辗转生故事。（卷十三）又说：由桃椎转为桃符，其间演变的过程，先为桃棒、桃梗、桃板之属⑥。其实，桃木的辟邪性，再加上符之后，才更有辟邪功效。葛洪所强调的桃符，是组合丹色、天文、桃木而凝聚其灵威之力，自可依巫术性思考原则，类推其不可思议的奇效。从东汉的巫术演变为晋世的法术，这是具体之例。

东汉末叶，太平道、天师道相继使用符术、符水，流行颇广，至葛洪搜罗所得就已"五百余卷"，且多大符，小符不可具记。符术流行既久，其文字传写自有讹误，孙吴时介象能读符文，并精于辨识。汉代方士能擅用符术，书符劾魅、役使鬼神，其后均列于《后汉书》方术列传中：凡有河南曲圣卿"善为丹书符劾，厌杀鬼而使命之"——也见于《幽明录》、《列异传》；费长房得符，以此主地上鬼神，曾敕令汝南妖变出老鳖原形；又敕葛陂君自毙，见于《列异传》；又有寿光侯能劾百鬼众魅，曾劾蛇精，载于《列异传》、《搜神记》卷二，由于笔记小说所载甚多，所以《后汉书》也将其劾鬼事列于正史中，其时代都早于张角、张陵。

葛洪所引述的以符劾鬼事，凡有曲圣卿、费长房及鲁少千等，其事迹均载于《列异传》中，此志怪托于曹丕名下，书是魏时所整理，可作为汉人传说集，其中所述鲁少千劾蛇事，可作为典型：

鲁少千者，得仙人符。楚王英少女为魅所病，请少千。少千未至数十里止宿，夜有乘鳖盖车从数千骑来，自称伯敬，侯少千。遂请内酒数榼，肴馔数案。临别言："楚王女病，是吾所为，君若相为一还，我谢君二十万。"千受钱，即为还，从他道诣楚，为治之。于女舍前，有排户者，但闻云："少千欺汝翁！"遂有风声西北去，视处有血满盆。女遂绝气，夜半乃苏。王使人寻风，于城西北得一死蛇，长数丈，小蛇千百，伏死其旁。后诏下郡县，以其日月，大司农失钱二十万，太官失案数具；少千载钱上书，具陈说，天子异之。(《广记》四百五十六)

符劾精怪的叙述方式，大多如此。符术在晋世流行，因而符术传说也最常见，且多与当时名道士有关：《搜神记》所载，就有谢纪以朱书符致鲤鱼作脍（卷二），郭璞以符变化小豆为赤衣人，并驱之投井（卷三），吴猛以符救人、止风（卷一）；至于史传也载符术，《晋书·艺术传》有淳于智书字而伏鼠怪，晋诸公别传也载许迈作符召鼠（《御览》九二），可见道教的符法，为道士的专长，民间习俗也普行其术。周处《风土记》五月五日仲夏端午："造百索系臂，一名长命缕，一名续命缕，一名辟兵缯，一名五色缕，一名五色丝……又有条达等织组杂物，以相赠遗。"《荆楚岁时记》注引："或问辟兵之道，抱朴子曰：以五月五日，作赤灵符著心前。今钗头符是也。"这段文字即引自《抱朴子·杂应篇》，可证道教为适应民俗惯习，施用符术；而民间岁时节日也渐有道教的色彩，此为其普遍流传的情形。

印、章的法术与符术相类，因人间官府组织的观念施用于精怪世界。《抱朴子·登涉篇》：或问为道者多在山林，山林多虎狼之害，何以辟之。葛洪以印术应之：

古之人入山者，皆佩黄神越章之印：其广四寸，其字一百二十。以封泥著所住之四方各百步，则虎狼不敢近其内也。行见新虎迹，以印顺印之，虎即去；以印逆印之，虎即还。带此印以行山林，亦不畏虎狼也。不但只辟虎狼，若有山川社庙血食恶神能作福祸者，以印封泥，断其道路，则不复能神矣。

印章的灵威力辟虎狼，去物魅。《登涉篇》曾举例为证：

昔石头水有大鼋，常在一深潭中，人因名此潭为鼋潭。此物能作鬼魅，行病于人。吴有道士戴昞者，偶视之，以越章封泥作数百封，乘舟以此封泥遍掷潭中，良久，有大鼋径长丈余，浮出不敢动，乃格煞之，而病者并愈也。又有小鼋出，罗列死于渚上甚多。

其功用殆如灵符，依据象征律，产生超自然的力量，以役用超自然物，仙传颇记其事。

"黄神越章之印"的具有灵威力，也是汉人的巫俗观念。在传世的汉代文物中，有黄神印，上有天帝师、黄神之印、黄神越章、黄神使者印章、黄神越章天帝神之印、天帝使者、天帝杀鬼之印等字样。又有镇墓文，上有天帝使者告丘丞墓伯、天帝使黄神越章、天帝神师黄越章、天帝神师使者。根据报道，1950 年在江苏高邮东汉遗址中出土一方木简，为目前仅见的一件东汉时勑鬼文的实物材料，其上的文字作：

乙巳日死者鬼名为天光，天帝神师已知汝名，疾去三千里，汝不即去，南山□□令来食汝，急如律令。

同址还有一朱书文陶罐，中有"王池坤池"等语；又有"天帝使者"封泥一方⑦。

从这些文物可以推知汉人的宗教宇宙观：就是天帝可派遣使者指令地下冥吏做事，或驱逐精鬼等不祥之物，使者就是黄神，镇墓文中有"黄神生五岳，主死人录，召魂召魄，主死人籍"。则黄神是五岳的神灵，或即天帝之孙的泰山神，所以黄神越章之印，是驱鬼镇邪的神灵之物。印章具有法力，自是人间官府声势煊赫的官威，象征地运用于地下的幽冥世界，也运用于地上的精怪世界。它原先是方士及巫觋作法所用的法物，道教兴起之后，继续保存下来作为法物。葛洪所录的，自是前代道士的遗法，早期道派如天师道所用"天师"二字，就是"天帝神师"的简称；而且已袭用黄神越章作为劾鬼之用，所以佛教中人即以此为道教的虚妄：释玄光《辩惑论》中有"造黄神越章，用持杀鬼"，释道安《二教论》有"惑轻作凶佞，造黄神越章，用持杀鬼"，这些被攻诘之处，也正是道教的专长，葛洪在《论仙篇》强调"《神仙集》中有召神劾鬼之法，又有使人见鬼之术"，"术家有拘录之法"，黄神越章为其中要法之一。故可持以登涉山林，驱兽去魔。此外，《登涉篇》又说："朱官印包元十二印，封所住之四方，亦百邪不敢近之也。"

印封的使用，葛洪在《神仙传》中载尹轨为弟子黄理居除陆浑山中虎暴，"使断大木为柱，去家四方各一里外埋一柱，公度即以印印之，虎即绝迹"（卷九），为驱虎之例。《道学传》据《齐书·顾欢传》，说顾欢为弟子鲍云绥门前的木上精魅作法，"印木，木即枯死"，为除怪之例。后世传说天师府书符必加盖印，仍有以印的灵威力镇邪的意义。

民间习俗，也信印的咒术性，据云："仲夏之月……以桃印，长六寸，方三寸，五色书文，如法以施门户……周人木德，以桃为更，言气相更也。汉兼用之，故以五月五日朱索，五色印为门户饰，以难止恶气。"（《后汉书》志第五）周处《风土记》、宗懔《荆楚岁时记》端午记事，但言朱索等织组杂物，又采艾悬户上，未及五色印事。或即印于缯缕之上。盖五色印，可为辟邪之物。

道教与符图并行，近于文字巫术者，则所谓咒法，乃施用咒语以行法术的观念。咒之起源也极早，祝、咒有关：祝为古代掌祭之官，从示乃标识崇拜的象征，与巫、史同为古代的祭司，其分布地域广阔，今之陕、晋、冀、豫、皖、鄂各省皆有祝官，影响及于吴楚之地；而一般所说的咒（或作咒）则指其咒文。唯道教咒语则深有汉风，俞正燮曾考述说："道教咒语亦汉式。《云麓漫钞》云：急急如律令，汉之公移常语……张天师汉人，故承用之，道家遂得祖述。《野客丛书》云：此沿汉式，如今言文书千里驿行，其言至通。"（《癸巳存稿》十三，符条）即指符上的咒语形式，唯一般所用咒语，当泛指具有咒术功能的祝词，多以韵语形式为主。

《抱朴子》多载祝词，其法术信仰实借外力以行法术。如星辰之力，即因星辰信仰而生灵力；而祝词则因语言法术，借反复祝诵一些具有灵威的事物，传达其神秘威力，所以它运用语言、文字的巫术原理，实与符、印相通，只是形式有别而已。《杂应篇》引述郑君之言：

> 但诵五兵名，亦有验：刀名大房，虚星主之；弓名曲张，氐星主之；矢名彷徨，荧惑星主之；剑名失伤，角星主之；弩名远望，张星主之；戟名大将，参星主之也。临阵时，常细祝之。

细祝为施法，所谓诵五兵名，即假借五星灵力之故。战阵上可施用，即入山林，也可借用战阵之威以临精邪，此即六甲秘祝，载于《登涉篇》中：

> 入山宜知六甲秘祝，祝曰：临兵斗者皆阵列前行。凡九字，常当密祝之，无所不辟。要道不烦，此之谓也。

此九字咒语，也载于《灵宝五符》序卷下，当是古灵宝经法，其后为后魏昙鸾大师所引述，其咒术功能殆如净土宗的宣唱佛号，《往生论注》卷下载：

> 如禁肿辞云：日出东方，乍赤乍黄等句，假使酉亥行禁，不辟日出，而肿得差。亦如行师对阵，但一切齿中，诵"临兵斗者皆陈列在前"（衍在字），行诵此九字，五兵之所不中，《抱朴子》谓之要道者也。又苦转筋骨，以木瓜对火熨之则愈；复有人但呼木瓜名亦愈，吾身得其效也。如斯近事，世间共知，况不可思议境界者乎？

昙鸾尝赴江南陶隐居处求取方术，得到仙方十卷。《抱朴子·登涉篇》九字咒为其熟知的"禁咒音辞"，也是"世间共知"的方术，可知其流行的普遍。

葛洪采录在《登涉篇》中的咒术有多种，可辟不同的猛兽，如猛虎及蛇龙之类：

> 又法：以左手持刀闭炁，画地作方，祝曰："恒山之阴，太山之阳，盗贼不起，虎狼不行，城郭不完，闭以金关。"因以刀横

旬日中白虎上，亦无所畏也。

又法：临川先祝曰："卷蓬卷蓬（原注或作弓逢弓逢），河伯导前辟蛟龙，万灾消灭天清明。"

《杜祭酒别传》载杜祭酒"郡弟子三人，随道士邢迈入宣城泾县白水山，去县七十里，饵术黄精，经历年所，有鹿走依舍边伏眠，迈等怪之，乃为虎所逼，迈乃咒虎退，其鹿经日乃去。"（《御览》九〇六引）此即行咒术避虎之法。

咒术中持刀闭炁或临川而咒，重在唤灵威力以辟虎狼、蛟龙，但有一种咒，需配合禹步的，为《遁甲中经》所载的咒法：

往山林中，当以左手取青龙上草，折半置逢星下，历明堂入太阴中，禹步而行，三咒曰："诺皋太阴，将军独闻，曾孙王甲，勿开外人；使人见甲者，以为束薪；不见甲者，以为非人。"则折所持之草置地上，左手取土以傅鼻人中，右手持草自蔽，左手着前，禹步至行，到六癸下，闭气而住，人鬼不能见也。凡六甲为青龙，六乙为逢星，六丙为明堂，六丁为阴中也。

葛洪所修习的遁甲术，除注意日数外，就是保留早期的禹步法：

禹步法：正立，右足在前，左足在后，次复前右足，以左足从右足并，是一步也。次复前右足，次前左足，以右足从左足并，是二步也。次复前右足，以左足从右足并，是三步也。

有关禹步的起源，自与大禹治水的传说有所关联，道藏《洞神八帝元变经·禹步致灵章》说是"夏禹所为术，召役神灵之行步，以为万术之根源，玄机之要旨"。而禹步的灵感，乃是观南海之鸟禁咒，模写其行，令之入术。这是衍化纬书之说而来，原先应为方士、巫觋作法时所用，道士加以吸收运用；后来且成为步纲蹑纪之法，可依八卦方位或北斗七星等而行，使用于步虚、斋醮之中。

禹步也与步虚一样，也有与佛经有关的传说，汉译初期，神咒经颇受重视，而高僧也多能以咒语行法，葛洪的《抱朴子》佚文有一条极为奇特的资料：

案使者甘宗所奏西域事云：外国方士能神祝者，临渊禹步吹气，龙即浮出，其初出乃长十数丈。于是方士更一吹之，一吹则龙辄一缩。至长数寸，方士乃掇取着壶中。壶中或有四五龙，以少水养之，以疏物塞壶口。国常患旱灾。于是方士闻余国有少雨屡旱处，辄赍龙往卖之，一龙直金数十斤。举国会敛以顾之直毕。乃发壶出一龙，着渊潭之中。因复禹步吹之，一吹一长，辄长数十丈，须臾而云雨四集矣。(《艺文类聚》九十六，《御览》十一、七百三十六、九百二十九。)

这条如确为葛洪所记，则当时已知西域的神咒与禹步有密切的关系，在求雨术中所出现的"龙"，应是佛经传说中的龙，而非中国本土的灵物。

对于祝词的运用，后来大量出现于上清经派的道经中，也保存于北周编的《无上秘要》，其中使用最多的是传授经诀，用祝词作为训告之用。相较之下，葛洪保存于书中的，较为素朴，纯粹作为反复诵念，借以感应天地之间的神秘力，近于汉晋初期的文字法术。

五、气功法术：禁气及啸法

中国古宇宙哲学以万物乃道气的变化，汉代子书多阐说气的生成原理，神仙道教即基于气化哲学，形成其养气论与禁气术。《抱朴子》尝说："夫人在气中，气在人中：自天地至于万物，无不须气以生者也。善行气者，内以养身，外以却恶，然百姓日用而不知焉。"（《至理篇》）依据巫术定律：同类相生，故可因气补气，因血益血；同类相治，故可因气禁气，因物治物，禁气之术即巫祝者流，根据此神秘思维方式所产生的超自然力。

禁气术为道门中极为特殊的功法，汉晋之际既已出现，葛洪所保存的是较为完整的一部分，值得特别注意。如依道教静坐调息之法，由放松、入静、精神集中等程序，进入静坐忘我的状态，这是道家承自巫师秘传的精神修养之法，且将之提升至一种哲学层次。至于道教有关气的理论固然与道家老庄之说有密切关系，但其大部分的方法应该属于古巫以及战国以下方士之流的秘传，像导引、行炁等修炼方法，盛行于两汉社会，而不只方士行之而已。但至道士手中，经精纯化为一套养气、炼气的经验科学，披上宗教、法术的外衣，被神化成一种道教中人的特殊养生之法，其实只是一套完整而自成体系的气功修炼，在印度瑜伽术之外独立发展而成。关于道教炼气的功夫，葛洪《抱朴子》为早期道籍中炼气说的集大成，其中《释滞篇》、《杂应篇》、《至理篇》及《登涉篇》等，一再解说行炁的方法，而"命其大要者，胎息而已"（《释滞篇》）。胎息、龟息以及导引、行炁，就是炼气士所说的修炼方法；而其理想，《抱朴子》说是"可以延年"、孙广《啸旨》序说是"致不死"，也就是希冀通过气的修炼而突破时间、空间的大限，臻于绝对自由、逍遥的神仙境。但其表现出来的炼气方法，门径不同，凡有禁术、啸法等，两者常同时修炼，因为同属基于守意行炁的内修法门。

今天都注意道门使用"炁"字，用以指经由修炼之后，引发出的一种内在的气能。葛洪严格遵守这种不同的用法，凡描述大自然的气都一律用"气"字，一旦指修炼所成的气，则一定写成"炁"，毫无例外。《至理篇》论气的一段文字就是这种笔法，可知当时道士已体验出人身所发出的特殊的能，特意突出。有关道教的气功，对于"炁"的神秘，近代已有科学家尝试引用一些科学理论加以解释，相信必能揭开其神秘的面纱。葛洪所述的禁气术及相关的特异现象，在此仅整理出一较完整的体系，而不拟引用目前发展中的气功理论予以解说，无论如何，这是一批值得关心的气功学史料。

葛洪《抱朴子》所叙述的行炁、禁术与嘘法，同为气的修炼，其法可能与闽巫、越巫的巫术有关，像赵昞与徐登就是能兼有啸法与禁术的方术之士，其事迹在《抱朴子》、《搜神记》以及

《异苑》、《水经注》都有类似的记载，《后汉书·方术传》将之收录。徐登为闽中人——李贤注为泉州、沈钦韩以为闽中总称；赵昞为东阳人——李贤注为婺州，即浙江，故"能为越方"。《至理篇》说：

> 近世左慈、赵明等，以炁禁水，水为之逆流一二丈。又于茅屋上然火煮食食之，而茅屋不焦。又以大钉钉柱，入七八寸，以炁吹之，钉即涌射而出。又以炁禁沸汤，以百许钱投中，令一人手探撩取钱，而手不灼烂。又禁水着中庭露之，大寒不冰。又能禁一里中炊者，尽不得蒸熟。又禁大令不得吠。

《后汉书》所言赵昞，即是赵明；卒后，民间立赵侯祠，故江南又传赵侯禁法。(李贤注)《搜神记》记二人事与《后汉书》同：

> 闽中有徐登者，女子化为丈夫，与东阳赵昞，并善方术。时遭兵乱相遇于溪，各秤其所能。登先禁溪水为不流，昞次禁杨柳为生稊，二人相视而笑。登年长，昞师事之。后登身故，昞东入长安，百姓未知，昞乃升茅屋，据鼎而爨。主人惊怪，昞笑而不应，屋亦不损。(卷二)
>
> 徐登、赵昞，贵尚清俭，祀神以东流水，削桑皮以为脯。(卷二)

禁气修炼之法，《抱朴子》多处言之，为早期禁术的集大成。《杂应篇》说：

仙人入瘟疫秘禁法，思其身为五玉。五玉者，随四时之色：春色青，夏赤，四季月黄，秋白，冬黑。又思冠金巾，思心如炎火，大如斗，则无所畏也。又一法，思其发散以被身，一发端，辄有一大星缀之。又思作七星北斗，以魁覆其头，以罡指前。又思五脏之气，从两目出，周身如云雾，肝青气，肺白气，脾黄气，肾黑气，心赤气，五色纷错，则可与疫病者同床也。或禹步呼直日玉女；或闭气思力士操千斤金锤，百二十人以自卫。

思五玉之法，《杂应篇》尝具体言云："或春向东食岁星，青气使入肝；夏服荧惑，赤气使入心；四季之月食镇星，黄气使入脾；秋食太白，白气使入肺；冬服辰星，黑气使入肾。"岁星即木星，荧惑即火星，镇星即土星，太白即金星，辰星即水星，此五星方位，配合五色、五脏，乃汉代所流行的阴阳五行的通说。关于五星有《抱朴子》佚文引述《青泠传》等书说："辰星水精生玄武，岁星木精生青龙，荧惑火精生朱鸟。《古今注》曰所谓赤乌者，朱鸟也，其所居高远。"（《类聚》九二引）类似的食气存星之法：即由守一行炁，精神集中的自我训练法，此亦假借外物、外气以自固之理。

《登涉篇》论登涉之法也说：

未入山，当预止于家，先学作禁法：思日月及朱雀、玄武、黄龙、白虎以卫其身，乃行到山林草木中。左取三口炁闭之，以吹山草中，意思令此炁，赤色如云雾，弥满数十里中。若有从人，无多少皆令罗列，以炁吹之，虽践蛇，蛇不敢动，亦略不逢见蛇也。若或见蛇，因向日左取三炁闭之，以舌柱天，以手捻都关，又闭天门，塞地户，因以物抑蛇头，而手萦之，画地作狱以盛之，亦可捉弄也。虽绕头颈，不敢啮人也。自不解禁，吐炁以吹之，亦终不得复出狱去也。

思日月星辰，以为其威力可治蛇，纯属巫术性的思考原则；凡治蛇法均与此相近："介先生法，到山中住，思作五色蛇各一头，乃闭炁以青竹及小木枝屈刺之，左徊禹步，思作吴蚣数千枚，以衣其身，乃去，终亦不逢蛇也。"思蛇治蛇，同类相治。此法又可治蛇病："若他人为蛇所中，左取三口炁以吹之，即愈，不复痛。若相去十数里者，亦可遥为作炁，呼彼姓字，男祝我左手，女祝我右手，彼亦愈矣。"祝由之科，可治病；蛇病也，可用此法治之。

登涉山林，蛇最需禁制，又惧虎患，故又有禁虎之法。《登涉篇》说：

山中卒逢虎，便作三五禁，虎亦即却去。三五禁法，当须口传，笔不能委曲矣。一法：直思吾身为朱鸟，令长三丈而立来虎头上，因即闭气，虎即去。若暮宿山中者，密取头上钗，闭炁以刺白虎上，则亦无所畏……或用大禁，吞三百六十气，左取右以叱虎，虎亦不敢起。以此法入山，亦不畏虎。

《至理篇》说："又能禁虎豹及蛇蜂，皆悉令伏不能起。""若人为蛇虺所中，以炁禁之则立愈。"凡毒物皆可以气禁之。此外又有其他作用，如禳灾禁邪之属，在同一篇中有详细的描述：

> 吴越有禁咒之法，甚有明验，多炁耳。知之者可以入大疫之中，与病人同床而己不染。又以群从行数十人，皆使无所畏，此是炁可以禳天灾也。或有邪魅山精，侵犯人家，以瓦石掷人，以火烧人屋舍，或形见往来，或但闻其声音言语，而善禁者，以炁禁之，皆即绝，此是炁可以禁鬼神也……以炁禁金疮，血即登止。又能续骨连筋。以炁禁白刃，则可蹈之不伤，刺之不入。

禁炁的功能，可谓广施于日用之中。依《释滞篇》记载：除上述治百病，入瘟疫、禁蛇虎，止疮血，"或可以居水中，或可以行水上，或可以辟饥渴，或可以延年命"。施用甚广，将人类内在某种神秘的能量发挥至极，成为自疗疗人，自防防人的能力。

禁气术所使用的术语，除了"禁"、"祝"之外，又用"嘘"与"啸"字，均与内气的表出有关：

> 善用炁者，嘘水，水为之逆流数步；嘘火，火为之灭；嘘虎狼，虎狼伏而不得动起；嘘蛇虺，蛇虺蟠而不能去。若他人为兵刃所伤，嘘之血即止；闻有为毒虫所中，虽不见其人，遥为嘘祝我之手，男嘘我左，女嘘我右，而彼人虽在百里之外，即时皆愈矣。

可见"禁"、"嘘"为同一法术，以口将一种特异的能量嘘出，产生各种奇特的现象。

"啸"也是道教气功的表现，除了将丹田运气之理运用于声乐，成为歌啸的音乐表现外，还是道士长期修炼而为一种气功表现，《搜神记》说："赵昞尝临水求渡，船人不许。昞乃张帷盖，坐其中，长啸呼风，乱流而济。于是百姓敬服，从者如归。"（卷二）能驱遣风云，近于神通，为六朝道教法术传说之一，并非只是表现狂态而已，而是感鬼神致不死的奇异行为。后汉时的民间传闻，已将啸逐渐转变成一种法术，就像道教的一些法物：凡刀剑、宝镜等辟邪宝物，以及符咒秘语，都在东汉时期广为流传，道教只是将它消化、整理成为法术而已。就如刘根的元刚格啸法能感应鬼神，后汉人栾巴也因其奇特能力，如喷水救火等幻术、神通，在后世神仙传说中被塑造成为神仙形象，葛洪《神仙传》就记载二人的啸法，可作为东汉时期方术之士精于啸法的明证。

《神仙传》详述刘根于嵩山学道成功后，从学者众，太守史祈以根为妖妄，收执诣郡，数其罪，根于是长啸，"啸音非常清亮，闻者莫不肃然"，结果祈的亡父祖近亲都反缚在前，向根磕头而责备太守。唐孙广撰《啸旨》就简述其事，特称为元刚格，据说"其声清净径急，中人已下恶闻之，虽志人好古啸者多不隶习，以故其声多阙，后之人莫能补者"。纯因《神仙传》描述闻者震悚之情状，乃故神其术，但能感动鬼神，确是一种法术。孙广未收录栾巴的长啸传说，其实也是早期以啸除妖的典型神仙传载：

（栾巴）迁豫章太守，庐山庙有神……巴曰：庙鬼诈为天官，损百姓日久，罪当治之，以事付功曹……此鬼于是走至齐郡，化为书生，善谈五经，太守即以女妻之……巴谓太守："贤婿非人也，是老鬼诈为庙神，今走至此，故来取之。"……巴乃作符，符成，长啸，空中忽有人将符去，亦不见人形，一坐皆惊。符至，书生向妇涕泣曰："去必死矣。"须臾，书生自赍符来至庭，见巴不敢前，巴叱曰："老鬼，何不复尔形。"应声即便为一狸，叩头乞活。巴勅杀之，皆见空中刀下，狸头堕地。太守女已生一儿，复化为狸，亦杀之。（卷五）

以啸敕令鬼神，也近于法术除妖。

啸的传说流传于魏晋时期，被视为奇术之一。因而见载于刘宋刘敬叔《异苑》中：一种是术士赵晃"净水焚香，长啸一声"，敕令鬼神除去幻化成"衣白衣，冠白冠，形神修励"的大白蛇妖，及灶鼍之属的从者（卷八）；另有晋南阳赵侯能"以盆盛水，闭目吹气作禁，鱼龙立见"。又因老鼠盗食白米，长啸令至，而咒令盗者不可走。类此传说均与葛洪所载徐登、赵昞，及《神仙传》中的啸法，同属气的法术。

魏晋时道教中人盛行啸法，最为风雅的为孙登之啸，而阮籍也善啸，其实当时奉道文士善啸者甚众，如琅邪王氏中王正一支，陈郡谢氏，都有以啸为雅的逸事。但在道教史上仍以道士作啸最为当行本色，赵威伯善啸，"声若冲风之击长林、众鸟之群鸣"。（《洞仙传》）所以啸法是道士的气功表现，而文士则当作傲态、逸态，是异于常法的声音表现。唐人孙广所辑的《啸旨》，其事出道书，为道教的啸法作一整理，为后世中国式歌啸法留下珍贵的史料[8]。

六、经图法术：《三皇内文》与《五岳图》

在辟邪除妖的方法中，与语言、文字法术相关，但较属于运用经书、图形本身的灵威力，发挥其神秘作用，则有《遐览篇》所说的：《三皇内文》及《五岳真形图》，乃葛洪得自郑隐，"闻郑君言：道书之重者，莫过于《三皇内文》、《五岳真形图》"。《三皇内文》及《五岳真形图》均具有护符性质，可呼召山神，其传授至秘。凡登涉护身、在家护家，为当时重要的道法。

《抱朴子·地真篇》盛言黄帝尝"东到青丘，过风山，见紫府先生，受《三皇内文》，以劾召万神"。托诸黄帝，为道教惯常之说，其作用为"召天神地祇之法"。(《金丹篇》)《三皇文》的具体内容，就是按天、地、人，而有天皇文、地皇文、人皇文，具有护符之用：卫家、护身、镇宅、墓相，兼可役使鬼神。由于其效用甚大，因而传授极为秘禁。在汉晋之际，鲍靓感得《三皇文》，是当时三皇经派的重要人物。葛洪一再提起郑思远的郑重解说，但是否有所传授，抑或是其后得自鲍靓，不能确知，但他深知《三皇文》则是事实。

在《杂应篇》中，曾说明《三皇文》的重要性，乃属于预知术，其能力由役使鬼神而来："或以三皇天文，召司命司危五岳之君，阡陌亭长六丁之灵，皆使人见之，而对问以诸事，则吉凶昭然，若存诸掌，无远近幽深，咸可先知也。"这段文字与《无上秘要》引三皇要品相类，大概即引自三皇经本身。较为详尽的叙述用法，仍见于《遐览篇》中：

其经曰，家有《三皇文》，辟邪恶鬼，温疫气，横殃飞祸。若有困病垂死，其信道心至者，以此书与持之，必不死也。其乳妇难艰绝气者持之，儿即生矣。道士欲求长生，持此书入山，辟虎狼山精，五毒百邪，皆不敢近人。可以涉江海，却蛟龙，止风波。得其法，可以变化起工。不问地择日，家无殃咎。若欲立新宅及冢墓，即写《地皇文》数十通，以布着地，明日视之，有黄色所著者，便于其上起工，家必富昌。又因他人葬时，写《人皇文》，并书己姓名着纸里，窃内人冢中，勿令人知之，令人无飞祸盗贼也。有谋议己者，必反自中伤。又此文先洁斋百日，乃可以召天神司命及太岁，日游五岳四渎，社庙之神，皆见形如人，可问以吉凶安危，及病者之祸祟所由也。又有十八字以着衣中，远涉江海，终无风波之虑也。

葛洪所引的"经"，应该就是三皇经。道士深信持有三皇经文，具有役使鬼神、预知吉凶的能力，也能辟邪魔、恶兽。

《五岳真形图》也是同一性质的经诀秘图，其原始应是实际地理的登山指南，为实用性的山岳等高线图、登山指引图，又兼具有护符的作用，可以护佑道士登涉山林时的心理。其后更有作为冥思真形的暗示用途[⑨]，葛洪所引述的五岳图，就是已结合数种作用的法术：

又家有《五岳真形图》，能辟兵凶逆，人欲害之者，皆还反受其殃。道士时有得之者，若不能行仁义慈心，而不精不正，即祸至灭家，不可轻也。

辟兵、辟凶逆，适为道士登涉及游行各地之所需。尤其当时采药、炼丹，甚或修守一之术，均需入山——如五岳等名山，更需仰仗护符以卫身家。上清经派也重视五岳图，《汉武内传》提到十洲及五岳真形，而在《十洲记》中，进一步解说真形图的种类。关于五岳图的传授，在《汉武外传》中叙述的谱系，就有鲁女生传蓟子训，训传封君达，达传左慈，慈传葛孝先，因而有郑思远、葛洪等的道法传承。

外传所记，除传承的谱系外，还详述其招神的功用，可补充《遐览篇》之说：

> 言家有《五岳真形》，一岳各遣五神来卫护图书，所居山川近止者，川泽神又恒遣侍官防身营家，凶逆欲见伤害皆反受其殃，有相谋议己者，五神杀凶主，皆验应于梦想，又辟除五方五瘟水火之灾，可带履锋刀，此真形冥，心精加奉敬，敬而甚于君父，每事宜有所施行，皆先于静处烧香，启五岳君也。五君恒书道士善事，又司道士之奸秽，言人之不正，不正者祸身，奸秽者祸门，是以宜深忌慎之。道士带此文形及执持以履山林者，百山地源灵主皆出境拜迎，形见光景，防护遏恶，尊贵岳形。

类似说法当即采诸五岳图原书，《道藏》现有《洞玄灵宝五岳古本真形图》、《五岳真形序论》及收在《云笈七签》的，虽杂有增编之处，也保存部分原有说法：像鲍氏佩施用、五岳图序，所叙述的五岳神君，就有助于了解葛洪所说招请五岳之长的意义。因五岳神君各领群神，只要有《五岳图》，一旦施用，神君从群官来迎，自能履险如夷。所以《神仙传》说封衡授图之后，"周游天下，故山官水神潜相迎伺，而凶恶怪物无不窜避；人或疑之，以矢刀刺御，皆不能害"。(卷十)

由于《三皇文》、《五岳图》的秘重，因而传授的科禁也极为严格，《遐览篇》曾引述经图上的说法：

古者仙官至人，尊秘此道，非有仙名者，不可授也。受之四十年一传，传之歃血而盟，委质为约。诸名山五岳，皆有此书，但藏之于石室幽隐之地，应得道者，入山精诚思之，则山神自开山，令人见之。如帛仲理者，于山中得之，自立坛委绢，常画一本而去也。有此书，常置清洁之处。每有所为，必先白之，如奉君父。

有关帛和得经事，也载于《神仙传》中：说帛和在西城王君(方平)指示道诀后，在山洞石室中，视北壁凡三年，终见文字著于石壁，其中就有《三皇文》及《五岳真形图》，正是立坛委绢的事，鲍氏佩施用所说的文字也相近。有关受图者、授受无限，及戒仪，也载于上清经派《四极明科经》中，就说："若有名书东华录字，帝简当得此文，四十年内有其人，听得授之，法盟：五色缯，东九尺青、南三尺绛、西七尺白、北五尺皂、中央十二尺黄：纹白绢四十尺，斋三月，告盟而传。"四十年，就是所谓"五八之年而传"。又说"有此文，游行五岳，则五帝仙人侍卫……

位登仙卿"（卷四第四纸）。葛洪所见的原本，也是同一说法，所以《登涉篇》说："上士入山，持《三皇内文》及《五岳真形图》，所在召山神。"因而木石之怪，山川之精，不敢来试。

从道藏所存的古图，再参证五岳图序——或《汉武内传》所说："五岳真形者，山水之象也：盘曲回转，陵阜形势，高下参差，长短卷舒，波流似于旧笔，锋芒畅乎岭崿，云林玄黄，有如书字之状；是以天真道君，下观规矩，拟纵趣向，因如字韵，随形而名山。"依托于天真道君的下观或玄观，自是神仙家之说。作为具有护符作用的圆形，《五岳真形图》保存两汉方士、纬书所运用的古图，将它道教化为神秘的真形图，确是道教法术中极具特色的一种：神秘的图文中，别具特殊的美感。

【附注】

① 详参拙撰《六朝精怪传说与道教法术思想》，刊于《中国古典小说研究专集》（3）（台北，联经，1981年），本文不再详注。

② 参陈槃《古谶纬研究及其书录解题》（二），白泽图，刊于《中研院史语所集刊》一二本（1951年）。饶宗颐，《跋敦煌本白泽精怪图两残卷》并附原卷摄影，刊于《史语所集刊》四一期，（1969年）。林聪明，《巴黎藏敦煌本白泽精怪图及敦煌二十咏考述》，刊于《东吴文史学报》二号，（1977年3月）。

③ 详参《六朝镜剑传说与道教法术思想》，刊于《中国古典小说研究专集》（2）（1980年6月）。

④ 朱剑心，《金石学》一章（台北，商务，1969年台二版）。

⑤ 吴荣曾,《镇墓文中所见到的东汉道巫关系》,收于《中国社会经济史参考文献》(台北,华世,1984年)。

⑥ 常任侠,《饕餮、终葵、神荼、郁垒、石敢当小考》,收于《民俗艺术考古论集》。

⑦ 参吴荣曾前引文。

⑧ 详参拙撰《啸的传说及其对文学的影响》,刊于《中国古典小说研究专集》(5),(1982年11月)。

⑨ Schipper著,《五岳真形图的信仰》,刊于《道教研究》第二册(东京,昭森社,1967年)。

第十三章 《抱朴子》的神通变化说

一、神通变化说的渊源与内容

葛洪养生说，是与变化之术有密切关系的，在《对俗篇》中，他强调神仙可以学致、道术可以学得，道术与神仙的关系密不可分，而且俱被包罗于广义的变化说之中，"变化"成为神仙道术的特殊能力：

若道术不可学得，则变易形貌，吞刀吐火，坐在立亡，兴云起雾，召致虫蛇，合聚鱼鳖，三十六石立化为水，消玉为粕，溃金为浆，入渊不沾，蹈刃不伤，幻化之事，九百有余，按而行之，无不皆效，何为独不肯信仙之可得乎！

分析这段文字，可以知道变化之术包括化石为水、消金作液的金丹变化，召致虫蛇、合聚鱼鳖的法术变化；入渊不沾、蹈刃不伤的神通变化；以及变易形貌、兴云起雾的幻术变化。其范围广泛，均为神仙之能事，其中金丹变化属于炼丹术，余均与古来相传的巫术、方术及西来的幻术、佛教神通有关。

道教的养生，尤其《抱朴子》所综述的，确有驳杂多端的特色，其目的就是为着养生成仙。所以变化的道术，一方面是基于不伤不损的基本原则，借各种法术所发挥的能力，却恶除邪，以利养生；另一方面则是基于游戏人间的游仙精神，借各种神通表现超乎平常的能力；幻化无穷，逍遥自得。保存在《抱朴子》中的奇术异能，多集中于《登涉》、《杂应》两篇中；而《遐览篇》所著录的道书符术，多有与法术、神通相关的。葛洪所承袭的法术、神通说，大多仍保持较为素朴的叙述笔法，多属汉代术数之学；但汉代已有西来的幻术，稍后佛经所带来的神通变化说，尤能启发仙道中人丰富的想象力。

葛洪所综辑的前道教时期的道术，乃杂糅巫术、方术及幻术而成。汉代学术中最为驳杂而庞大的正是术数之学，两汉的社会提供方术之士制作术数的温床，阴阳五行说作为理论依据，本是具有浓厚的机械论倾向，但术数家却能灵活运用，大则宇宙万物，细则日用民生，俱不脱阴阳五行的思考模式。其次，两汉象数化的易学，将原本素朴的卜筮易推演至于烦琐的情况，借以解说宇宙人生的奥秘。因而谶纬之学大盛于东汉，而道教随之兴起于汉末，实在是因其潮流，顺势形成。因此道教虽有部分外铄的成分，但在本质上则是中国的传统，尤以搜罗在《抱朴子》一书中的道术，驳杂多端，却也兼含游戏性的幻术、科学性的实验及人类尚待解说的超能力。

由于两汉至六朝的科学尚属未臻精密的阶段，所以对待日常生活中一些较为奇特的现象，就产生极为分歧的态度：儒家类多以怪力乱神视之，以理性立场加以批判；而方士则反而炫奇，发展出另一杂学传统。李约瑟将这一系统称为"拟科学"[①]，但给予相当程度的肯定并略作重估。方士杂术为道教悉数吸收，并在论辩中逐渐加以体系化、精致化，成为道教不可或缺的一部分。葛洪在《对俗篇》中就是以辩才无碍的能力，力证道术的可能，即以科学证验之："夫占天文之玄道，步七政之盈缩；论凌犯于既往，审崇替于将来；仰望云物之征祥，俯定卦兆之休咎；运三棋以定行军之兴亡，推九符而得祸福之分野；乘除一算，以究鬼神之情状，错综六情，而处无端之善否，其根元可考也，形理可求也。"因而据此类推，神通之说，也可信徒。中世科学萌芽之际，道士信儒家所不敢信，言儒家所不欲言，故曰道教杂糅古来巫术与初期科学。

葛洪在《对俗篇》中混淆科学观察与幻戏游戏，最明显的一段文字就是：

余数见人以方诸求水于夕月，阳燧引火于朝日；隐形以沦于无象，易貌以成于异物；结巾投地而兔走，针缀丹带而蛇行；瓜果结实于须臾，龙鱼瀺灂（chán zhuó）于盘盂，皆如说焉。按《汉书》栾太初见武帝，试令斗棋，棋自相触；而《后汉书》又载魏尚能坐在立亡，张楷能兴云起雾，皆良史所记，信而有征，而此术事，皆在神仙之部，其非妄作可知矣。

其中与初期经验科学有关的是：方诸、阳燧及斗棋等。阳燧为回光洼镜，用以聚光取火。方诸则为方形水精或云母，用以取露水[②]。斗棋则属于磁性原理，古人发现磁石，制为棋具，使其自相吸引。与当时方士载于《淮南万毕术》中，常用以表演的两鱼相斗于水中，都是中国冶炼史上发现并利用磁铁的史料。由于当时的人不能深悉其中的物理或化学原理，故将特殊的现象视为奇术，并作为推理验证的材料。

幻术的运用，则参合古来巫术与西来的幻术。《汉书》卷二十五所载：齐人少翁，以方术夜致王夫人，及龟息之术，就是巫术的关亡、招魂法（《搜神记》卷十一也载其事）。中国戏法的表演，结合外来所献的幻术，当作一种余兴节目，像《后汉书·西南夷传》所载：安帝永宁元年（120），掸国王遣使献乐及幻人，能变化吐火，自肢解，易牛马头，自言："我是海西（大秦）人。"类似的幻术，反映于文学之中，张衡《西京赋》所描述的"奇幻倏忽，易貌分形，吞刀吐火，云雾杳冥"，也就是葛洪所述的诸道术的前四种幻术。它是宫廷及帝都的百戏杂陈，由于极具游戏的趣味性，故时人常特别记载：像《西京杂记》所记：有东海人黄公，少时为幻，能以绛缯束发，立兴云雾。东海黄公是传说中能表演幻术者，可立兴云雾，可禁虎（见《搜神记》卷二，鞠道龙善幻术），类似的禁术、幻术，实为戏剧杂耍的早期史料。它流行于宫廷之中，广为帝王贵族所欣赏，所以《列子·周穆王篇》就收录一条当时的传闻，说西极之国，有化人（幻人）来，入水火，贯金石，反山川，移城邑，秉虚不坠，触实不硋，千变万化，不可穷极。又有一段化人携王游化人之宫及缥缈仙境诸事。类似的幻化情境，自是汉晋之际的新出的幻术，所以为伪《列子》所引录。外来的幻术表演，吸引当时人的注目，像《搜神记》就记永嘉中，有天竺人能续断吞吐火，也属于域外人士的幻术，他们来自黎轩（埃及亚历山大城）、天竺（印度）等。这些化人所使用的幻术秘籍，在姚振宗所补《三国艺文志》就列有"立亡术一卷"，在当时流传虽则不广，但也为道教中人所吸取，成为九百余幻事。

古来巫术、两汉方术均以神奇的表现，激发人类意识深处对于不可知世界的向往。佛教东传之初，为适应中国社会，不得不依托于道术，因而具现神通力成为一种方便法：所以佛经初译中，就有部分叙及神通之事；而东来的高僧为传法布教，也就示现稀有，而有诸奇特的神通力。类似的神奇表现，大多载于早期的僧传中，因而梁慧皎所撰《高僧传》，集合多种僧传而成，其中高僧所现的神异事迹，遍见于全书：《译经篇》的安世高、鸠摩罗什等；《义解篇》多感通应验之谭；《习禅篇》所记异象，表现禅后的奇异，而最具神异色彩的则是卷九、卷十的《神异篇》，"神异"二字，一般佛籍称为神通力、通力、神通；单言曰"通"，凡有五通、六通、十通诸说。大概佛经认为佛菩萨所示现的通力，诸如神境通、天眼通、天耳通、他心通、宿命通，再加漏尽通，均是三乘之功德。《高僧传》所载的神异事迹，后为《晋书·艺术传》所收，凡有幸灵、佛图澄等七人；与道教中人鲍靓、吴猛等并列。当时之人，将道、佛二教的神奇表现同一看待，代表一时的风尚；但毫无疑问的，佛教的本意并不以示现稀有为目的，只作为方便法而已；而道教本就善于含融他术，自受启示，且将神通当作游戏自在的仙真能事③。葛洪就在《对俗篇》强调神仙的乐事，就是："得道之士，呼吸之术既备，服食之要又该，掩耳而闻千里，闭目而见将来，或委华驷而辔蛟龙，或弃神州而宅蓬瀛，或迟回于流俗，逍遥于人间，不便绝迹以造玄虚。"前二项正是天耳通、天眼通，为修行者所能获致的神通。

葛洪对于道术的态度，应与当时儒家立场的论难有关，因为"道术"是儒、道论辩的焦点之一，儒家所重的是现实世界的政治、伦理诸学，周、孔的贡献也正是在礼乐等文化、制度之上，而且强调怪力乱神的不足语。《辨问篇》中以颇长的篇幅阐说周（公）、孔（子）之所能，及其所不能，他推尊二圣是"高才大学之深远者"，但一些技术也并非他所尽能。其中所举的三大类，一为杂技类：跳丸弄剑、逾锋投狭、履絚登橦、擿盘缘案、跟挂万仞之峻峭、游泳吕梁之不测，手扛千钧，足蹑惊飙，暴虎槛豹，揽飞捷矢，其中颇多见于张衡《西京赋》，如"跳丸剑之挥霍"，"胸突铦锋"，"冲狭燕濯"，"走索上而相逢"，"侲僮程材，上下翩翩，突倒投而跟絓，譬陨绝而复联"之类的杂技；以及庄子所用以譬喻的一些技进乎道的技术，这些都是葛洪所熟读的载籍。第二类则为地中宝藏、丰林鸟兽等自然科学的知识，大多为方士的博物之学。

葛洪所列举的第三大类即为仙法，乃为了反驳俗儒所说，"圣人所不能，则余人皆不能"的神仙奇技，也是一段有关神仙方术的资料：

宕人水居，梁母火化，伯子耐至热，仲都堪酷寒；左慈兵解而不死，甘始休粮以经岁；范轼见硎而不入，鳌令流尸而更生，少千执百鬼，长房缩地脉，仲甫假形于晨凫，张楷吹嘘起云雾。

这些说法也见录于当时的笔记杂传中，水居就是《博物志》所记：南海外有鲛人，水居如鱼，不废织绩。耐至热的是应伯子，《杂应篇》有幼伯子、王仲都耐至热，就是《列仙传》所载：幼伯子盛暑着襦袴之事。耐酷寒，则桓谭《新论》载：道士王仲都能忍寒暑，元帝乃以隆冬盛寒日令袒，载驷马于昆明池上，环冰而驰。御者厚衣狐裘寒战，而仲都独无变色，卧于池台上，曦然自若。其余有些事《后汉书》也有记载：像费长房有神术，张霸好道术，能作五里雾。葛洪《神仙传》及《抱朴子》其他篇也喜载异事：左慈兵解、甘始不饮食，费长房缩地脉，李仲甫能隐形，都见于《神仙传》中；而《释滞篇》也载有类似的神异事迹。

《释滞篇》的写作也与《对俗篇》同一动机，为释俗人之滞，而一再阐述五经不载、周孔不言的各种道术。第一类都是有关于天文，取自《史记·天官书》；第二类则是神话传说中的变化无穷之事，大多取自《山海经》的海外诸经；如《海外北经》的无声之国等，也有些也同时见载于《博物志》，如乘云之国。大概《山海经》等所载，都是上古的荒服之国的事迹；而较近的则收录于《后汉书·南蛮传》：如廪君起石而泛土船；《后汉书·哀牢夷传》：沙壹触木而生群龙；或者扬雄《蜀王本纪》所载的杜宇传说，凡此均为东汉以来有关边区民族的神话。第三类则为博物之学，《博物志》所载的常山之蛇、火浣之布等，为动物、矿物学的记录。第四类可与《辨问篇》的仙法相互参证：

少千之劾伯率、圣卿之役肃霜、西羌以虎景兴、鲜卑以乘鳖强、林邑以神录王、庸蜀以流尸帝、盐神婴来而虫飞、纵目世变于荆岫、五丁引蛇以倾峻、肉甚振翅于三海；金简玉字，发于禹井之侧；《正机平衡》，割乎文石之中，凡此奇事，数以千计，五经所不载，周礼所不说。

至于南人能入柱以出耳，御寇停肘水而控弦、伯昏蹑亿仞而企踵、吕梁能行歌以凭渊、宋公克象叶以乱真、公输飞木鸢之翩翻、离朱觌毫芒于百步，贲获效膂力于万钧，越人揣针以苏死、竖亥超迹于累千、郢人奋斧于鼻垩、仲都袒身于寒天，此皆周、孔所不能为也。

这两段文字旁征博引，证明儒家的圣人也有不能之事，一方面可否定圣人万能之说，一方面则肯定道家之士也自有其特长。其中多有引自庄子论道的寓言之例：吕梁凭渊，或《列子》所记停肘水而控弦。至于边区民族的神话传说，有多种与《辨问篇》同：杜宇、廪君等；又《后汉书·西羌传》载虎景事、《东夷传》载乘鳖事；至于林邑神录，则见于《晋书·林邑国传》，都是葛洪所读的史书资料。最值得注意的奇术，则多与神仙方术有关：鲁少千执百鬼，《搜神记》也有记载；曲圣卿善劾鬼，见于《后汉书·方术传》；而仲都耐至寒事，正机平衡事，都与《辨问篇》所记为同一事迹。凡此类奇术，大多属于道教的法术、幻术，是方术、道术的本色，而为周、孔及儒家之徒所不为。类似的辩论与例证，一再重复引述于不同篇卷之中，就是证明葛洪的重要论点：法术、神通正是道教中人的专长。

汉晋之际流传的奇术秘籍，葛洪《遐览篇》所录的凡有多种：道经类中有《左右契》、《九奇经》、《见鬼记》、《幻化经》、《询化经》；以及各类《登名山渡江海敕地神法》三卷、《赵太白囊中要》五卷、《入温气疫病大禁》七卷、《收治百鬼召五岳丞太山主者记》三卷、《兴利宫宅官舍法》五卷、《断虎狼禁山林记》、《召百里虫蛇记》、《万毕高丘先生法》三卷等，分量最为可观，都属于方术图籍或幻术书。至于当时言变化之术，则《遐览篇》录存《墨子五行记》、《玉女隐微》及《白虎七变法》等，葛洪说："其变化之术，大者唯有《墨子五行记》，本有五卷，昔刘君安未仙去时，钞取其要，以为一卷，其法用药用符，乃能令人飞行上下，隐沦无方，含笑即为妇人，蹙面即为老翁，踞地即为小儿，执杖即成林木，种物即生瓜果可食，画地为河，撮攘成山，坐致行厨，兴云起火，无所不作也。其次有《玉女隐微》一卷，亦化形为飞禽走兽及金木玉石，兴云致雨方百里，雪亦如之，渡大水不用舟梁，分形为千人，因风高飞，出入无间，能吐气七色，坐见八极，及地下之物，放光万丈，冥室自明，亦大术也。然当步诸星数十，曲折难识，少能谱之。其《淮南鸿宝万毕》，皆无及此书者也。又有《白虎七变法》，取三月三日所杀白虎头皮，生驼血，虎血，紫绶，履组，流萍，以三月三日合种之，初生草似胡麻，有实，即取此实种之，一生辄一异，凡七种之，则用其实合之，亦可以移形易貌，飞沉在意，与《墨子五行记》及《玉女隐微》略同，过此不足论也。"《淮南万毕术》仅存残辑之文，所载多拟科学及巫术等，《墨子五行记》当即方士集团所为托名墨子者，与《玉女隐微》，当为汉代方士所杂辑的巫术书籍。

《神仙传》有《墨子传》，尝述及五行记的传授，墨子入周狄山精思道法，想象神仙，乃得见神人：

神人授以素书、朱英丸方、道灵教戒、五行变化凡二十五篇，告墨子曰：子有仙骨又聪明，得此便成，不复须师。墨子拜受合作，遂得其验，乃撰集其要以为《五行记》，乃得地仙。(《太平广记》卷五引)

此自为神仙虚谈，然墨子的神化，可证墨子末学颇有流为民间学派的可能，所谓墨侠者流，与方士有关。至于有关《墨子五行记》的传授，《神仙传》中有刘政及封衡等。卷四即载有刘政者："沛人也……复治《墨子五行记》，兼服朱英，年百八十余岁，色如童子。能变化隐形，以一人分作百人，百人作千人，千人作万人。又能隐三军之众，使成一丛林木；亦能使成鸟兽。试取他人器物，易置其处，人不知觉。又能种五果，立使华实可食；坐致行厨，饭膳供数百人。又能吹气为风，飞砂扬石，以手指屋宇山陵壶器，便欲颓坏，微指之，即还如故。又能化生美女之形及作水火。又能一日之中行数千里，能嘘水兴云、奋手起雾，聚土成山，刺地成渊，能忽老忽少，乍大乍小，入水不沾，步行水上，召江海中鱼鳖蛟龙鼋鼍，即皆登岸。又口吐五色之气，方广十里，直上连天；又能跃上下，去地数百丈后，去不知所在。"(《太平广记》卷五引)《封衡传》则言书籍有"《墨子隐形法》一篇"(卷十)仙传所载的传授过程，非必实有其事，然汉世固有其书，且方士集团颇有秘传，则不可遽加否认。

大概说来，有关法术的传授是道教中最为神秘之事，这些秘籍代代相传，又逐渐被不同派别的方术、道术之士变化使用。葛洪将这些驳杂的术数吸取，巧妙地纳入养生体系中。在他的金丹大道的立场，金丹是上药，而一般小术也可增益养生者的信念，故《至理篇》说：

> 召魂小丹，三使之丸，及五英八石小小之药，或立消坚冰，或入水自浮；能断绝鬼神，禳却虎豹；破积聚于腑脏，通二竖于膏肓；起粹死于委尸，返惊魂于既逝。夫此皆凡药也，犹能令已死者复生，则彼上药也，何为不能令生者不死乎？

凡此神通小术，实具游戏人间的态度。想象超越一般法则，操纵宇宙必然定律，这就是"役用万物"的科学精神。故说巫术为拟科学而非科学，乃在其不甚合乎今人科学推理的方式；而初期科学、巫术本即不易明分。道教的法术变化，以幻术为基础，玩弄幻术之术，创造神奇之乐，实为神话的末裔。而神仙道教既为"教团道教"或"成立道教"，可说逐渐发展成具有宗教组织的形式，而犹未放弃其巫术性（或法术性）。其实宗教即是信仰，法术近于巫术。巫术诉诸超自然手段，科学则为实证技术，是有所不同。魏晋南北朝的道教实处于演进的阶段，其宗教目的，固在求解脱现世之苦，希求长生得仙，而其手段，颇崇信法术，也渐奠立其神学理论。法术炫奇，为当时起信的方便。故道教为固有民族宗教信仰的继承，外来佛教则刺激当时的道派逐渐形成其自有的风格，法术变化就是其中的显证。这部分就将法术变化、神通变化，分类加以介绍。

二、隐形幻术传说

（1）隐沦变化传说

变化隐沦之道，为神仙变化的上法，其范围包含至广，而方法也杂而多方。《抱朴子·杂应篇》载："或问隐沦之道。抱朴子曰：神道有五，坐在立亡其数焉……郑君云：服大隐符十日，欲隐则左转，欲见则右回也。或以玉粕丸涂人身中；或以蛇足散，或怀离母之草，或折青龙之草，以伏六丁之下；或入竹田之中，而执天枢之壤；或造河龙石室，而隐云盖之阴；或伏清泠之渊，以过幽阙之径；或乘天一马以游紫房，或登天一之明堂；或入玉女之金匮；或背辅向官，立三盖之下；或投巾解履……（孙校：中有脱文）、胆煎及儿衣符，子居蒙人，青液桂梗，六甲父母，僻侧之胶，驳马泥丸，木鬼之子，金商之艾。或可为小儿，或可为老翁，或可为鸟，或可为兽；或可为草，或可为木，或可为畜；或依木成木，或依石成石，依水成水，依火成火，此所谓移形易貌，不能都隐者也。"此一理论可为魏晋时期隐沦说的代表。

《神仙传》说黄初平能"坐在立亡"，李仲甫"服水丹有效，兼行遁甲，能步诀隐形……初隐百日，一年复见形，后遂长隐，但闻其声，与人对语，饮食如常，但不可见"。又有东陵圣母，"师刘纲学道，能易形变化，隐见无方"。

《搜神记》说介琰能变化无形：

> 介琰者，不知何许人也。住建安方山。从其师白羊公、杜

（契）受玄一无为之道，能变化隐形。尝往来东海，暂过秣陵，与吴主相闻。吴主留琰，乃为琰架官庙。一日之中，数遣人往问起居。琰或为童子，或为老翁，无所食啖，不受饷遗。吴主欲学其术，琰以吴主多内御，积月不教。吴主怒，敕缚琰，着甲士引弩射之。弩发，而绳缚犹存，不知琰之所之。（卷一）

孙吴时期的介琰，为东晋时期诸道派所熟知，杨、许等人也记录其事，后来录于陶弘景《真诰》中，六朝末《洞仙传》就载《介琰传》，说是"受玄白之道"，为隐形的法术。《洞仙传》张玄宾，"始师西河蓟公，受服术，行洞房白元之事；后遇樊子明于少室山，授以遁变隐景之道"。则玄白之道乃专为隐形者，遁变也如遁甲之术。《洞仙传》又有步斗之道，上黄先生修之"得隐形法"。任敦也"修步斗之道，及洞玄五符，能役鬼召神，隐身分形"。至于郑隐所述诸杂术，多据巫术原理，《抱朴子》说自然解脱之道，就有"七月七日东行跳脱虫"之法。

（2）隐形变化传说

神仙变化又有变化形体，或禽或兽，任意随心。《洞仙传》说："夫左元放为羊，令威为鹤，斯并一时变化之迹耳，非永为羊鹤也。"（丁令威条）这种立变而成，乃属权变，与古代变形神话不同：精卫化鸟，鲧化黄熊为素朴的神话变化；神仙变化形体，则游戏性多，较少庄严性。葛洪在《神仙传》列述其变化之迹甚多。

（李）仲甫有相识人，居相去五百余里，常以张罗自业，一旦，张罗得一鸟，视之乃仲甫也，语毕别去。（卷三）

栾巴者，蜀郡成都人……太守躬诣巴请屈为功曹，待以师友之礼，巴陵太守曰：闻功曹有道，宁可试，见一奇乎？巴曰唯。即平坐却入壁中去，冉冉如云气之状，须臾失巴所在，壁外人见化成一虎，人并惊，虎径还功曹舍，人往视虎，虎乃巴成也。（卷五）

茅君在帐中与人言语，其出入或发人马，或化为白鹤。（卷九）

……自后有白鹤来止郡城东北楼上，人或挟弹弹之，鹤以爪攫楼板似漆书云：城郭是，人民非，三百甲子一来归，吾是苏（仙公）君弹何为。（卷九）

李仲甫为善隐形术者，故能隐形变化。栾巴化虎、左慈化羊，俱能立变。而丁令威化鹤与苏仙公化鹤，鹤遂成为仙人的象征，为文学作品的神仙意象：

丁令威本辽东人，学道于灵虚山，后化鹤归辽，集城门华表柱，时有少年举弓欲射之，鹤乃飞，徘徊空中而言曰：有鸟有鸟丁令威，去家千年今始归，城郭如故人民非，何不学仙冢垒垒。遂高上冲天，今辽东诸丁云其先世有升仙者，但不知名字耳。（《搜神后记》卷一）

丁令威化鹤，为神仙变形的典型。此外，则王子乔及其弟子崔文子也是六朝盛传的故事：

汉明帝时，尚书郎河东王乔，为叶令。乔有神术，每月朔，尝自县诣台。帝怪其来数，而不见车骑，密令太史候望之。言其临至时，辄有双凫，从东南飞来。因伏伺，见凫，举罗张之，但得一双舄。使尚书识视，四年中所赐尚书官属履也。（《搜神记》卷一。《洞仙传》：王子乔条同，文字小异。）

崔文子者，泰山人也。学仙于王子乔。子乔化为白蜺，而持药与文子，文子惊怪，引戈击蜺，中之，因堕其药。俯而视之，王子乔之尸也。置之室中，覆以敝筐，须臾，化为大鸟，开而视之，翻然飞去。（《搜神记》卷一）

此种仙道变化思想为干宝《搜神记》的重要主题之一。原为《搜神记》三十卷有"神化"之篇；据《水经注》卷二一汝水注，引王乔神通变化事，较今本为详，郦道元载："是以干氏以神化书之。"可见神化主题为干宝原本的重要篇目，与《抱朴子·感应篇》同为表现"神祇之灵异"者（《晋书》本传语），今本卷一至卷三等，即原本"神化"篇的部分，可见神通变化的普遍性。除古之仙人擅于神化，一般修真高隐者流也可变化：

荥阳县南百余里，有兰岩山，峭拔千丈，常有双鹤，素羽皦然，日夕偶影翔集。相传云：昔有夫妇，隐此山数百年，化为双鹤，不绝往来。忽一旦，一鹤为人所害，其一鹤岁常哀鸣。至今响动岩谷，莫知其年岁也。（《搜神记》卷十四）

巴东有道士，忘其姓名，事道精进，入屋烧香；忽有风雨至，家人见一白鹭从屋中飞出，雨住，遂失道士所在。（《御览》九百二十五引《幽明录》）

变化形体，可为权变，就是左慈、王乔之类；也可为化去形体，如化双鹤、化白鹭之例，两者均属神化。

（3）幻术变化传说

幻术变化，汉晋之际多与两种身份的人有关，一即域外人士，二即为道士。干宝所记的天竺胡人在晋永嘉中来渡江南，表演断舌复续及吐火、火中烧物而如故等幻术，在当时必曾耸动一时，所以《搜神记》收录之。又有安开，为安城的俗巫，也善于幻术，《幽明录》所载的两个例子：一是"积薪燃火盛炽，束带入火中，章纸烧尽，而开形体衣服犹如初"。二是在王凝之的头上，"簪荷叶以为帽"，等到坐之后，荷叶乃见，而王则不知。可知西来的化人及俗巫，善于幻术、障眼法，常以此为戏，被当时人诧为奇术。

葛洪对于幻术变化的崇信，与金丹大道的传统有关，左慈、葛玄均有幻术的能力，《抱朴子》佚文中有两则左慈的表演，都是戏弄魏武帝：

> 魏武帝以左慈为妖妄，欲杀之，使军人收之。慈故欲见而不去，欲拷之，而狱中有七慈，形状如一，不知何者为真。以白武帝，帝使人尽杀之，须臾，六慈尽化为札，而一慈径出，走赴羊群。（旧写本《北堂书钞》一百四札篇，又《御览》六百六。）

> 魏武收左慈，慈走入市。吏传言慈一目眇，葛巾单衣。于是一市皆然也。（《御览》七百四十）

左慈分身为七，甚至一市皆然，就是分身术。《法华经·见宝塔品》说释迦如来为化有缘众生，以方便力，分身十方，广度善缘；《普门品》也有观音应化说。《高僧传·神异篇》中，佛图澄、杯度、却硕、法匮、僧慧、保志及耆域等，均有分身多人，示现不可思议之力。

葛玄的变化之术，《神仙传》、《抱朴子》也有记载：《释滞篇》所说葛仙公每大醉及夏天盛热，辄入深渊之底，一日许乃出，是因能"闭炁胎息"之故；佚文则载乘船而没，卖主谓其已死，"须臾从水上来，衣履不湿，而有酒色：云昨为伍子胥召，设酒不能便归，以淹留也"。（《御览》八四五）类此闭气术，也见于《登涉篇》，葛洪记其师"郑君言：但习闭气至千息，久久则能居水中一日许。得真通天犀角三寸以上，刻以为鱼，而衔之以入水，水常为人开，方三尺，可得炁息水中"。都可知道葛氏相传道法中有步行水或久居水中的法术。

葛玄的奇术生前就已广为流传，所以吴人称为"葛仙公"，干宝所搜集在《搜神记》中的，可作为葛仙公传说的集大成，代表江南地区流传的葛仙公形象：

葛玄，字孝先，从左元放受《九丹液仙经》。与客对食，言及变化之事，客曰："事毕，先生作一事特戏者。"玄曰："君得无即欲有所见乎？"乃嗽口中饭，尽变大蜂数百，皆集客身，亦不螫人。久之，玄乃张口，蜂皆飞入，玄嚼食之，是故饭也。又指虾蟆及诸行虫燕雀之属，使舞，应节如人。冬为客设生瓜枣，夏致冰雪。又以数十钱使人散投井中，玄以一器于井上呼之，钱一一飞从井出。为客设酒，无人传杯，杯自至前；如或不尽，杯不去也。尝与吴主坐楼上，见作请雨士人，帝曰："百姓思雨，宁可得乎？"玄曰："雨易得耳！"乃书符著社中，顷刻间，天地晦冥，大雨流淹。帝曰："水中有鱼乎？"玄复书符掷水中，须臾，有大鱼数百头，使人治之。（卷一）

吐饭成蜂、种瓜立生等，为一种幻术。干宝又记吴时徐光常行幻术："从人乞瓜，其主вол与，便从索瓣，杖地种之。俄而瓜生，蔓延、生花、成实。乃取食之，因赐观者。鬻者反视所出卖，皆亡耗矣。"类似的幻术表演，后来成为道士法术神通力的典型，常为小说家所取材，造成一种极其怪诞与娱乐的趣味效果。

三、行厨变化传说

葛洪论述《墨子五行记》中的变化之术，其中就有"坐致行厨"一项，而在《遐览篇》所录的道书也有《日月厨食经》、《行厨经》各一卷，大概就是收录有关坐致行厨的法术，这种变化法术的修成，在葛氏道的道法中仍不外金丹等丹药的服食，及守一存星等两种方法。

依照金丹大道的立场，服用金丹可致行厨的，《金丹篇》录有两种丹法，一为九光丹法："欲致行厨，取黑丹和水，以涂左手，其所求如口所道皆自至，可致天下万物也"。又有羡门子丹法，"服之三年，仙道乃成，必有玉女二人来侍之，可役使致行厨"。《黄白篇》录有务成子法，"以兔血涂一丸，置六阴之地，行厨玉女立至，可供六七十人也"。至于《仙药篇》则有雄黄，先以硝石化为水，以玄胴肠里蒸之，或以和脂和之，然后炼之可服，除了除病养颜；服"千日则玉女来侍，可得役使，以致行厨"。又有真珠，淳漆不沾者，服一年，"六甲，行厨至也"。根据葛洪引述神农四经的话："上药令人身安命延，升为天神，遨游上下，使役万灵，体生毛羽，行厨立至。"上举的丹药都属上药，具有立致行厨的神通力。

在《抱朴子》的叙述中，坐致行厨常与玉女、六甲等侍从一齐出现。在三品仙说中，女仙有玉女、神女、玄女等，《金丹篇》玄女是太乙元君、老君同来鉴省的仙女；而玉女则大多陪侍地位，如赵瞿有二女为侍，类此侍女形象的仙女，自是当时社会以女子为侍候者的同一构想；神女也是同一性质的侍女，所以《金丹篇》说采女丹法，服至百日，"有神女二人来侍之，可役使"，名为采女丹法，就与服成的神通有关；又有玉柱丹法，"服之百日，玉女、六甲、六丁、神女来侍之，可役使，知天下之事也"。小饵丹法，服之三十日，"神人玉女侍之"。可知玉女、神女俱为仙界侍女，供役使者，《仙药篇》特别说："玉女常以黄玉为志，大如黍米，在鼻上，是真玉女也；无此志者，鬼试人耳。"以玉为志，当与女性服饰、装扮的习俗有关；而玉女之名，就是强调仙女的颜色，温美如玉，为人间侍女的神仙化，既为神仙的侍从者，自可作天厨之事。

服食金丹可致行厨，守一存星也可致行厨。《地真篇》有一段文字需要特加阐说的，就是引述《仙经》："子欲长生，守一当明，思一至饥，一与之粮；思一至渴，一与之浆。"这种"一"是有姓字服色，在三丹田中，男长九分，女长六分，可知是身中的玉女，能在存思状态中，与人粮、浆，则与"行厨"说相近。葛洪在《杂应篇》说："四季之月，食镇星黄气，使入脾。"又说："思脾中神名，名黄裳子，但合口食内气，此皆有真效。"这是内景神、中央镇神、脾脏之神，《云笈七签》卷十九引《老子中经》可以相互参证："经曰：常思念胃中，正自如凝脂，中有黄气，填满太仓上，至口中，咽之即饱。师曰：胃者太仓也。诸神皆就太仓中饮食，中黄金釜金甑，玉女小童主给使之，故呼曰：黄裳子致行厨矣。"在守一法中，存外在的景（星）与内在的景（脏或丹田），常有相互配合的构想，黄裳子致行厨，就是食气，也由玉女、小童给使。所以能与粮、浆的"一"，也有这种意义：玉女致行厨。

食气的服食法，与行厨说有关，从《日月厨食经》的道书名可约略推知，初唐所编《三洞珠囊》载有"五方五牙之方，此即五厨"，引用"《老子五厨经》云：修奉太和，不亏不盈，尝之无味，嗅之无馨，子得闻之，命合真星，一受不退，长乐自然是也"。有关《五厨经》，为六朝佛、道经典相互影响的佳例之一，敦煌写卷（S2673、S2680、P2637、P2703、P3032）就有《佛说三厨经》，因带有浓厚的道教色彩，被列于疑经中④。其中特别值得注意的几点：一是五方偈，东方木偈、南方火偈、中央土偈、西方金偈、北方水偈，乃是与两汉通行的五行、五方位相关的观念，非印度佛经所得有；二是食气说，偈语中，如"一气和太和，得一道皆太"句（木偈），"诸食气结气，非诸久定结"句（土偈），正是《老子五厨经》的同一说法，属于道教的食气说；三是修养法，有"平旦向辰地，鸣天鼓二十度（一作二七下），食

381

玉浆；左青龙右白虎，前朱雀后玄武，四戌四巳复闭塞，四壬四癸不须用食，六甲六丁太仓相盈，五庚五辛五藏真。仙人玉女事我神，天官行厨供养（我）身，延年益寿数万春"。所谓天鼓、玉浆的修炼法，六甲、玉女的侍行厨，正是致行厨说。上引高野山金刚三昧院本与 S2680 对照：在延年句上少"使我颜色常兑悦"一句，春作"年"；此外，又有"观音受我法，仙人赐我粮，事随五方色，青黑赤白黄，和合得诱饵，诸尘以自防"，近于道教五厨说。有关道教五厨说，《云笈七签》卷六十一引"五厨气法经并叙"为唐开元肃明观道士尹愔所写的《老子五厨经》，尹愔时年三十四，虽是开元所写，但《五厨经》应属六朝古道经。

佛说三厨，指第一慈悲觉观自然厨、第二辟支四果声闻无思厨、第三非无天佛不思厨等三亭厨。而诵念时又依五方而有不同的遍数；东方九十遍、北方五十遍；诵之百日，"每梦见得世间上味，悉饱之，亦闻天香；满三百日，功力圆修，欲食即食，不食不饥"——一本作"得天上饮食，鼻所恒闻天食香气"。类此存思诵念，乃是斋戒诵念、不饥不饮时的幻觉经验。道教五厨，则明显地以五方食气为主，为两汉素朴的五行说的运用。在宗教经验上，守一存星，正是修道者长期绝食辟谷之后，所形成的恍惚状态中的幻觉体验。辟谷为饮食文化的反对观念，葛洪强调"五谷犹能活人"、"五谷尚能滋神养气"；但也说明行气者，不欲多食，要节量饮食；陶弘景更说明"百病横夭，多由饮食，饮食之患，过于声色——声色可绝之逾年，饮食不可废之一日"（《养性延命录》），为极端的反饮食论。近代医学证明，人在绝食之后，容易产生恍惚状态，《佛说三厨经》说"梦见"，其实就是恍惚之中的幻视、幻嗅等状态，玉女致行厨，可说是道教化、神仙化以后，化装出现的饮食男女之大欲[⑤]。

有关玉女致行厨说，需要有更富于科学的医学学理依据的解说，才能深刻了解修道者在节食、绝食之后，所形成的生理、心理的不同反应，尤其是偈、诵形成的暗示，处于饥渴状态下，能化身为玉女，供使行厨，是一种极为奇特的宗教体验。葛洪在《抱朴子》中多作精简的叙述，但在仙传中就有生动的描述，《神仙传》卷五有左慈精通六甲、役使鬼神，以致食物；卷八刘政，即能坐致行厨，饭膳供数百人，仍属简单的叙述法；卷二的王远传最是具象而美好，先是王远降见蔡经，然后邀请麻姑降见，为一段精彩的早期降神情节的描写：

坐定，各进行厨。皆金盘玉杯无限也，肴膳多是诸华，而香气达于内外，擘脯而食之，云麟脯。

接下有麻姑以丹砂化米祛新（生）产之秽，再写王远变出美饮的一段：

远谓经家人曰：吾欲赐汝辈美酒。此酒方出天厨，其味醇醴，非俗人所宜饮，饮之或能烂肠。今以水和之，汝辈勿怪也。乃以斗水合升酒搅之，以赐经家人。人饮一升许，皆醉。良久，酒尽，远遣左右曰：不足，复还取也，以千钱与余杭姥，乞酒。须臾，信还，得一油囊五斗许，使传云，余杭姥言：恐地上酒不中尊饮耳。

这是目前所见神仙史料中，最早的一段致行厨的情节，具体生动地描述神仙能自由役使侍从立致行厨，其本质近于幻术表演。

当时上清经派也盛行致行厨的神通传说：《马明生别传》有安期生仙人见神女，设厨膳，并与之共食仙枣一枚。《杜兰香别传》有杜兰香降见，为张硕设馔。陶弘景《真诰》卷十七录许谧所书的杨羲梦事，杨君梦游蓬莱山，蓬莱仙公洛广休与太素玉女萧子夫即邀其敷席共坐山上，俱北向望海水及白龙（官龙，可乘御），"并有设酒食，酒中如石榴子，合食之桦亦如世间桦——桦中鲑也"。上清经派本以冥思的修行为主要方法，杨羲所梦的正是仙界景象，这是四月九日梦觉所忆的游仙情境。而古上清经中最有特色的行厨，则为《汉武内传》——这部王灵期一类人所造构的仙传，是否袭用《茅君内传》，为一复杂问题，姑且不论[6]；但西王母为汉武帝设膳的构想，确是与麻姑为蔡经设厨有相似的地方——精致而华美的神仙盛宴，西王母率天仙下降，侍女扶上殿后，呼汉武共坐，其下就展开设厨的情节：

母自设膳，膳精非常，丰珍之肴，芳华百果，紫芝萎蕤，纷花填樏，清香之酒，非地上所有，甘气殊绝，帝不能名也。

下接食仙桃事，取自张华《博物志》。西王母又为汉武邀上元夫人，降见拜王母而坐，"夫人设厨，厨之精珍与王母所设者相似"。撰者的行厨构想，一定是取自当时的道教仙传：玉女、行厨为神仙传说中极为生动的仙术。

不管是葛洪所述的麻姑、王远传说，抑或《汉武内传》中的西王母、上元夫人的传说，都有一共通点：就是地上人间与天上神仙的饮食有所不同。蔡经家人在七月七日多作饮食达百余斛，罗列布置庭下，应是七月七日的祷祭习俗的仙道化，而仙真一到仍各进行厨。西王母也是在汉武帝七月七日降见，"修除宫掖之内，设座殿上，以紫罗荐地，燔百知之香，张云锦之帐，然九光之灯，设玉门之枣，蒲桃之酒，躬监肴物为天官之馔"。帝王所设的盛宴，可代表帝室的七月七日的节日仪式，而西王母也是一降就"自设膳"，这是神仙不食人间烟火的表现，也反映出当时的岁时节日的习俗。

其次行厨的出现，就仙真的神通能力言，是描述其变化自在的不可思议之力，为幻术般的表演；而修道者则是幻象的形成，长期的斋戒诵念，在饥渴的生理状态下，产生化装后的本能欲望，如玉美女送致丰美的饮膳。所以不管《佛说三厨经》或《老子五厨经》，其所设厨的名目有别，或者前后具有相互剿袭之处，但类似的设膳赐食，应具有同一宗教的体验，就是斋戒存思中的反应。葛洪之前就有《行厨》等一类道书出世流传，因而葛氏道派也流传其神通说，《灵宝五符》序卷中灵宝三天方，就说服六岁后，"行厨在边，位为仙人"。上清经派也有各种立致行厨说，可见六朝的神通变化说中，自是少行厨一项不得。

《佛说三厨经》虽是疑经，与六朝末期唐朝初期的佛经造作有关，大概印度外道诸派的咒术予密部有所影响，此类密部咒经译出，又受《道教行厨经》的影响，因而撰成。而《老子五厨经》则是老子学说在仙道养生派中，被诠释为食气修养的经典。其所以写成五言的形式，本身就具有诗歌文学的诵读效果，不管是

《三厨经》的"偈语"形式，抑或是《五厨经》的诵经形式，都可便于存思时的诵念，所以《三厨经》收于佛藏《集诸经礼忏仪》卷上；而五厨经收于《云笈七签》卷六十一的"诸家气法"，"伏读此经五章，尽修身卫生之要，全和含一，精义可以入神"。至今福州系诵经的午供科仪，诵请天厨妙供天尊，所诵的仍是"一气和泰和"的句式，祈请天尊赐予下界以天厨美膳，养气致和，为极有意义的事⑦。

四、医药诸杂术

葛洪在《抱朴子》中所有的方术，大多易被归为行之不易的术数，其实，其中仍有一些是极为实际的医术。关于医药图籍的搜集与撰述，在《杂应篇》中有所说明：

养生之尽理者，既将服神药，又行气不懈，朝夕导引，以宣动荣卫，使无辍阂，加之以房中之术，节量饮食，不犯风湿，不患所不能，如此可以不病。但患居人间者，志不得专，所修无恒，又苦懈怠不勤，故不得不有疹疾耳。

疹疾之生常会损害年命，所以"古之初为道者，莫不兼修医术，以救近祸焉"。葛洪是道术与医术并重，因而熟读医书，凡金匮、绿囊、崔中书、黄素方、百家杂方五百余卷，以及各家所撰《暴卒备急方》数百卷；又对于针灸方面的"明堂流注偃侧图"

386

加以批判——《隋志》医方类著录有《黄帝明堂偃人图》十二卷、《扁鹊偃侧针灸图》三卷，均不著撰人。经选集之后，成为《玉函方》百卷；又深感百卷之数，仍卷数过多，内容繁杂，经采其要约，成为《肘后救卒》三卷，都是"单行径易，约而易验"的救急药方，很便于使用。

类似的养生原则，完全遵照预防医学的思想原则，就日常生活上的需要，多属简单易行、行之有效的养生之道，其中有三四种，是很普遍的保健常识，如坚齿之道：

能养以华池，浸以醴液，清晨建齿三百过者，永不摇动。其次则含地黄煎，或含玄胆汤，及蛇脂丸、矾石丸、九棘散。则已动者更牢，有虫者即愈。又服灵飞散者，则可令既脱者更生也。

坚齿之道，在上清经派如《真诰》中常提及，称为叩齿、叩天齿、溯天津等。颜之推曾有《养生篇》，说："吾尝患齿，摇动欲落，饮食热冷，皆苦疼痛，见《抱朴子》牢齿之法：早朝叩齿，三百下为良。行之数日，即便平愈，今恒持之。此辈小术，无损于事，亦可修也。"这是家训文字，颜氏借此教诫子弟作为保健之用。叩齿为物理式的治疗，其他聪耳、明目，仍是小术，但至今沿用：

或问聪耳之道。抱朴子曰：能龙导虎引，熊经龟咽，燕飞蛇屈鸟伸，天俯地仰，令赤黄之景，不去洞房，猿据兔惊，千二百至，则聪不损也。其既聋者，以玄龟薰之，或以棘头、羊粪、桂毛、雀桂成裹塞之；或以狼毒冶葛，或以附子葱涕，合内耳中，或以蒸鲤鱼脑灌之，皆愈也。

或问明目之道。抱朴子曰：能引三焦之升景，召大火于南离，洗之以明石，熨之以阳光，及烧丙丁洞视符，以酒和洗之，古人曾以夜书也。或以苦酒煮芜菁子令熟，曝干，末服方寸匕，日三，尽一斗，能夜视有所见矣。或以犬胆煎青羊、班鸠、石决明、充蔚百华散，或以鸡舌香、黄连、乳汁煎注之。诸有百疾之在目者皆愈，而更加精明倍常也。

以导引法达到耳聪目明的运动效果，再配合药物，就是中国传统的身体文化。其中有些药物的用法，仍需要加以证验，但可信葛洪当时是实践而得的。

葛洪在《登涉篇》也载有数种简易可行的小术，但却是在古代昆虫研究上具有出色的贡献，就是江南水虫射工的形态特征、危害症状：

今吴楚之野，暑湿郁蒸，虽衡霍正岳，犹多毒螫（shì）也。又有短狐，一名蜮，一名射工，一名射影，其实水虫也，状如鸣蜩，状似三合杯，有翼能飞，无目而利耳，口中有横物角弩，如闻人声，缘口中物如角弩，以气为矢，则因水而射人，中人身者即发疮，中影者亦病，而不即发疮，不晓治之者煞人。其病似大伤寒，不十日皆死。

张华《博物志》所载的形状："江南山溪中水射工虫，甲类也，长一二寸，口中有弩形，气射人影，随所着处发疮。"相较之下，葛洪除《登涉篇》有记载，在《肘后备急方》也有治方——"治卒中射工小弩毒方第六十五"，叙述详尽。据近人研究，古之射工，就是半翅目昆虫中田鳖⑧。在资料上，这些昆虫的观察，极为细腻。又有沙虱：

> 又有沙虱，水陆皆有，其新雨后及晨暮前，跋涉必着人，唯烈日草燥时，差稀耳。其大如毛发之端，初着人，便入其皮里，其所在如芒刺之状，小犯大痛，可以针挑取之，正赤如丹，着爪上行动也。若不挑之，虫钻至骨，便周行走入身，其与射工相似，皆煞人。

《肘后方》也有"治卒中沙虱毒方"，近人研究沙虱致恙虫病，为恙虫幼虫传病，其体长仅在 0.3-0.67 毫米之间，与葛洪所观察的吻合。

对于这些昆虫的治疗，葛洪依据以毒攻毒的原则，并配合实践所得，灵活运用：像掘取射工，阴干研末，以辟射工。又用火炙法燎身，沙虱就坠地。此外，他研制各种丸药，其中麝香为主要原料；或雄黄、大蒜等捣合，大概都是以这些东西的强烈气味，辟除沙虱、短狐（射工），近于经验科学。他深信巫术以物治物的方法，还有治蛇之例："云日鸟（鸩鸟）及蠳龟亦皆啖蛇"，所以蠳龟之尾、云日之喙可以辟蛇；"麝及野猪皆啖蛇"，所以麝香丸及猪耳中垢也可厌之。此外，又载南人的方法，带活蜈蚣治蛇，或以蜈蚣研末以治蛇疮。凡此均为古人混合巫术与实证，成为救急的疗法，广泛应用于民间，至今犹然。

至于杂术中，还有不畏风湿、风寒之术：《杂应篇》载有服太阳酒、紫石英朱漆散及雄丸、雌丸法，属于药物法；"闭口行五火之炁千二百遍"，则为气功；"立冬之日，服六丙六丁之符"，为符法，均可不寒。《登涉篇》有服三阳液等法，也可不寒。但药方的配方，均未明载。至于不热之道，也可服玄冰之丸、飞霜之散，丸散的配方也未载明；有说服六壬六癸之符，或行六癸之炁，也是粗举其要，所以后人不知其修炼的过程。

【附注】

① 李约瑟，《中国之科学与文明》(一)。

② 参黄彝唐，《阳燧取火与方诸取水》，刊于《中研院史语所集刊》五 – 二（1935 年）。佐中壮，《方诸和阳燧》，刊于《艺林》七 – 二（1956 年），《方诸考补说》，刊于《大阪府立大学纪要》七。

③ 参拙撰《慧皎高僧传及其神异性格》，刊于《中华学苑》第二十六期。

④ 牧田谛亮，《慧皎〈高僧传〉及其神异性格》，刊于《中华学苑》第二十六期。

⑤ 小南一郎氏曾从早期厨会说作说解，参《〈汉武帝内传〉的成立》，收于《中国的神话与物语》，364-391 页。

⑥ 参拙撰《汉武内传的著成及其流传》。

⑦ 此一观念得自天师府北区办事处（临水宫），见吴彩光大法师所藏的科书，特此致谢。

⑧ 丁贻庄，《试论葛洪的医学成就及其医学思想》，刊于《宗教学研究》（1985）。

第十四章　结论

在中国道教史上，葛洪的成就是多方面的，他是道教理论的学者：综合古来《仙经》道书的神仙养生说，整理出一粗具规模的体系，对于后来的道教发展具有高度的启发作用。同时，他也是实践多种养生术的实行家；在医学上，依据临床经验编写《玉函方》、《肘后救卒方》，为当时及后世医家提供良好的借镜；而在炼丹的不同项目中，也都具有卓越的贡献。

造就葛洪在神仙道教学上的杰出成绩，就是东晋前后的句容，及为搜书所作的长时间的旅游。西晋、东晋之际，是道教史的关键时期，天师道本在中原旧区扩展其道治，将蜀中所形成的布教方式，带入关中，渐及中原；但西晋末为避战乱，道教中人也纷纷南下，因而在江南地区传播道法，左慈所传的成为葛氏道，而魏华存也传下经典，成为上清经派；此外，在江南各自传法的，还有帛家道、李家道等，道派纷起，使葛洪有机缘接触各种道法，也促成其采取博综主义的养生论，但又以金丹修炼为依归。

句容地区为宗教气氛极为浓厚的所在：葛氏在句容定居，成为江南旧族；而其姻亲之一即为许氏，许家上承魏华存、杨羲，奠立上清经派的规模，并以茅山为中心，逐渐建立茅山道法的基础。葛洪久居句容，自是熟悉本地流传的道法；又因搜书，流连各地，尤其久住广东，成为晚年定居罗浮的契机。道教教理史上早期有《三皇经》、《灵宝经》及《上清经》，葛洪大多有机会学习、运用，所以《抱朴子·内篇》的撰述是在特殊的时、地等条件的配合下，才能完成的集大成之作。

葛洪身处于魏晋玄学的论辩风尚中，他本人虽不预于谈座，且批判其流弊，但当时嵇康的养生论为过江前后的三大名理之一，为辩道所需，因而培养出"精辩玄颐，析理入微"的无碍辩才。《抱朴子》正是采用当时盛行的论难体写成，自问自答，抉发幽隐。基于他的思辩能力，《内篇》原本的结构就相当周备而富于推理的形式，现在重加整理，也大体依循其理论架构。由于神仙之学非属葛洪一家之言，而是在汉晋之际的神仙养生学中完成之作，因而需要阐说有关养生的理论与方法及其所以形成的东晋前后仙道思潮的关系，借以彰显葛洪养生论的价值。

汉代旧学的衰微，魏晋新学的兴起，葛洪在新旧交替之际有所取舍：就是以承袭旧学为本，但也吸收老、庄诸学的形上理论，因而建立其玄、道的本体论，并进一步奠定其气化的宇宙构成论、形神并重说，成为有本有源之学。他依据自身建构的理论，形成一种宗教般的信念，深信神仙可学而致。为建立这一命题，他多方依据相关的变化说，并多引例证作为推理之用。其中有先天的星命说，有后天的修为说。《内篇》所拟的篇目中，《对俗》、《塞难》、《释滞》、《明本》、《辩问》、《极言》等，都具有论辩的色彩，主要的对象自是倡理性主义的儒家及一般茫无主见的俗人。他反复申辩，一再解说世俗公认的圣贤不得仙的道理，并倡言有志求道者勤求明师，励修德业，作为实践养生的根基。

葛洪所采的养生论，是现实的、实践的，属于自力主义，因而批判当时虚伪的道流、道派。凡褊狭的养生说、他力的祭祷说，以及虚妄的俗道士，俱在其攻击之列。他所博综而成的养生术，约可归为三大类：

一为不伤不损的原则。在气、血的医学思想中，属于预防医学。道家的斋心静虑为其根本功夫，所以葛洪并非排斥老庄：他批评老庄，只是因为当时的养生术进步而落实，只虚谈抽象的养生，正是魏晋玄学家的大病。其次法术论，也可作为不伤不损的原则，预防精怪的作害，也是炼丹的基本条件。

二为外物的服食。凡金丹以至仙药，都是借助外物的服食，传达其力。葛洪在巫术性思考方式中，将素朴的化学变化神秘化，因而确信越具有巫术色彩之物，如金、玉等矿物，久寿的动物及具有特殊药性的植物，都具有不可思议的能力。在早期的科学史上，葛洪具有相当丰富的科学知识，尤其是经搜罗整理的金丹、黄白术，是中国早期最可珍贵的化学资料，在世界的科学发展史上，他的贡献，连同与他相类的道士，都值得给予肯定的地位，这就是为何近代科学史家，如英国李约瑟、日本吉田光邦、美国席文（Natham Sivin），对于道教的价值给予重估的原因。

三为气功的修炼。外丹的重估，其价值在历史文化上的贡献较大；而气功所形成的内丹派，则是中国最可宝贵的身体文化，在现代科技发展至相当高度时，越能显现其现代意义：以一种高效率的身心运动的方式，达到健壮身心的效果。《内篇》中所整理的养生术，无论是导引吐纳、行气胎息，房中宝精，以至行一三田，基本上都是属于气功，道教特别造出"炁"字，表达先天之气的运转状态。这种气机流动于自身之中，在放松、入静、深呼吸的气功原则下，常能激发人类潜在的能量。道教在亚洲的古国中，在印度瑜伽系统之外独立发展出一套完整的身心医学——其后中印合流，自是更为精致而繁复。而葛洪所保存的是较为素朴而原始的状态，可让今人了解中国早期的身体文化。

其次则为有关法术、神通诸术，它是辅助修道的卫家防身之术，同时也是道成圆满之后变现自在的神通力。道教承袭、转化古来的巫术、方术，也含融外来佛教的新说，因而形成道教的各种法术、神通，这些具有特异色彩的能力，葛洪多述其然，而未明言其所以然，这是基于巫术、法术的秘传性格使然。唯《抱朴子·内篇》所述的原则，配合《神仙传》的例证，类此的奇能，固可视为传说，成为丰富中国文学艺术的奇异情境，也可说是中国道教艺术的原始、素朴的形式。其实，类似的超能，已成为当今宗教学家、科学家想一探其究竟的人类奥秘。这样，《内篇》所保存的就不只是历史史料，也是人类寻求开发的能力的宝藏。

探求不死，是人类亘古以来的梦，神仙道教则是不死长生的神话创造者。诚如葛洪在书中所揭示的，"勤求"就是修道者的精神，为了完成神仙的理想与愿望，这些道士跋涉山林，隐居静室，或伏炼丹房，希望体验一种逍遥任意、去留自在的神仙境界。他们所遗留下来的玉简金章，本来是藏诸名山庙堂，或是秘传于道士手中，葛洪辛勤搜求，达二十余年，其间的经营、构思，虽流连困顿于道路，亦绝不稍懈。此外，他还需容忍来自世俗、儒家的讥讽与不解，终于整理成《抱朴子·内篇》：抱朴自守是葛洪的自号，也是撰述的旨趣。"道家"之学正是一种抱朴自守之学，书中所说的修道者需要舍弃人间一些有形的物质的享受，举凡男女、饮食之大欲，都要节制，甚或逐渐舍离。然后向内在、超越的世界去体验，葛洪强调这是本、源，只有明本，才能进入奥秘的神仙世界。

因此，葛洪所撰的《抱朴子·内篇》，具有多方面的价值，在科学史上，无论医药、化学以及早期的矿物、植物等，俱是珍贵的实验报告。在学术史上，两汉旧学在衰微之际，经他援引、阐述，转化为道教之学，论魏晋学术史这是不可忽视的子书。而在宗教史上，《抱朴子·内篇》对于教理的整备，既是集大成，又能启示来者，因而能启发如陶弘景等一类具有宿慧者，开启道教的基业。故可说葛洪及其《抱朴子·内篇》，确是具有里程碑作用的一家之言。

后　记

　　《不死的探求》一书，是笔者十年来从事道教研究的一部分结集，比较正确的书名，应该是《葛洪及其〈抱朴子·内篇〉》。选用《不死的探求》，是因为十年前开始尝试以道教为专题研究时，就有幸阅读马伯乐（Maspero）《道教》（*Le Taoisme*）的日译本，川胜义雄就是以它为名，显豁而有力，因而这次介绍葛洪其人其书，也就依而用之。

　　选择道教与中国文学之关系作为研究的课题，是王师梦鸥的指示：1975 年考入政大中文研究所时，王先生命以此为题，先以魏晋南北朝为范围，探讨道教与文学的关系。后来由罗师宗涛担任指导，完成博士学位论文，其中有一部分即与《抱朴子》有关。十年来在道教的研究中，备尝艰辛，但也一再受到师长的鼓励，因而能继续扩展研究的范围。这一次专以葛洪及其《抱朴子》为题，作较全面的介绍，因而结集成书，实在感谢师长的提携与鞭策。

　　从选择道教作为研究的方向，十年来，自己也在研究范围及方法上，不断调整。因为道教的研究，国内从事斯学的较少，而国外汉学界则已渐成气候，这期间有机会与国内、国外的前辈与同好请益，因此也不断地自我调整。其中有些观念的冲激，是大有益于道教研究的深入的。对于道教这种在本土发展的宗教，十年前虽也曾接触，但终究未曾深入探究，选定为学术研究之初，也多集中于文献的考察；后来深觉需要作些实际的观察，所以数年来不断地从事田野调查的工作，偕同国内外的同道参观访问过不少地方，多能得到许多意想不到的收获：像北区天师府办事处（临水宫）、道教协会，以及台湾北部的堂、坛等，这些仍旧活跃的道教团体，给予许多文献上不能了解的真实经验。对于他们的帮忙，特此致谢。这次只运用了其中一部分的资料而已，希望以后能多作整理。

葛洪在《抱朴子·内篇》中有许多有关修炼的养生术，这次虽只在文献上加以介绍，但有些诠释则与体验有关。从十年前在师大读书以来，先后随郭秉道、邓时海教授学习太极拳，对于气的运用有些体验。研究、调查期间又继续有机缘得遇名师指点，在气功与太极拳方面有些体会：像王师父（来静）、熊师父（卫）都曾指示宝贵的经验，有助于葛洪养生术的诠释，确是"宏恩重施"，证验亲切。只是道功浩瀚，而自己的体验只是初步而已，希望将来能继续在文献与实践上齐头并进。

《抱朴子》的研究，在国内也有些同好，比较起来，自己目前所作的，是从道教史观照其人其书，自有些方便之处。因为书将出版，有些事需要趁此机会表示谢意与说明。自学位论文在1978年，以《魏晋南北朝文士与道教之关系》为题，先以稿本状态印行后，曾经与山田利明氏在《东方宗教》作一书评；尤其宫川尚志先生两次推介有关许逊的考察的部分，实在感谢。不过也有朋友提及林丽雪《〈抱朴子〉内外篇思想析论》的《内篇》，有些原始资料与论点有雷同之处。经查对之后，确有一部分相近。林女士曾商借论文稿本作参考，然后在 1970 年修订其原发表的论文出版。遗憾的是该一析论作注的方式稍嫌疏略，未能详加作注，因而不易辨明何者是参自别人的，何者为一己之创获，如果严谨一些就不会引起朋友的这一质疑。因为《不死的探求》出版在即，为免读者怀疑本书有抄袭之嫌，故在此略作声明。

本书撰述期间，深刻体会写稿的辛苦，所谓案牍劳形，信然。但也深切体会到师友、家人的关怀之情：任教于日本的王孝廉兄，将御手洗胜先生四大厚册的《抱朴子外篇简注》，特意携归相赠。而留学东洋大学的谢明玲小姐，在金冈照光教授指导下忙于撰写修（硕）士论文时，仍多次辛苦地帮忙搜集资料，这些盛情均谨记于心中。还有多位外国友人帮忙影印邮寄资料，都是值得纪念的事。最后要特别感谢家人，为让出安静的写作环境，他们不吝牺牲，尤觉歉然。因此趁此书出版之际，谢谢大家的帮忙。一本书的完成，原是凝结多少关注而后始能成形，这大概也是另一种形式的炼丹吧。

《中国历代经典宝库》总目